本书出版受南昌工程学院"马克思主义中国化研究"省级重点学科资助

王诚德　著

信息文明与马克思主义
人本质观的新发展

XINXI WENMING YU MAKESI ZHUYI
RENBENZHIGUAN DE XINFAZHAN

中国社会科学出版社

图书在版编目（CIP）数据

信息文明与马克思主义人本质观的新发展/王诚德著.—北京：
中国社会科学出版社，2017.6
ISBN 978 - 7 - 5203 - 1369 - 8

Ⅰ.①信…　Ⅱ.①王…　Ⅲ.①马克思主义哲学—哲学人类学—
研究　Ⅳ.①B0 - 0

中国版本图书馆 CIP 数据核字 (2017) 第 273386 号

出 版 人	赵剑英
责任编辑	朱华彬
责任校对	胡新芳
责任印制	张雪娇

出　　版	中国社会科学出版社
社　　址	北京鼓楼西大街甲 158 号
邮　　编	100720
网　　址	http://www.csspw.cn
发 行 部	010 - 84083685
门 市 部	010 - 84029450
经　　销	新华书店及其他书店

印　　刷	北京君升印刷有限公司
装　　订	廊坊市广阳区广增装订厂
版　　次	2017 年 6 月第 1 版
印　　次	2017 年 6 月第 1 次印刷

开　　本	710 × 1000　1/16
印　　张	13.5
插　　页	2
字　　数	208 千字
定　　价	68.00 元

序

自从人类进入文明社会以来，文明形态就随着技术、生产力等变迁而发生着转型，当前我们就正处于从工业文明向信息文明转型的重要历史时期。作为一种新的文明形态，信息文明的出现给社会带来了新的气象，也对人自身造成了从外在到内在的深刻变化，其中关于"人的本质"的新内涵、新特征，就是这种内在变化的一个重要方面，也成为以人为圭臬的哲学在信息文明时代的重要课题。

诚德数年来一直对信息文明怀有深厚的兴趣，他敏锐地将这一时代课题与"人的本质"这一哲学主题关联起来，探讨信息文明时代人所发生的变化，并将其上升为一个理论性极强的问题：马克思主义关于人的本质的理论在信息文明时代获得了哪些丰富和拓展？

基于这一研究指向，诚德在本书中全面梳理了有关信息文明研究和马克思主义人本质观研究的理论成果，对后者进行了一定程度的系统化"扩容"，即在通常的类本质和社会本质的基础上，还将人的需要和人的自由纳入其中。基于这样的概括，诚德在书中重点阐释了信息文明语境下马克思主义人本质观得到新拓展的如下四个方面：

一是虚拟劳动对于"劳动创造了人本身"的新拓展。信息文明时代人类的实践主要以信息实践的方式存在，而作为信息实践的虚拟劳动也成为主要的劳动方式，所以总体的人在历史上的形成如果离不开劳动的创造，那么今天具体的人的形成可以说越来越是虚拟劳动塑造的结果，因此"劳动创造人本身"在今天还必须添加虚拟劳动的作用。

二是信息关系对于"一切社会关系的总和"的新拓展。基于现代信息技术尤其是互联网的链接，使人和人之间除了传统的社会关系之外，又新添了"网缘"这种"信息关系"，使得人和人之间的社会关系变得更加丰富多样，人的社会品格、社会定位、社会功能等越来越多地要在信息关系中形成和体现，因此当人"总和"所有社会关系而成为自己时，在今天就必须要看到互联网中的信息关系和虚拟互动在其中所起的作用。

三是信息需要对于人的本质力量的新拓展。信息文明语境下，网络信息需要成为人的一种新的基本需要，先前作为基本需要的"衣食住行"在现今还要加上"网"，从而要看到网络信息对于人成为社会的人、具体的人所具有不可或缺的作用，而克服信息鸿沟现象，使那些不能得到信息需求满足的公众获得足够的信息，无疑是保证人的基本需求的一项信息文明建设。

四是信息自由对于"自由人联合体"的新拓展。人的最高追求是自由而全面的发展，而信息文明语境下的信息自由是人形成自由人联合体从而实现人的全面发展的新条件，为此要通过信息文明的建设来摆脱限制信息自由的信息异化，消除"伪信息"存在和泛滥的社会条件，维护一种清朗、文明的网络空间。

上述四个方面用问题的表达方式来叙述就是：信息文明会丰富甚至改变人的类本质、社会本质、人的需要以及人的自由吗？这种"丰富效应""改变效应"在多大程度上存在呢？贯穿于全书的核心问题则是：在信息文明的现实语境下，马克思主义人本质观会得到哪些新拓展？可以说，诚德所阐释的这些新拓展及其所体现的视角，较为充分地反映了信息文明之人文效应的实际情况，抓住了当代信息技术对人本质观产生影响的主导方面，开启了进一步探讨这一问题的新空间。

作为我的硕士生继而又是我的博士生，诚德一直以勤思考、出想法、观点新的特质给我留下鲜明的个性印象。本书就是他在博士论文的基础上再做精心修改而成，其中一如既往地体现了他的这一鲜明个性，如书中表述了许多经他思考后提出的问题，涉猎宽广，甚至"无奇不有"；他还富有想象地将信息技术比喻为铁、将人性比喻为磁，认为两者相互吸引而形成互动和互变，进而还可衍生出新的关系：信息技术既是人性的载体，也是人性的真空。凡此种种，可以看到一颗从不"安分"的探新之心。也希望诚德能继续保持这样的探究精神，在这个文明转型的时代、在一个急需各方面都不断涌现自主创新和原始创新成果的时代，再推新作，再登新高。

是为序。

肖峰

2017 年 8 月

目　　录

2 / 信息文明与马克思主义人本质观的新发展

第 一 章

导　言

信息技术问题域是 21 世纪人类面临的最具挑战性问题群落之一。如何把握这一庞大的问题集合体已经成了一项比较紧迫的时代任务。一般而言，复杂问题的背后往往会有一个主干性的理论把手，那就是基于"人的本质"层面的追问。正是在这样的一种状况下，只有从人出发，从根本的人出发，从人的本质出发，从科学人的本质出发，从马克思主义人本质观出发，我们才能更进一步地解析信息技术含义、信息技术意义和信息文明等相关问题。本书正是对人的本质问题、信息文明、马克思主义人本质观以及诸方面相互关系的一次集中反思。

概括而言，作为研究主题，"信息文明与马克思主义人本质观的新发展"在以下三个方面取得了进展：（1）在理解、建构信息文明概念、语境的基础上，尝试系统地把握当下社会的具体特征。（2）在厘清、解析马克思主义人本质观概念的基础上，系统归纳出马克思主义人本质观所涉及的具体内容。（3）在"信息文明逐步趋向人的本质层面理解""马克思主义人本质观逐步系统化"两大趋势的基础上，深入探析信息文明语境下马克思主义人本质观的新特征、新元素。信息文明，作为现代社会实践过程中凸显出来的一种抽象概念，主要是强调信息技术的再创造、再理解以及人本质的全景把握。马克思主义人本质观的新发展，并不是走向非马克思主义人本质观，也不是直接归纳出一条具体的人的本质答案，而是在马克思主义理论视域内，结合信息文明的具体语境，实现人本质观的丰富和具体化展开；与此同时，在赋予马克思主义人本质观更强生命力的基础上，对复杂的信息文明进行全面的、深度的人的本质透视。

信息文明的出现，一方面印证了马克思主义人本质观的科学性，另一方面也给人们提供了若干新视角去把握人本质观的新特征、新形态。

（1）在人的类本质上，虚拟劳动介入到"劳动创造了人本身"之中：在信息文明语境中，虚拟已经不单单指传统的精神层面含义，而是得到了"信息虚拟"的最新解读，并且其影响力也是逐步提升，甚至具备了虚拟化一切的可能，在虚拟劳动得以实现的基础上，结合马克思主义人的类本质观，尝试提出并解析："劳动创造了人本身"在虚拟劳动层面也具有一定的意义和特征。

（2）在人的社会本质上，信息加数在"一切社会关系的总和"中的比重不断增加：在信息文明语境中，信息关系涉及经济关系、政治关系、文化关系、思维关系和生态关系等方面的信息化，以及信息文明语境下的政治经济化、文化政治化、经济文化化等交叉化关系，通过阐述当下信息关系的内涵、特征，结合马克思主义人的社会现实性本质概念，尝试性提出并解析：在信息文明的现实性上，一切"社会关系的总和"的人本质观出现了一定信息化特征、信息化元素。

（3）在人的本质充实上，信息需要提供了人的本质力量的新证明和新充实：在探究信息需要的含义、特征基础上，结合马克思主义人的本质补充观，尝试性解析信息文明语境下的"人的本质力量的新证明和人的本质的新充实"，并提出信息需要已经成为当下人的一种基本生活必需品。

（4）在人的本质实现上，信息自由不断填充着"自由人联合体"的具体条件：在阐述信息自由的概念与特征基础上，结合马克思主义人的本质实现观，尝试性提出并解析：信息自由是实现人的全面发展的一种具体条件。

（5）围绕信息异化、伪信息的概念、渊源，结合马克思主义异化思想，尝试性提出并解析：信息异化侧重于人本质的信息遮蔽研究。

第 二 章

信息文明的"人本"趋向

我们最熟悉什么，恰恰我们最不了解什么。

——老舍

第一节　从信息技术转向信息文明

一　从信息技术的出现到信息技术的意义

大数据（Big Data）、数字地球（Digital Earth）、数字省（Digital Province）、数字城市（Digital City）、云计算（Cloud Computing）、物联网（The Internet of Things）以及智慧地球（Smarter Planet）、感知中国等信息用语正处于持续发酵的过程中，并且，其中的一个具体概念又可以延伸出大量的炙手可热的子系统，诸如，云计算，又可以理解为"分布式计算＋并行计算＋效用计算＋网络存储＋虚拟化＋负载均衡＋热备份冗余"等信息融合系统。在我们当代人可以预见的未来生活世界中，交通工具、家用电器、基础设施等，都会被赋予数据化意义并被纳入物联网当中，然后，会有超级计算机将这些海量数据适时转换成正确的决策，进而运用信息技术解决生活生产问题，进而形成一种"数字化生存"的习惯，从而成为所谓的"数字原住民"（Digital Natives）。在现实生活中，警察侦破案件一般都已经习惯通过电子摄像头、查询手机记录、身份证使用信息等方式寻找线索；野生动物因为身体内部被植入了芯片，工作人员可以不用跟着它们跑来跑去，就能准确地了解野生动物的一些生存状况；普通老百姓也都熟知：公交车、出租车、银行、学校、商店、企业等公共场所基本上已经安装了摄像头；运动健身爱好者都借助于"Runtastic PRO 跑步记录器""咕咚运动""乐疯跑""益动 GPS""跑步控""慢跑精灵"等运动软件调整自己的运动方案，同时，人们在健身之外，还喜欢进行每天的运动数据比拼；在照顾家庭婴儿方面，年轻的爸爸妈妈们在 Exmobaby 婴儿智能睡衣的帮助下，再也不用担心自己的粗心大意了；同样，家有阿兹海默症老人的，也可以通过在市场购买"100 美金 + 10 美金包月"Comfort Zone 产品 CMA800BK，获得一种无微不至的技术性孝顺感；当下，各大医院纷纷采用最先进的医疗检测系统，不断提高医疗水平；甚至过去完全依赖想象力和文字功底吃饭的作家，在当下文学创作的过程中，也可以依赖写作之星软件出色地完成写作任务……举不胜举的信息现象，都是一幅幅可期的幸福图景。

通过上述的信息技术辅助，我们能够断定，未来世界将越发进入到一个充满着好奇、不可思议的信息文明阶段。但是，我们也不能单向度地崇拜信息文明，因为在将自己的热情投放于信息技术辅助的同时，实际上，我们已经开始怀念一些传统的生活。比如，警察办案都去依赖电子信息，那么传统办案过程中的群众举报优势还有价值吗？群众就是简单的信息数据采集点吗？爱好跑步健身的人将注意力转向数据比拼，那么，自身肌肉的结实感去哪里了呢？单独与大自然相处的时间去哪儿了？照顾失智老年人有了 GPS 跟踪器，换洗婴儿尿布有了感应器，一切生活看起来比过去方便了很多，但是，人与人之间的无微不至去哪里了呢？去医院拿药都需要依赖检测数据，医生信任数据，病人信任数据，医生与病人之间的望闻问切去哪里了呢？相互之间还有信任，信任值也会有数据体现吗？优秀的作者写作也需要依靠写作之星、网络小说生成器，那么，人作为人难能可贵的想象力去哪里了呢？再比如，面对大数据、云计算、物联网，人生哲学中的难得糊涂又会遇到何种状况呢？归根到底，不禁反思这样一系列问题：时时有信息、事事靠信息，世界的本真就一定会显现吗？万物的真相就一定会清晰吗？信息文明的到来，就一定能满足个人的需求吗？人的本质力量就一定能实现吗？探究信息文明，人的本质会不断丰富起来吗？等等，面对诸如此类的问题，我们似乎在短期内并不能获得一种满意的答复，已有的哲学研究成果也不能给予一种有力的解释。正是由于上述的信息困惑，笔者试图通过不断转换视角，加强对信息文明的索问，在此基础上增强信息文明的理解张力,最终在马克思主义人本观的方法下去解析人。

信息技术的出现是为了什么?倘若我们能够对信息技术有所理解,它便有意义,否则就没有意义。由此可见,信息技术的意义完全取决于我们对其概念的了解。究竟信息技术是重在"攥满钞票""玩弄权术""飞扬跋扈""浑浑噩噩"呢,还是旨在解决"衣食住行""愁眉苦脸""忙忙碌碌"等具体生活层面问题呢?显然,我们不会屑于将信息技术的意义停留在上述方面,而是试图去寻找一种更为深远的价值存在——特别是要与"人类发展的承上启下、承前启后"产生一种责任联系。也就是,探讨信息技术的最终存在意义,一定是与"人的生命"结合起来。即信息技术的意义是与"人的意义"绑定在了一起。那人的意义何在呢?抑或讲,信息技术本身没有意义,其意义一定是存在于每个人"不断寻找""不断确立"的过程当中。究竟人类应该如何在具体生活中去确立信息技术的意义呢?那就不得不将信息技术提高到一种"实践考验""时间流逝"等人类文明的层面去思考了。从这个角度去思考,对信息技术的理解就转换成了"信息技术 + 人"(信息文明)的问题理解。信息技术本身不断演变,人也不断地与人的需要、人的本质和人的发展等具体方面相衔接。

二 从信息技术的意义到"人的信息技术问题"

笔者尝试着提出了 125 类信息技术层面的问题,旨在将单纯的信息技术理解转向复杂的信息文明把握。

(1)信息技术能否解决人的长生不老问题?信息技术能否帮助人类实现寿命史上的一个大飞跃呢?能延长多久呢?信息技术能有效保持或提高我们的身高、颜值吗?实在不行,信息技术能改变人的审美观吗?

(2)什么是"信息""信息技术"?宇宙中有没有"无人信息"?

(3)信息技术的物质性基础是什么?信息是实在的吗?虚拟实在?半实在?

(4)信息技术与人的精神关系怎样?信息技术对于人的灵感、潜意识、感觉、理解、记忆、计算、情感、道德、伦理、信念和信仰有何作用?有没有可能出现人造情感?能否恢复、储存、激活人的记忆?

（5）信息技术的演变史？从哪里来？到哪里去？具体分为几个阶段？

（6）信息劳动、虚拟劳动是否真的已经出现？工人们是否都可以拿着遥控器工作呢？这种"祛体力""祛脑力"的工作就是趋势吗？

（7）信息需要是否已经成为人的基本需要？

（8）信息自由、信息发展是实现人的本质力量呢？还是相反？

（9）信息关系是不是社会关系总和的子集？

（10）信息使用在不同群体、不同性别、不同国籍、不同职业等层面的差异性？

（11）是否可以指出"信息主义""唯信主义""信息唯物主义""物信论"？这些概念的提出是否具有一定合理性？

（12）能否提出"信息封建主义""信息资本主义""信息社会主义""信息共产主义"和"信息马克思主义"？信息技术对于民主有何作用？倘若有促进作用，下一步是研究技术，还是研究民主？

（13）信息技术的"原子弹式危险"在哪里？会出现信息战士吗？

（14）信息技术的操控者是谁？是否存有失控可能？是否有信息黑洞？信息会欺骗人类吗？

（15）信息霸权、信息鸿沟、信息剥削是否存在？信息对于社会组织的关系具体怎样？信息有产者与信息无产者、信息文盲如何界定？

（16）信息资本、信息预算、信息消费、信息生产、信息交换等经济领域的关系如何展开？如何看待"信息过剩注意力稀缺"？

（17）信息技术是否会让我们变得更加幸福？还是更加情绪化？人们还愿意"等待"吗？哪怕几分钟。失去了"安宁"的信息技术生活还有意义吗？

（18）量子信息是什么高科技？

（19）信息技术与基因的结合会产生什么东西？是否会加速克隆技术发展？

（20）信息技术与自然生态关系怎样？是否有助于全球"温度可控"？

（21）信息技术与地震、火山、飓风等方面结合前景是怎样的？人们是否应该考虑利用地震、火山、飓风做点什么？

（22）信息技术是否滋生体验的泛滥？——喜马拉雅山脉山顶一日游？

（23）当火箭已点火发射了，信息技术的精确性有没有用武之地？

（24）信息技术对于人的智商、情商等层面有没有直接作用的可能？信息超人？

（25）借助于大数据决策，是否允许警察在犯人犯案前 24 小时将其抓获？

（26）信息技术的到来与人的生理状态关系怎样？有助于生物钟进化？信息技术与人的梦境有没有火花产生？借助于信息技术手段，可以实现梦境复原吗？

（27）信息移民与信息土著居民的差异怎样？在信息技术语境下，代际的权力是否意味着一种颠覆性转移？

（28）信息游戏与石块游戏的优缺点不同在哪里？

（29）信息上瘾机理是怎样的？与烟瘾、酒瘾、毒瘾的差异？

（30）信息技术对于人的疾病治疗有无突破性贡献？

（31）信息技术是否有助于解决一些伟大的数学猜想？

（32）通过信息技术可否建立自杀预警机制？

（33）信息技术对于人种、胎儿优劣的选择有无帮助？

（34）信息技术对于促进人类不同语言之间的有效沟通有无捷径？

（35）信息技术与宗教的关系？造一个信息之神，还是相反，信息化所有的"神"？

（36）信息技术可以颠覆人类对于空间的理解吗？借助信息技术，人类是否真的可以实现一种时空穿越？

（37）城市和农村在信息技术化下有何不同趋向？信息化的农民会怎样？信息化的城里人又怎样体现优越性？信息技术下的流浪乞讨者？

（38）信息对于艺术之美有何直接作用？

（39）隐私哪儿去了？如何避免信息化的粗暴关注？

（40）信息世界有无生命力？未来的信息世界发展趋向哪里？

（41）无人驾驶时代何时到来？无人驾驶系统平台如何建构？驾驶心理与习惯趋同？如何实现平稳过渡？

（42）自动化、智能化的下一步是怎样的？信息技术的意向性是从哪里来的？

（43）人工智能在多大意义上可以代替人？可以战胜人？两者如何对

接？机器人的培训、管理如何展开？信息技术可以在哪些领域实现超越？哪些领域无法超越？

（44）信息技术对于我们的认知学习效果、认知学习方式有何增进？是否能颠覆当前的教育模式？

（45）我们的本能是否能在信息技术语境中得到释放？

（46）信息技术与新能源材料的关系如何？

（47）信息技术与 ND 打印的关系如何？

（48）语义、文艺、逻辑、自然科学、档案、传媒等视域下信息定义有何区别？

（49）信息技术在信息进化、信息文明、信息发展等不同视域下的概念相同吗？

（50）信息技术与其他学科之间的交叉会促生出人类新知识体系吗？是否会出现信息价值论、信息认识论、信息人生观以及信息世界观？

（51）在信息技术的辅助下我们是否会逐步走向"真相"？

（52）细胞里面的信息能够得到全面解读吗？

（53）基因突变的信息能够掌握吗？

（54）信息技术能否介入社会学科的方方面面？请如信息物理学、信息计算社会学以及政治信息算术？

（55）信息技术能够丰富物种的种类吗？

（56）信息技术的出现是一种人类发展，还是一种本能展示？

（57）信息技术、大数据对于人与人之间的道德交往有何关联？

（58）信息技术时代的到来是否会激发人口的大量增加？

（59）来自数据、信息技术层面的暗示更真实？

（60）信息技术能否控制社会革命？促进社会改革？实现社会文明？

（61）大数据、信息集合是否会越来越大？将来会精确到什么程度？

（62）当摄像头具有了自动捕捉陌生人的习惯，是否等同于信息技术具备了一定的"意识能动性"？

（63）当电梯里面不再有按钮，会不会有越来越多的创新产品产生？

（64）信息技术自身取向如何抉择？

（65）信息技术有无突变可能？

（66）传统知识如何与网络知识实现对接？

（67）信息技术发展的制度保障如何制定？

（68）人工社会信息数据能否与实验室信息数据同步发生，进而实现有序互动？

（69）信息技术的价值更多体现在商业领域？文化领域？

（70）人的思想和行为更加优化？

（71）当我们具有了一个人足够的数据集合，能否意味着掌握一个人？

（72）"用户可能会购买"发展到"用户一定会购买"？

（73）人往往在学校和家庭中受到管控，是否存在信息管控？这种管控的方式是"消费管控"，还是"乐趣管控""思维管控"？

（74）信息技术自身的限制在什么地方？数据采集的不足？还是决策战略不足？还是灵感缺乏？

（75）信息技术是否会进入"报复人"阶段？还是程序员的仇恨转移？

（76）信息技术的意义在人类史上有多大？

（77）"后信息技术"时代如何到来？

（78）"伪信息技术"如何存在？

（79）传统语言还能否识别信息技术？

（80）信息技术现象与信息技术本相之间的距离有多远？

（81）当数据显示两个人的分手率在78%，年轻人应该如何抉择？相信爱情，还是相信信息？

（82）信息技术语境下的主体是谁？合力主体？自然主体去了哪里？

（83）个人在信息技术中的最大的获利是什么？最大的失去是什么？

（84）社会越来越强，什么能够控制这个不断强大的社会呢？

（85）当信息技术越来越好，人们的心情是否会越来越复杂？想偷走？借了不还？还是紧紧拥抱暂时即可？

（86）对个人而言，随着信息技术的普及，"五官"是否需要重新设置？视觉信息是否需要从83%提高到84%？器官之间的信息交互如何进行？现在各大研究机构都有视觉研究中心？其他器官怎么看？

（87）生物视觉与计算机视觉之间的关系如何？生物听觉和计算机听觉的关系？等等。语音识别技术进展如何？

（88）信息技术是否有助于拓展世界规律的呈现？

（89）现象背后的规律是否需要去探究，还是"数据说"？

（90）数据能说出"什么"？能说出"为什么"吗？

（91）精确扶贫是否可以与信息接轨？

（92）党的建设、学生工作怎么与信息技术接轨才不会突兀？

（93）怎么去除信息化技术使用中的"泡沫""不自然"？

（94）良好的信息技术操作习惯如何养成？

（95）课堂上如何提高手机使用效率？如何疏导"低头学生""耳机男""美拍女"？

（96）针对科研出发点而言，以前都是"理论假设—模型—检验"，现在是"数据采集—数据归纳—数据分析—X"？

（97）究竟信息技术始于经验，始于观察，还是始于问题、猜想？还是数据密集？

（98）直接面对面的方式与"面—数据—面"方式？中间有何区别？

（99）信息技术意图如何觉察？

（100）信息技术是否代表着国家软实力？

（101）撒哈拉地区可以实现信息技术致富吗？落后地区如何借助信息技术"跨越式发展"？中国特色社会主义如何借助于信息技术实现"共同富裕"？

（102）如何借助于信息技术实现"无产阶级大联合"？

（103）资本、人与信息技术之间的关系怎样？

（104）信息技术与空间移民的关系、趋势？

（105）基于信息技术的未来人口研究。

（106）信息技术与石油、核能等能源方面的问题有哪些？

（107）信息技术与人的个性研究进展是怎样的？

（108）信息技术与食品、社会、精神、雾霾、安全、股市、教育、住房、上访、考古等具体方面的研究是怎样的？

（109）信息技术的加速发展对于"一国两制"有何作用？

（110）信息技术是否代表着国家软实力？

（111）对于"扶不扶"问题，信息技术是否有利于解决？

（112）"林丹""宝强"们在信息技术环境下如何生存？

（113）信息技术对于不同性别影响有何差异？

（114）信息技术能够控制器官再生吗？

（115）化学自组织的发展程度如何？

（116）传统人的计算极限在哪里？信息技术的极限呢？

（117）信息技术中的"垃圾"如何清理？

（118）信息技术会形成自我伦理吗？

（119）信息技术社会与共产主义社会距离多远？

（120）眼下消失的理想怎样通过信息技术手段找回？

（121）什么是"信息人"？什么是"信息天""信息地""信息气"？整个宇宙都是"会思维"的实体吗？未来机器人说话会冒白气、吃饭会打嗝吗？

（122）信息技术能够解决"交通臃肿""机构臃肿""体形臃肿""心态懒散"等当下问题吗？

（123）信息技术的内部结构如何？信息技术的研究纲领如何？

（124）信息技术为实现中国梦做些什么呢？

（125）信息技术研究的流派如何分支？

三 从信息技术问题到信息文明

上述信息技术领域之于人的问题提出，实际上是烘托出一种"信息技术文明"的理论与实践氛围，也就是信息技术不再是一种单纯的"冰凉技术本身"，而是逐步被赋予一种人的意义趋向，我们不断在这个方向投入自己的注意力，便促生出了信息技术转向信息文明的时代到来。具体而言，这里的信息文明，并不是作为一个孤立的词汇出现，而是一个复杂的具体的大多数人参与其中的社会集合体。比如，生产力和技术层面的自动化、智能化、无人化、柔性化、集成化；经济和资本层面虚拟经济、虚拟资本、管理软科学、信息垄断、信息富裕、信息有产；政治管理层面的信息无产者立场、电子民主、数字鸿沟和信息透明；文化方面的社会主义因素的网络渗透、资本主义控制的解蔽与传播、人的集体需要；社会方面网络社区、消费方式习惯的改变、整体协同；道德思维情感方面集体归属感、信息思维等。

第二节　信息文明的概念解析

　　以"信息文明"直接为题的研究成果出现于 20 世纪 80 年代，此后呈现出渐渐增温的趋势，特别是最近几年出现了一定的井喷现象。信息文明，作为一个复合型概念，在不同语境、标准、条件下，有不同的理解方式，迄今为止，还没有出现一个普遍公认、争相引用的界定。肖峰教授是这个研究方向的权威性学者，其代表作主要集中在《"信息文明"的语义分析》《基于技术哲学视角的信息文明特征》《信息文明：从社会存在到社会意识》以及《信息文明与生态文明的内在关联》等作品。肖峰教授分别从"修辞结构""文明含义""哲学基本问题""语义分析"等角度将信息文明理解为"文明世界的信息化与信息世界的文明化""社会形态的信息文明和优雅行为的信息文明""社会存在的物化形态的信息文明和社会意识的道德形态的信息文明""技术形态范畴和人文价值范畴""客观信息化造物水平和主观道德性行为规范"等统一体。[①] 从其观点看来，肖峰教授主要是从学术兼顾性角度比较全面地圈定了信息文明可能涉及的领域，具有较强的理论参考价值。

　　"信息文明"，是"复杂的却又是可以实现多维透视的"。单从字面上辩证地去理解，"信息文明"是"信息不断趋向文明"和"文明不断介入信息"两种趋势的集成；在形式与内容上的本体论层面去理解，"信息文明"属于多源"汇聚"，既可以看作是一种社会存在，还可以看作是一种社会意识，既属于对传统文明的"介入""解蔽""拓展""替代"，也可以看作是信息物化技术形态的"人文价值再创造""第二次创新"。信息文明在实践认识中经历着从"信息技术文明""信息经济文明""信息社会文明""信息道德文明"到"信息思维文明"的演变过程；从社会形态发展的认识论维度去理解，信息文明则存在着从"信息封建主义""信息资本主义""信息社会主义"到"信息共产主义"的境遇解读。"大数据""自媒体""互联网 +""云计算""物联网""智慧地球""感知中国"等时令词汇，并不是个别的零碎的华丽的辞藻，而是一种以"信息

---

　　① 肖峰：《信息文明的语义分析》，《中国人民大学学报》2015 年第 1 期，第 112 页。

文明"为核心的系统性存在。当下,个人以及社会群体都逐步地被"爆炸式的数据"所包围。截至 2015 年,全球数据量早已超过 30 亿 TB,倘若刻成光盘,叠加起来的厚度已经可以到达月球了。总而言之,在可预见的未来,这些堆积如山的数据会在瞬间被转换成实实在在的信息洞察以及客观决策。信息文明,必将以一种"总揽性的力量"统摄人类。本质上讲,究竟什么是"信息文明"呢?抑或讲"信息文明"的概念如何才能得到澄清?这是此领域开展分析研究的一个起点。

一 两种趋势下的"信息文明"

"信息文明",简单地从字面上来看,是"信息"与"文明"两个基础性词源的叠加、融合,属于一种复合型提法。倘若将"信息文明"作为一个独立的、系统的概念存在,其中一定存在着"信息 +"领域与"文明 +"领域的交叉关联,至少存在着两种趋势,一种趋势是"信息不断趋向文明",还有一种趋势是"文明不断介入信息"。

"信息不断趋向文明",这种趋势特指"信息"在"野蛮(Savagery)人"走向"文明人"过程中的价值体现,属于"信息"对于人的"开明""开化"(Barbarism)。简而言之,"信息文明",就是"信息 + 人明""信息 + 人化""信息 + 化人"。广义上的"信息",一般可以涵盖"语言文字""电报、电话"和"计算机、互联网、物联网"等形态;狭义上的"信息",则仅局限于当下正发生的"巨大互联网变革",这也是笔者认同的一种立场。当然,无论是狭义层面还是广义层面,"信息文明"都不是一种已经完成的"实体性存在",而是一种处于不断演变过程中的"关系性存在"。人们对于"信息文明"的理解先后经历过"信息兴趣""信息技术""信息经济""信息政治""信息管理""信息社会"到"信息道德""信息思维""信息系统"等阶段。这种递进式的"信息文明"概念,并不是一种没有方向的发散、裂变,而是始终面向人类文明形态的共同归宿——"人",即"信息 + 人的文明",针对具体问题而言,主要涉及在信息时代下,"人的本质是什么?""人的存在意义在哪里?""解决了人的哪些传统困惑?""增添了哪些人的时代问题?""留下了哪些关于人的新期待?"等问题,上述方面都可以理解为"信息不断趋向文明"的具体表现。

"文明不断介入信息"，这种趋势特指文明、启蒙的"信息化标准"出现。一般而言，"文明"多用来描述人类社会从低级阶段向高级阶段的跨越，与"礼貌""教养""德行""开化"等概念相近，与"粗鲁""黑暗""蒙昧""未开化"与"野蛮"等词义相对，旨在描述某种价值观念指导下的行为特征。笔者不禁反问，区别"文明"与"非文明"的标准是什么呢？对于这个问题，不同学者的"标准"是不同的：摩尔根将其理解为"生产工具"与"婚姻"；马克思主义经典作家强调宏观的"社会存在与社会意识""生产力与生产关系""经济基础与上层建筑"等文明标准；此外，一些学者则侧重于"文学""艺术""教育""科学"等精神标准，还有学者谈到了"公众利益""公共秩序"等"物质＋精神"标准。总起来讲，"文明"是一个系统性集合，可以将"家族""工具""语言文字""信仰宗教""法律""城邦和国家"等诸多方面纳入其中，同时，也反映出"文明"概念是个变化性的存在，随着人类社会的不断发展，"文明"标准自身也不断发生着一种丰富、转换。"信息文明"，实则就是"文明标准"的多样性呈现与即时性呼应，一方面可以将其理解为传统的"文明标准"渗透进了"信息元素"，出现了"信息文明标准"；另一方面就是在"文明"的现代标准那里，"信息化＋"地位越来越重要，渐渐成为一种不可或缺的组成，抑或讲就是传统文明标准的信息化存在。

二 "信息文明"的多源汇聚

基于上述两种趋势可以看出，"信息文明"属于多种"源"的一种"汇聚"。这里的"源"可以从形式层面来看，也可以从内容层面来看。

从"形式层面"来看信息文明的多源汇聚。这里的"信息＋"，还可以解读成"数字＋""大数据＋""计算机＋""互联网＋""物联网＋""多媒体＋""自媒体＋""比特＋""微电子＋""无线化＋""虚拟＋"等；这里的"文明＋"，也可以理解成"时代＋""社会＋""文化＋""进步＋""发展＋""人性化＋""启蒙＋""开化＋""人化＋""化人＋"等。从形式上将两个领域进行数列组合，"信息文明"就可以简单地等价于"数字化发展""大数据进步""互联网人性化""物联网启蒙""多媒体自媒体文化""比特开化""虚拟人化＋虚拟化人"等语境。

例如，倘若从时间维度去理解"信息文明"，则与"信息时代""计算机时代""信息化时代""数字化信息时代""网络信息时代""信息技术时代""数字时代""硅器时代""新媒体时代""电子媒介时代""信息经济时代""信息网络时代""e时代"等提法相近；倘若从社会维度去理解"信息文明"，则与"信息社会""后工业社会""网络社会""计算机社会""智能社会""知识社会论""知识经济社会""知识生产社会论""信息的社会层面"等提法相近；此外，也可以将"信息文明"理解为"信息革命""媒介变革""信息方式""第二媒介方式""第三次浪潮""信息时代与信息社会的研究""数字化生存研究""信息方式研究""信息主义研究""媒介方式的演化研究""数字凤凰""信息封建主义""信息时代的资本主义""信息社会主义"等。

倘若我们仅仅将"文明＝道德、伦理、精神"，那么，"信息文明"则可以被理解为社会意识或道德形态层面的信息化存在，诸如"信息技术与道德哲学""信息论思维""信息伦理""计算机伦理学""信息技术的伦理方面""黑客伦理与信息时代精神""计算机与伦理学""计算机伦理：信息与网络时代的基本道德""信息网络技术与计算机伦理""信息技术伦理道德问题""信息技术环境下伦理问题""信息德育""网络伦理""计算机程序编写心理学""全球网络的文化与交流：文化多元性，道德相对主义，以及一种全球伦理的希望"，此外，还有"虚拟伦理""赛博道德""'虚拟社会'伦理初探""网络社会发展的伦理学思考""网络时代的伦理问题""试论计算机网络的道德问题"等。

从内容上概括"信息文明"的多源汇聚，主要可以从两个领域得出答案：

第一个领域，"信息＋"全面介入、解蔽、拓展、替代传统文明（原始文明、农业文明、工业文明）的存在域。主体方面，农民、工人的"信息意识""信息思维""信息觉悟""信息情感""信息信仰"等不断加强，"信息技术""信息素质""信息能力"的提升以及信息工作者的出现，比如在农业灌溉方面，传统的农民大多是靠天吃饭，近现代农民则是通过机器、电机来灌溉农田，依目前农民在实践中所呈现出来的趋势来看，未来农民将会不断摸索新的种植经验，更加信赖、利用天气信息预报，心理上更为接纳适应区域气候的作物品种，更加认同农业洪涝虫害的保险信息事宜，一些青年农场主更加注重一种与效益信息挂钩的产业种植等；客体方面，人们对于认识和实践对象的了解与认知日趋全面性、准确性、系统协同性、即时性、模块化，甚至还出现了一种纯粹的信息世界，比如过去人们生病了，往往会求助于"医生""郎中""偏方""迷信"，现在一个人在确诊生病之后，第一时间想到的多是上网去查清"病情的原因是什么？""饮食有哪些注意事项？""国内有哪些权威的医院？""有没有痊愈的案例？""世界治疗水平怎样？""自己还能活多久？""治愈概率与成本有多大？""自己疾病的特殊性在哪里？"等，实际上这就是一种人们追求疾病可控的"信息疗法"；介体、环体、关系方面，传统社会生活方式、生产手段得到了信息化功能增强，同时，信息系统内一些新的方法、手段和关系出现，也标志着介体、环体、关系方面正发生着一种"根本性变革"。比如，在我国吉林省伊通县，那里的农民通过手机、触摸屏等信息服务手段测土配方进行氮磷钾等施肥控制，以达到增产效果，这就意味着人们传统观念上模糊的土地施肥认识将会逐渐被历史淘汰，人们会越来越懂得"土地什么时候饥渴""土地喜欢吃什么"；另外，盲人通过手机触摸屏，也可以实现发微信、百度百科，进而增进了与社会的沟通。这些不断创新的集成化方法，将人类传统经验提升到了一个"大不同的信息时代"。

第二个领域，"信息文明"作为一种现代社会实践的抽象概念，属于"后信息技术文明"，也可以将其理解为"信息技术的再创造""信息技术的第二次创造"和"信息技术的意义寻找、全景把握"。众所周知，"信息"并不等同于"文明"，一方面，"信息"并非万能的，而是受制于物理的、资金的因素。比如，至今仍是一个谜的马航 MH370 客机失联事件，就反映出卫星信息在"范围与精度"之间还是需要做出选择的，正如世界安全基金会技术顾问魏登指出，假如你带着望远镜以时速 110 公里开车行经一条街，想要看清每一个信箱，那就需要你要么提高速度，要么提高准确度。这就好比，看起来客观的信息存在背后，实际上存在着"人的目的与动机限制性"。基于此，我们可以判断，"信息文明"是"有限的信息文明"，需要再次进行升级、加工。另一方面，现代社会中的"网络人肉的暴力放纵""电信诈骗""信息霸权""标题党的夸大其词""信息暴力""信息恐怖战役"等现象，均体现出信息的一种"不文明性效应"。

比如，一些生活中没有责任感与道德底线的人，借助于信息技术平台会倾销自己的暴力广告、暴力文化、暴力视频、暴力营销、暴力消费、暴力政治、暴力宗教，诸如"美国 ABC 的'杀死中国人''棱镜门''牧师宗教门'"，英国的 BBC 丑闻、"人肉逼死花季少女"，中国的"自来水有害门"等谣言，都试图利用大众的"盲目性""自由感""权力感"去实现一种不良初衷，实则属于对大众的一种"信息权利"剥夺。总起来讲，"信息文明"，表现出我们对于信息相关的认识不断升华，也反映出信息相关对于文明的影响逐步显示、扩大、深化。

信息文明作为一个高度抽象的复合概念，在不同语境、标准和条件下，存在着不同的理解方式。在哲学本体论领域，信息文明与物质文明、精神文明相对应；在生产方式层面，信息文明可与农业文明、工业文明相衔接；在进化领域来看，信息文明也可与自然进化、社会进化相关；从组成部分来看，信息文明可以分为政治领域的信息文明，经济领域的信息文明，文化领域的信息文明，社会领域的信息文明，生态领域的信息文明等；从存在形态来看，信息文明也可以分为主观信息文明和客观信息文明，实体信息文明和虚拟信息文明，直接信息文明和间接信息文明等；从载体差异方面，也可以分为结绳信息文明，文字信息文明、实物信息文明、图像信息文明、影像信息文明、语音信息文明等；从存在时间角度去理解，信息文明也可以分为古代信息文明、近代信息文明、现代信息文明和未来信息文明；信息文明，在语义上，还有三个理解方式，即人类信息世界的文明化，人类社会文明的信息化，两化合二为一。

当前，信息文明已经初步形成，作为一种人与人之间、群体与群体之间、国家地区之间、民族之间的"信息实体"而出现。信息文明内涵丰富，既可以理解是传统文明的信息化，又可以理解为人类基于信息技术而产生的不同于传统文明的社会文明，还可以进一步分解，将其理解为信息领域的获取技术文明、信息领域的识别技术文明、信息领域的通信技术文明、信息领域的传播技术文明、信息领域的储存技术文明、信息领域的处理技术文明等方面以及相互之间的交叉关系文明，也可以将其理解为是信息技术主导的共享文明、虚拟文明、去中心文明、兼容文明、系统文明、便捷文明等方面。比如，这里的共享文明，实际上是一种一定生产力发展水平下的基于信息能力、信息技术、信息环境等信息基础的有差别的共享文明，具体的共享内容，一般涉及生产力共享、资源共享、产业趋同化以及制度共享等层面；当然从宏观层面来看，资源共享与资本主义私有制之间还是存在着不可调和的阶级矛盾，这也是文明共享的相对性所在；政治去中心文明，主要是借助于信息技术的信息获取、信息传播、信息存储、信息处理优势，侧重于政治层面的去政府化、民主化和群体参与化以及科学透明化；文化兼容文明，主要是依托信息技术的传播速度、规模效应，而在不同世界、不同地区、不同群体之间出现的文化沟通文明；与此同时，系统文明主要体现出了信息文明语境下具体社会文明关系的复杂性和全局性，比如政治经济化、文化政治化、文化技术化、艺术商务化、工作闲暇化等模式的出现。基于此，我们可以这样去理解信息文明，信息文明以信息化方式丰富了传统文明的内涵；同时，逐步促使传统文明因素之间的界限模糊化；信息文明，创造了当今时代的新文明形态，并在改变文明形态的过程中，丰富了人的本质、人本质观，逐步实现了人的本质力量。

总体上来看，学者们一直没有停止对于信息文明相关领域的研究，但是从已有的研究成果来看，人们对于信息文明的概念界定，却一直也没有统一过，且始终处于一种不断变化发展的过程中。当前可以确定的是，信息文明，存在着广义和狭义两个层面的理解方式。广义上来看，信息文明，就是与人的信息能力提升有关的一切方法手段文明；狭义上来看，信息文明，主要是强调作为现代社会实践过程中，特别是与通信技术、互联网技术和计算技术、成像技术、自动化技术以及传感技术、机器人技术、纳米生物技术等当代技术融合后所凸显出来的一种抽象概念，主要是强调信息技术的再创造、再理解以及意义寻找、全景把握，本书注重于从狭义层面出发去深入解读信息文明，尤其是体现在从人的本质角度去介入其具体语境。

第三节　从物理信息文明到人本信息文明

一　信息文明起步于物理层面的信息技术文明

信息文明，给予我们最大的感触，就是一系列应接不暇的科学技术成果不断涌现出来。信息技术虽然越来越引起人们的注意，但是人们对信息文明的认识始终存在着一定局限性，人们对于信息技术的认识还需要一个逐步增长的过程，我们需要得到不断涌现出来的信息技术层面的支撑，也需要得到人类社会一些专家学者的深入解读，还需要得到普通民众的信息体验等，这一切融合起来，我们就能得到一幅图景。起初，我们对于信息文明的认识，主要是存在单纯的信息技术现象。正如美国著名未来学家约翰·奈斯比特谈到信息社会时认为："信息时代已不再是一个观念，而成为一种现实，在这个现实的新社会里，战略资源已是信息……价值的增长不是通过劳动，而是通过知识实现的。"① 特别是以系统论、信息论、控制论等理论为基础的微电子技术、通信技术、计算机技术、自动化技术、光电子技术等信息技术共同体已经深刻影响到了人们的生活。一般而言，多数人对信息文明的认识起步于资本技术世界的需要，在这种语境下，信息技术文明和信息经济文明往往是信息文明的直接代名词。人们会自然而然地把信息文明归类于生活的点击触摸体验、生产的服务性增强、管理的智能便捷、虚拟资本运作等方面。加拿大学者莱昂（David Lyon）在 1988年就提出"从物品转向服务，以及管理和专业职业的崛起、农业和制造业工作的让位，还有绝大多数工作中信息内容的增长"②。波斯特在 2001年指出："此时社会是……专业技术人员处于主导地位的社会，知识与信息是决定性变量。"③ 总起来讲，信息文明还是一种以信息技术文明为内核的文明扩散。

二 信息文明渗透到现实层面的信息社会文明

在信息技术出色地完成其自身的技术使命之后，人类就可以轻易地、熟练地进行测光、对焦、抓取、记录等系列动作了。当然，人们不会就此满足于这样一种平面的利用信息技术，而是尝试一种信息立体化渗透社会现实层面。最先是一些学者在学术领域的一些社会化反思，早在 1992 年苏联学者茨维列夫就指出："信息在社会中自由传播并出现新型的民

---

① ［美］约翰·奈斯比特：《高科技·高思维》，尹萍译，新华出版社 2000 年版，第 42 页。
② David Lyon, *The Information Society. Issues and Illusions*, Cambridge：Polity Press, 1988, p. 10.
③ ［美］马克·波斯特：《信息方式》，范静哗译，商务印书馆 2001 年版，第 1 页。

主——参与协议制民主。"① 将信息技术与人类政治文明结合起来，这就凸显出了信息技术文明的进一步延伸，逐步到达了一种更为广阔的信息社会文明语境。一旦人类在信息社会文明领域有所收获，这种趋势就再也无法逆转了。人类对于信息文明的理解和运用开始迅速地实现着由物质技术转向社会发展、个体生活。1998 年美国学者埃瑟·戴森针对数字技术、数字时代，谈了个人的"生活设计"理想，② 在接下来的时间里面，一种信息渗透技术文明逐步成为人们的学术、生活习惯。信息技术可以影响教育规划、国家战略、文化思潮、生态地理、生物科技、思维方法等，比如，董炎在 2003 年提出了"信息文化论"③，还有传媒领域的芝加哥学派等，即便是信息生态文明领域，也有很多学者不断进行着前无古人的探究，针对信息技术文明在有效缓解自然资源减少所带来的生存压力方面，杨文祥认为："信息文明是以信息资源为基础的全新的历史文明……是以实现人类社会可持续发展为最高目标的可持续发展文明。"④ 似乎，我们此刻最难以回答的问题已经成了——"什么领域是信息技术所无法介入的呢"？

三　信息文明在哲学层面的根本性反思

当信息技术文明看起来无所不能的时候，当计算机开始具有价值判断和宏观战略的时候，当信息技术具有热爱、关注、兴趣和审美旨趣的时候，当过去一切模糊的自然的人类社会现象都可以被放置到信息语境去解读时，学者们便开始慢慢地将信息文明作为一种系统的"整体的"根本的文明层面去考虑了。正如肖峰教授在《信息主义：从社会观到世界观》一书中提到的那样，很多人开始在内心深处"视信息为最重要的财富""视信息为世界的基石"等，⑤ 这说明，信息技术文明已经不再是一种单

---

①　[苏联] 茨维列夫、孟贤：《信息革命：向世界预示着什么》，《国外社会科学》1992 年第 2 期，第 32—33 页。

②　[美] 埃瑟·戴森：《2.0 版：数字时代的生活设计》，胡泳等译，海南出版社 1998 年版，第 1 页。

③　董炎：《信息文化论》，北京图书馆出版社 2003 年版，第 1 页。

④　杨文祥：《论信息文明与信息时代人的素质——兼论信息、创新的哲学本质》，《河北大学学报》（哲学社会科学版）2001 年第 1 期，第 57—63 页。

⑤　肖峰：《信息主义：从社会观到世界观》，中国社会科学出版社 2010 年版，第 223 页。

纯的工具文明，也不再是一种灰色的形式文明，而是一种复杂的色彩鲜艳的不同以往的文明形式。信息文明正在逐步引起人们的整个观念发生改变，哪怕是最常见最普通的事物现象，在信息文明社会，也有了本质的变化："人们的时间观念发生了本质的变化；人们的生活目标也不同于过去。"① 在我们持续地关注信息文明时，一种更为宏观、更为根本的信息文明语境便到来了。诸如学者莱昂就是在一种根本语境层面将"信息主义"（informationalism）与"后工业主义"看作是一对相似的理论；② 卡斯特不断拓展信息思想，提出了信息资本主义。在得到越来越多的关注之下，信息文明逐步形成了自身的一种独特的话题范围，一方面信息文明为传统的哲学问题提供了一些研究的视角、方法，另一方面信息文明还提供了一个崭新的哲学话语体系。一些围绕信息文明的基础性概念逐步得到深入的探究，国际上关于信息文明的研究成果逐步得到互相交流和参照，信息文明逐步成为一种基础性的思想观念，正在主导着一些学术领域的话语展开，与此同时，信息文明在哲学领域内部也是不断地延伸着自己的视域，从信息哲学、信息唯物论与科学本位论、虚拟实践论到"信息主义：从社会观到世界观"等，无不体现出一种信息文明渗透到哲学层面，其实在某种意义上讲，就已经有了信息文明与人本质观的含义。

四　信息文明与"人的本质"结合起来

将信息文明介入到哲学层面去探究，实际上就是在回答人的本质问题。信息文明给我们带来了海量的数据，也改变了我们的认识方式、工作方式以及存在方式，这些数据一方面是无穷无尽的便利，同时也带有无止境的困扰；这些生活方式的改变，一方面是人们发自肺腑的情愿选择，另一方面也有一定被动的无奈接受。究竟如何理解这种基于信息文明所给予人的两种对立感受呢？数据之多，数据之快，就是人的本质呈现吗？生活节奏不断被刷新，工作方式不断翻新，就会使人的本质清晰吗？随着这些问题的不断积累，于是就会出现一种必然的趋势——信息文明转向人。那

---

① ［美］约翰·奈斯比特：《高科技·高思维》，尹萍译，新华出版社2000年版，第42页。
② David Lyon, *The Information Society. Issues and Illusions*, Cambridge：Polity Press, 1988, p. 10.

么，究竟如何看待信息在给我们提供确定性的同时，又给我们制造了大量的"不确定性"①？如何看待信息文明在给我们带来实实在在的感觉时，又赠送给我们一个虚拟的"数字生命"②？此时此刻的人，究竟会走向何方呢？"信息流中的人"？"信息人"③？人会成为"信息媒介的产品"④吗？在信息文明介入到人的本质时，一个突出的问题就出现了，那就是什么是人？什么是信息文明语境下的人？两者有区别吗？倘若作为一种抽象的神秘的宗教人，答案可能就是一样的了，也就不用再去谈论了，但是，对于马克思主义理论中的"科学人""社会人"而言，这个问题就值得细细探究了。

总起来看，信息文明的相关研究之所以要转向人的本质，根源至少有三：

其一，信息文明转向人的本质是哲学之需要。哲学是关于思想观念、理论体系的基础性前提。正如马克思在《〈黑格尔法哲学批判〉导言》开头所指出的那样："对宗教的批判是其他一切批判的前提。"这里的"宗教"即是当时哲学代名词，抑或讲只有在哲学层面厘清了一种学说思想，我们才能真正算得上构建起或否定掉一种观点。换个角度思考下，要想搭建一个坚实牢固的思想体系或者彻底揭穿一些荒谬的观点，就必须从哲学角度去寻找论证立足点。信息文明的研究尤是如此，将其纳入到人的本质层面来研究，其初衷就是为了获取一种全景式认识，并在此基础上对信息文明所涉及的具体细微领域进行定点研究，然后，从具体返回哲学抽象，再从宏观到微观，经过反复不断的沟通、商榷、论证，我们才能够给予信息文明一种比较准确的把握。

当下，关于信息文明的哲学研究已经涌现出了一些成果，比如米切姆的"信息文化哲学""信息技术哲学"；弗雷德金、斯泰因哈特等人的"数字哲学和数字形而上学"；海姆的"虚拟实在的形而上学"；还有其他学者的"赛博哲学""计算（科学）哲学、人工智能哲学""信息科学与

---

① 李德昌：《信息人与不确定性》，《西安交通大学学报》（社会科学版）2005 年第 25 卷第 4 期，第 4 页。

② 李建会：《论数字生命的实在性地位》，《哲学研究》2002 年第 12 期。

③ 张雨声：《论"信息人"》，《上海大学学报》（社会科学版）1998 年第 4 期，第 4 页。

④ ［加］麦克卢汉：《理解媒介》，何道宽译，商务印书馆 2000 年版，第 218 页。

技术哲学""信息和通信技术哲学"等,曾经就有中国学者预言,"在新的世纪现有的一般技术哲学将会分化出包括信息技术哲学在内的一系列全新的部门技术哲学,其兴盛将是21世纪科技哲学发展的一大特色";"信息技术的迅猛发展必然引起哲学范式的转换和变革,成为解决传统哲学问题的新方法";"信息技术势必引起人们哲学观点的变化"。等等,我们由衷地感到欣慰,在短短几十年的时间内看到了信息领域的哲学研究从无到有,从小到大。

其二,信息文明转向人的本质是信息文明之境遇。自20世纪"信息哲学"被国内学者重视起来之后,围绕该领域的文章、著作数量不断增加,内容上不断翻新,不但进入了很多高校学生的教材课本,而且还被一部分国内外学者们誉为"第一哲学""最高哲学""元哲学",在信息哲学的自身话语体系、理论日趋成熟的同时,也丰富着哲学研究的视域、范式。"信息"是我们这个时代最引人关注的现象之一,吸引着各个学科领域的研究者纷纷转向,交叉互联,形成了诸如"信息论""生物信息论与生物控制论""信息科学与系统科学""医学信息学""信息与计算机科学""信息工程""信息光学""林业信息管理""遥感信息工程""信息处理技术""地理信息系统""汉字信息处理""管理信息系统""安全信息工程""信息经济学"等十几种,倘若再加上"计算机"学科群、"互联网"等相关学科,我们就能发现,一股强大的"信息研究"潮流正在汇集,这反映出信息相关与人们的生活密切相关,且已形成日益渗透之势,也体现出信息从"技术"向"社会""人"的一种转向,其学术研究的价值越来越高,在此基础上,便有了信息文明人的本质层面的探究意义。

与此同时,转向人的本质也是信息文明研究走出困境之出路。辩证地看,作为人类哲学的全方位的根本性变革,除了在信息管理、媒介信息等经济社会领域有所突破外,信息领域的哲学研究在中国并没有出现"物质、精神"般高度的关注,反而给人有点不正常的冷冷清清的感觉,学术界的争鸣与思辨力度显然不够,难道讲信息领域的相关研究,仅仅是一种自我的陶醉吗?涉及信息文明领域,大家对于"信息文明"的认识又无外乎集中在"信息技术文明",究竟信息文明的存在与传统文明中的宗教艺术有何关系?如何甄别信息文明领域这种"应该热"与"现实冷"

的状况呢？出现这些问题，与信息领域本身的研究状况存在关系吗？可以理解，学术思想在产生之时多陷入一种"被排斥""被放逐"之境，这也并不一定就是坏事，塞翁失马，焉知非福，一种新的观点似乎只有在经历过实践与理论界的不断否定与重新拾起之后，其生长的根基才能变得愈加稳固。在回应这些问题时，固然以"信息"为中心的前期研究可以促使我们走出对"信息文明"的狭隘理解，摆脱认识上的教条思维；再加上，现实信息生活也可以给我们提供源源不断的分析素材；同时，马克思主义理论已给我们奠定科学的研究方法。然而，只有这些还不够，毕竟信息文明的理论源头、动力机制、成长过程、影响因素、未来趋势等问题的探究，并不仅仅在于信息本身，往往还涉及人类知识的起源，市场固有的存在，不确定性以及超越我们想象的客观存在，所以，在实际研究中，还需要一种将信息历史、信息生产生活、研究方法和现象解释等各个环节联结起来的关于信息文明的哲学把握。基于此，笔者并没有仅仅将研究的视角限制在"信息"本身，同时还选取了一种能够将当代信息技术与"文明""传统""社会""人""时代"等联系起来的研究视角去看待信息文明的本质。

其三，信息文明转向人的本质是梳理马克思主义人本质观的时代需要。"信息文明与马克思主义人本质观的新发展"研究，具有跨学科性。当前学界缺乏以其直接为总体对象的研究成果。信息文明侧重于现象层面研究，马克思主义人本质观侧重于形而上层面的研究，总体上，这是一个发现问题和反思构建的过程集合，通过现象认识本质，属于一个典型的哲学类型选题。选题重在发问，并对已经存在的马克思主义人本质观进行再读。将信息文明与马克思主义人本质观结合起来，其实，就是在形而上的意义上集成并分析信息文明的深层价值，最直接的现实意义，就是引发人们去关注信息文明下的人的生活、人的状况，反思信息问题、人的问题。信息文明与马克思主义人本质观的新发展，涵盖了虚拟劳动、信息关系、信息需要、信息自由等多方面，有助于我们自觉地从以人为本的角度去全面推进信息文明建设，解决现实社会建设中人的信息化问题，并在此过程中，形成人的本质信息化和信息人本质化，并最终树立全面的信息文明观和科学的马克思主义人本质观。

第 三 章

人本质观的科学性趋向

人生有没有意义全看我们对人生的看法。

——胡适

第一节 一个永久性的困局：人的本质是什么？

一 人与人的本质问题存在

古往今来，人类从未远离一个话题，那就是"人的本质是什么"。无数智者殚精竭虑地从文学、历史学、哲学、生物学、心理学、信息学、政治学、社会学等诸多领域出发去思索这个问题，即便一些人毕生没有直面过人的本质是什么，但是，他们也往往会通过认识自己等类似的相关问题去发现、挖掘人的意义。当然，还有一些学者表面上会对人的本质问题嗤之以鼻、不屑一顾，实际上，在他们的潜意识当中也必然蕴含着自身坚定的人的本质立场、思想。抑或讲，倘若我们不能从一个学者的研究作品中看出其对于人的本质的基本理解，那么，我们就其学术观点所展开的讨论就极其有可能属于大空话。究竟如何才能做到不讲空话呢？那就需要在研究过程中，在仔细揣摩作者的学术符号、思想字眼时，要时刻留意作者对于人的本质是什么的问题理解，这是对一个人在学术、生活、工作等方面最根基式的把握。由此可见，人，无处不在，关于什么是人的思索，也是无处不在。在研究特征上，人的本质是什么？这是一个很大的很复杂的却也很常见的学术话题。自然而然，关于这个问题的探析，不同境遇下的人们走着不同的道路。纵观人类文明历史，时至今日，无论是在学术层面，还是生活认识层面，人们对于人的本质是什么问题所得出的答案不可谓不丰富。即便大多数人耗费毕生所学却没有得到满意的预期结果，未能达成一种无法争辩的共识，但是，后来人依然乐在其中，非常享受关于人的本质的思索、讨论和归纳过程。

二　西方世界中的人本质观

人究竟是什么？古希腊神话中有人神同形同性的宗教人，前苏格拉底时期有泰勒斯的水、阿那克西曼德的无限定者、阿那克西美尼的空气等自然物质人。此后，一些西方哲学家逐步摆脱从自然本原角度去解读世界以及人的根本，进而转向在多种本原的关系秩序中去探究这个问题，具体比如，毕达哥拉斯的数，赫拉克利特的"斗争是万物之父"①，恩培多克勒的"火、空气、水和土"② 四根混合和分离而致；在德谟克利特看来："肉体之美如果没有知性的内涵那只是与动物同样的东西"③；普罗泰戈拉认为："人是万物的尺度"④；在苏格拉底看来，人的本质，就是人的两种"灵魂机制"，一种是生命机制，一种是理性机制，生命机制属于生物共有，只有理性机制才是人类特有；柏拉图强调智慧人"是没有羽毛直立行走的动物"⑤；亚里士多德侧重于从求知欲去理解人，从社会属性层面去把握人，把人看作是"政治动物"⑥，这种朴素的社会人在今天看来依然是难能可贵的。中世纪，人被原罪说、禁欲说视为神的创造物，在奥古斯丁、托马斯·阿奎那那里，人是上帝的本质体现，中世纪的哲学家们一般推崇人神有别的宗教人，到了经院哲学家那里，更多是通过对超自然意志和神的力量的分析来诠释人；文艺复兴时期，人们对人的认识侧重于激扬的情绪与诗化的语言；15 世纪至 19 世纪逐步出现了文化人、理性人；后来的达尔文则侧重于生物人；康德在区分感性存在者与理性存在者过程

---

① ［古希腊］赫拉克利特：《残篇》，［加］罗宾森、楚荷中译，广西师范大学出版社 2007 年版，第 53 页。

② 同上书，第 17 页。

③ 同上书，第 105 页。

④ 《柏拉图全集·普罗泰戈拉篇》，王晓朝译，人民出版社 2002 年版，第 318 页。

⑤ 《柏拉图对话集》，王太庆译，商务印书馆 2004 年版，第 650 页。

⑥ ［古希腊］亚里士多德：《形而上学》，吴寿彭译，北京出版社 2008 年版，第 298 页。

中将人的类本质理解为理性；此外，黑格尔的绝对精神、费尔巴哈的固有抽象物等都未能科学回答人是什么；后来，弗洛伊德的心理人，西方科学主义和语言分析的行为人，存在人以及后解构主义人死了的危机等都是试图寻找人的本质真空。

三 中国的人本质观

何为人？自古以来，中国人虽然没有形成明确的系统化的人本质观，但是却有着浩瀚的如繁星点点般的人的本质思想。诸如，殷商时代的天命论人、春秋时期的人文论人（孔子的仁礼人、孟子的善恶人、老庄的自然无为人、墨子的兼爱人），再到南北朝隋唐时期的宗教人，再到朱熹的理性人，明清后的主体人、反理性人、批判性人等。中国古代的学问也是以研究人为主的"人伦之学"。比如，在《说文解字》中，人被定义为"天地之性最贵者也"[1]；《礼记》："故人者，天地之心也，五行之端也，食味，别声，被色，而生者也"[2]；《列子·黄帝》："有七尺之骸，手足之异，戴发含齿，倚而趣者，谓之人"[3]；《释名》："人，仁也，仁生物也"[4]；孟子讲，"人之有是四端也，犹其有四体也"[5]。总体来看，关于人本质观的研究成果，一方面呈现出了不断多样化的局面，另一方面也沉淀、累积了科学的元素。到了当代，特别是改革开放以后，与人的本质相关的人道主义、人性、人的自主活动、主体性、人学与以人为本等思想逐渐升温；最近几年，我国学术界的"人的本质"转向了一种特殊的社会存在物。正如袁贵仁在其作品中谈道："所谓人学，就是以人这一特殊社会存在物为研究对象，探讨其生存和发展的最一般规律的科学"[6]；郭晓君在理解人的本质时，则是站在一种整体的语境中去谈："关于整体的人存在、协调、发展和归宿的一般规律的一门综合性科学"[7]；陈志尚也赞

---

[1] 许慎：《说文解字》，徐铉注，中华书局2007年版，第2页。

[2] （西汉）戴圣：《礼记》，刘小沙校定，北京联合出版公司2005年版，第5页。

[3] 《列子·黄帝》，叶蓓卿译注，中华书局2015年版，第10页。

[4] 刘熙：《释名》，国家图书馆出版社2014年版，第11页。

[5] 孟子：《孟子》，陈渔、郑义主编，吉林人民出版社2007年版，第6页。

[6] 袁贵仁：《马克思的人学思想》，北京师范大学出版社1996年版，第1页。

[7] 郭晓君：《我国人学研究的回顾与前瞻》，载《全国首届人学研讨会论文集》，广西人民出版社1998年版，第100页。

同从整体上去研究"人的存在、本质、活动、发展、价值、目的、道路"等方面①。由上述观点可见，关于人的本质的看法还处于争论之中，不同学者基于不同的立场、学识、角度、专业、素养等，而存在着较大的不同。人，最特殊，最复杂，最古老，最棘手，"人是哲学的主题"②；同时，在社会发展的推动下，特别是现代科技实践、人与人现代交往的推动下，人所面临的困境、危机越来越复杂：粮食问题、环境问题、信仰问题、恐怖问题、道德迷失等，如有学者指出："现代化同人的异化几乎成正比例发展。"③ 人的答案又最丰富，最让人期待，不同时期有着不同的答案。论述到这里，实际上已经默认了一个前提，那就是这里的人并不是一个可以跨越历史的人，而是一定历史和社会中的人。总体而言，关于人本质观的研究成果种类繁多，总体逐步趋向科学。人，自古以来就有多样解释，但是，总体上经历了一个从万物去理解人、从动物去理解人，再到从社会去理解人的过程，呈现一种逐步走向科学的趋势。

第二节　马克思主义人本质观如何存在？

作为一种科学的人的本质原则、方法，马克思主义人本质观一直以来从未被现代学者们所放弃，而是始终处于被讨论、被研究、被挖掘和被解读的状态之中。总体而言，马克思主义人本质观领域的相关成果日趋丰富，不断深化。比如，学者们从类和社会的双重性、社会实践性、生理心理等整体性、个体多重性、可能性等不同方面去介入马克思主义人本质观，这反映出马克思主义人本质观的重要性，同时也折射出了马克思主义人本质观的矛盾性。究竟什么才是马克思主义人本质观呢？如何才能把握马克思主义人本质观的内在精髓呢？

一　马克思主义人本质观的重视程度需要提高

什么是马克思主义人本质观？不同的理解方式得出的答案也会不同。

---

① 陈志尚：《人学原理·序一》，北京出版社 2005 年版，第 3 页。
② 方幸福：《幻想彼岸的救赎——弗洛姆人学思想与文学》，中央编译出版社 2014 年版，第 3 页。
③ 同上书，第 15 页。

首先，我们可以将其理解为马克思主义理论中的人本质观部分。众所周知，马克思主义理论内容丰富，主要是包含着马克思主义哲学、马克思主义政治经济学和科学社会主义。当前，在马克思主义人本质观研究领域还没有出现系统的理论成果，已有的研究思想，往往也是作为根本性理论渗透于其他主体理论当中。同时，马克思主义人本质观在马克思主义中国化理论体系（中国化马克思主义理论体系）中也存在这样的研究现状。比如，2003 年丁俊萍、熊启珍以时间为轴将中国化马克思主义理论体系概括为："新民主主义革命理论，新民主主义向社会主义过渡的理论，社会主义国家理论，社会主义本质论和动力论，社会主义现代化建设理论，'三个代表'思想"等方面；[①] 2013 年修订版的博士生研究生思想政治理论课教材《中国马克思主义和当代》结合社会组成部分将整个理论体系概括为"当代的世界经济政治格局、发展问题、社会建设、生态环境问题、社会思潮、科学技术发展、资本主义的新变化与社会主义的新发展"等方面；[②] 2007 年郑永廷教授以"中国化马克思主义"为核心，在《中国化马克思主义发展概论》一书中论述了"概念，内涵，发展，价值，时代背景，历史条件，实践基础，理论基础，发展进程，发展特点，规律，地位，影响"[③]；除此之外，2005 年王国炎的《中国化马克思主义概论》，2010 年田克勤和张耀灿的《中国化马克思主义概论》，2013 年王长海、姜文荣的《中国化马克思主义理论体系概论》均对中国化马克思主义进行了系统的探究。总体分析上述成果，我们可以发现，专家学者们将"人的本质"系列问题隐形渗透于主体理论的框架之中。2012 年张雷声在《马克思主义基本原理的中国化与中国化的马克思主义基本原理》一书中直接论述了"人的理论"，他在具体章节阐述中涉及了"以人为本""人的全面而自由的发展与人的全面发展论"。[④]

其次，学术界一般是将马克思主义人本质观等同于马克思恩格斯的人

---

① 丁俊萍、熊启珍：《中国化的马克思主义概论》，武汉大学出版社 2003 年版，第 1 页。

② 中国马克思主义与当代编写组：《中国马克思主义和当代》，高等教育出版社 2013 年版，第 1 页。

③ 郑永廷：《中国化马克思主义发展概论》，中国人民大学出版社 2007 年版，第 1 页。

④ 张雷声：《马克思主义基本原理的中国化与中国化的马克思主义基本原理》，中国人民大学出版社 2012 年版，第 1 页。

本质观，甚至还有不在少数的学者对于马克思主义人本质观的直觉理解、研究定位多停留在"在现实性上，人是一切社会关系的总和"。

（1）多数学者从马克思恩格斯人的本质思想演变过程角度去介绍马克思恩格斯的人本质观。对于马克思恩格斯人的本质思想演变过程，不同学者也有不同的阶段划分方式，代表性观点主要存在以下几种：张渤将马克思恩格斯人本质观划分为"劳动""自由的自觉的活动""感性劳动"到"实践"等演变阶段；① 高文新等学者将马克思恩格斯人本质观理解为四个历史命题：《导言》中的"人是人的最高本质"—《手稿》中的"自由自觉的活动"—《提纲》中的"一切社会关系的总和"—《形态》中的"人的本质是人的需要"；② 此外，还有一些学者考虑将马克思早期的"黑格尔抽象的理性、自我意识"也纳入到马克思恩格斯人本质观当中。

（2）部分学者尝试从理论概括层面去介绍马克思恩格斯的人本质观。从概括的具体内容来看，代表性观点主要存在以下几种：有学者将马克思恩格斯的人本质观概括为一个方面，比如，著名教授黄楠森将马克思恩格斯人的本质理解为社会实践本质："人的本质是在一定的社会关系中从事的实践活动，是人之区别于动物的根据，也是每个人与每个人相互区别的根据"③；有学者将马克思恩格斯的人本质观概括为两个方面，比如，岳勇等将马克思恩格斯的人本质观概括为"人的类本质和人的个体本质"两个层面，④ 在学者唐传开看来，"二者殊途同归，从不同的视域来说明同一个问题的两个不同方面"⑤；有学者将马克思恩格斯的人本质观概括为三个方面，陶富源将人的本质理解为"人的生理本质特性、心理本质特性和社会实践本质特性等三方面所构成的整体"，⑥ 万光侠则将马克思恩格斯人的本质概述为"类本质、群体本质、个体本质"三方面构成的

① 张渤：《马克思主义人本质观》，《牡丹江教育学院学报》2006 年第 1 期，第 16 页。

② 高文新：《马克思理论基本范畴研究》，吉林大学出版社 2007 年版，第 80 页。

③ 黄楠森：《马克思主义哲学史》，北京大学出版社 1987 年版，第 1 页。

④ 岳勇：《人学理论的三种形态》，《江海学刊》1997 年第 3 期。

⑤ 唐传开：《论马克思主义人本质观的两维性》，《白色学院学报》2006 年第 4 期。

⑥ 陶富源：《终极关怀论·人的哲学之悟》，安徽大学出版社 2004 年版，第 10 页。

统一体;① 有学者将马克思恩格斯的人本质观概括为四个方面，比如，在韩庆祥看来，人的本质是"人的需要、生产劳动的自由自觉性、社会关系和独特个性的完整统一"。② 此外，还有学者试图从"对象化""可能性""研究方法""批判性"等角度尝试界定马克思恩格斯的人本质观。在对象化上，袁贵仁提出："人的本质力量在于人的对象化和自然界的人化"③；程家明从"人的遗传素质、心理结果、社会需要以及能动努力等"④ 可能性视野去介入到人的本质当中。还有学者在"人的本质"研究领域，将马克思恩格斯的人本质观理解为是一种研究方法：这种方法具有辩证的、思辨的、现实的、实践的、科学的特征，甚至还有学者尝试从"基因科学"等层面去介入人的本质。⑤ 此外，也有一些学者否定了"人的本质是社会关系的总和"，比如，王子明认为："人的本质不应是单纯的生物学的意义，并非形而上学的人性的混合体或是全部社会关系的总和，而是一种实体性、思想性和场性的融合统一。"⑥

　　总体来看，如何全景揭示马克思恩格斯的人本质观，未能形成一种比较权威的认识。这些理解方式虽然看到了马克思恩格斯某一论述在学术研究中的重要地位，但是具体到不同的语境当中，还是需要具体问题具体分析，还是要看到马克思恩格斯在其不同文献场合中的具体表述，也要看到作为马克思主义继承者对于这个问题的认识和升华。马克思主义人本质观的新发展正是在这样的语境中有了存在的意义。

二　"马克思主义人本质观"的核心内容尚未定型

　　马克思主义人本质观是人本质观领域的一次革命。这里的人本质观并不是指向一个简单的人的本质论断，而是一个内容丰富的集合体。总体而言，马克思主义人本质观对于人的本质的理解和认识经历了一个由浅到深

---

① 万光侠：《人的本质新解》，《山东师大学报》（社科版）1998 年第 2 期，第 12 页。

② 韩庆祥：《重新解读马克思的思想体系马克思的人学思想等评价》，《哲学动态》1998 年第 2 期，第 10 页。

③ 袁贵仁：《马克思的人学思想》，北京师范大学出版社 1996 年版，第 14 页。

④ 程家明：《可能性视野下的人的本质》，《江汉论坛》2008 年第 2 期，第 10 页。

⑤ 王子明：《论人的本质和新生态文明建设》，《自然辩证法研究》2013 年第 10 期，第 118 页。

⑥ 同上。

的不断科学化过程。

首先，马克思主义人本质观的起点之争。归纳起来，已有的研究成果大致存在以下几种观点：第一种观点，学者们认为马克思主义人本质观的起点在于马克思恩格斯的思想起点，这种观点主要是将马克思恩格斯思想理解为"人道主义"的一生，人的本质思想是马克思恩格斯此生的思想理论核心，现实的资本主义呈现出来的是一种人的异化，未来的共产主义是实现人的本质力量。其中弗洛姆、马尔库塞、卢卡奇以及赫勒等都可以理解为此领域的代表性学者。这种观点的最大困境在于解说马克思恩格斯的唯物史观与之前的唯心思想之间的人的本质差异。第二种观点，学者们认为马克思主义人本质观的起点在于《手稿》中的劳动思想，这种观点主要是结合人的本质等于人的类本质和人的社会本质层面的理解，而人的类本质思想主要是从一种劳动异化的角度介入，主要思想也是源于《手稿》。这种观点的最大困境在于没有结合《手稿》前马克思恩格斯的人的类本质思想演变，也缺乏一定的解释力。第三种观点，学者们认为马克思主义人本质观的起点在于《提纲》，这种观点主要是结合将马克思主义人本质观等同于人的社会本质层面上的具体理解，这种观点的最大困境在于忽视人的类本质。此外，还有学者将马克思主义人本质观的起点理解为马克思主义的科学诞生，还有学者将马克思主义人本质观的起点不断提前，甚至将黑格尔以及费尔巴哈的人本思想也融入马克思主义人本质观的具体内容中等。由此来看，马克思主义人本质观还没有一种绝对的起点定论，但是，这一看似可有可无的问题，实际上也影响着马克思主义人本质观的概念理解。

其次，关于马克思主义人本质观研究的有效成果较少。研究发现，学者们较多的是从马克思人本质观的角度介入研究主题，比较而言，对于马克思主义人本质观的有效研究则相对较少。诸如，2014 年赵永春将马克思主义人本质观界定为："人的本质是社会关系的总和，并把实践作为人的最高本质"①；2012 年倪志安也在文章中批评了"传统教科书对马克思主义'人的本质和属性观'"的缺陷，强调了马克思主义人本质观的"实

---

① 赵永春：《论人的本质的三元规定性》，《哈尔滨师范大学学报》2014 年第 4 期，第10 页。

践"地位。① 正如已有的其他研究成果一样，虽然学者们多以"马克思主义人的本质"为题展开研究，但是，文章内容也近乎是"马克思人本质观"，2010年刘瑜的《马克思主义"人的本质"理论对思想政治教育的指导作用》、2007年孙月娟的《马克思主义人本质观及其现实向度》等作品都出现了这样的情况。袁贵仁在《马克思的人学思想》一书中系统阐述了"人性、人的本质、人的主体性、人的需要、人的价值、人权、人的自由、民主、平等、公正、人的发展"② 等方面，其中，具体在阐述"人的本质"方面，著作也是在着重解析马克思人本质观。笔者不禁反问，是否存在着"马克思主义人本质观"？"马克思主义人本质观"与"马克思人本质观"有无区别？探究"马克思主义人本质观"有无意义？研究发现，虽然很多学者并没有阐述"马克思主义人本质观"的实质，但是一些学者还是在试图回答这一实际问题，比如学者们尝试解读列宁、斯大林、毛泽东、邓小平、江泽民、胡锦涛等人的人本质观，代表作有钱超的《毛泽东关于人的本质思想探析》，文章中在阐述毛泽东的人的本质思想时，着重谈到了"人的社会性、能动性、阶级性和发展性"；③ 2004年熊芳也在《毛泽东人的本质论》中谈到了毛泽东人的本质思想中的"社会实践、社会关系、阶级关系"等方面；④ 2008年牟文谦在《邓小平社会主义本质的逻辑内涵：人的本质视角》一文中，尝试结合马克思关于自然、社会、意识等社会主义本质含义层面去介入人的本质；2015年刘旭友的《习近平对马克思人的本质学说的新发展——兼论坚持以人民为中心发展的理论基础》一文谈道："习近平从人的本质学说的思维框架下，在人的本质的现实性、现代性、文化性中，发展和升华了马克思人的本质学说。"⑤

最后，关于马克思主义人本质观的构建。目前，关于马克思主义人本

① 倪志安：《论从实践理解马克思主义人的本质和属性观》，《北京联合大学学报》（人文社科版）2012年第1期，第61页。

② 袁贵仁：《马克思的人学思想》，北京师范大学出版社1996年版，第1页。

③ 钱超：《毛泽东关于人的本质思想探析》，《中共山西省委党校学报》2006年第2期，第16页。

④ 熊芳：《毛泽东人的本质论》，《江汉论坛》2004年第9期，第25页。

⑤ 刘旭友：《习近平对马克思人的本质学说的新发展——兼论坚持以人民为中心发展的理论基础》，《改革与战略》2005年第12期，第1页。

质观的建立，已经开始有了学者的尝试性成果，虽然整个系统还在建构中，但是至少让我们看到了这种努力。

第一种观点："马克思主义人本质观＝实践。"学者们在区分理解马克思人本质观与马克思主义人本质观过程中发现，马克思的人本质观强调自然性和社会性，但是马克思主义的人本质观强调"自然性＋社会性＋理性＋实践性＋阶级性"等属性观。①另外，传统人本质观理论始终在强调"一切社会关系的总和"是人的本质，仅仅是明确表明了马克思反对抽象理解人的本质，但是并不代表"人的社会属性＝人的本质"；在此基础上，学者认为应该从实践去理解马克思主义人本质观，现实人的本质是实践。第二种观点："马克思主义人本质观＝个体性＋社会性。"学者们站在宗旨层面去界定马克思主义人本质观，在这里，学者们将马克思主义人本质观的矛头对准资本主义人本质观，那么资本主义人本质观当中有哪些思想是需要抛弃的呢？——人人互相为战、个人原子化、消费者与生产者漠不关心等，与此相对立的就成了马克思主义人本质观。学者陈华森认为："马克思主义人本质观体现了人的个体性和社会性的统一。"②第三种观点："马克思主义人本质观＝马克思'一切社会关系的总和'＋毛泽东'人的本质认识离不开人的社会性与人的历史发展'＋毛泽东的'阶级性'。"例如，学者张渤认为，"认识人的本质，也不能离开人的社会性和历史发展"，毛泽东的"在阶级社会里就是只有带着阶级性的人性而没有超阶级的人性"，对于"人的本质"同样适用。③第四种观点认为："马克思主义人本质观＝马克思主义人的价值观＝马克思主义人的发展思想。"马克思曾经提出了作为社会历史主体的人的发展三形态说，即从人的依赖关系，到物的依赖性为基础的人的独立性，再到人的自由个性。有学者认为人的本质是社会关系，但是社会关系的发展归根到底就是为了人的发展，所以，"人本质观＝发展观"。④

---

① 倪志安：《论从实践理解马克思主义人的本质和属性观》，《北京联合大学学报》（人文社科版）2012年第1期，第61页。

② 陈华森：《马克思主义人的本质理论及其对我国和谐社会的意义》，《学校党建与思想教育》2010年第9期，第30页。

③ 张渤：《马克思主义人本质观》，《牡丹江教育学院学报》2006年第1期，第16页。

④ 同上。

此外，还有学者专注于探究马克思主义人本质观的标准制定。究竟如何去界定一种观点是否属于马克思主义人本质观呢？在学者陈曙光看来，马克思主义人本质观不仅仅是人的类本质、人的社会本质，更是一种"内在根据"。① 那么，究竟人与动物区别的内在依据是什么呢？人与人区别的内在依据是什么呢？陈曙光也没有给予最终的答案，也正是在此意义上，笔者发现，关于马克思主义人本质观的探究，我们还没有获得一个既定的结论，可以得出的论断是：马克思主义人本质观不是纯粹思想的抽象产物，而是与一定社会生产力发展水平相适应的人的本质方法指南，是客观的、社会的、历史的，其目标在于指向实现人的全面发展、实现人的本质力量。

三　马克思主义人本质观在马克思主义理论体系当中并没有足够的空间

肖前、黄楠森、陈晏清在《马克思主义哲学原理》的第七章"人类社会生活的实践本质"中的第二目论述了"人的本质"，并在第十八章研究了"人的全面发展和人类的解放"，其中涉及"人的全面发展""人的价值"与"人的自由"。② 2015 年逄锦聚主编的《马克思主义基本原理概论》从第一章到最后一章，涉及了世界规律，认识规律，社会规律，资本主义本质，规律和趋势，社会主义规律，共产主义规律等方面，纵观所有章节标题，我们没有发现关于马克思主义人本质观的独立介绍，只是在翻阅全文具体内容时，在第三章第三节"人民群众在历史发展中的作用"一节中，在第一目"人民群众是历史的创造者"下的第二点提到了"所谓现实的人"——"不是处在某种虚幻的离群索居和固定不变状态中的人，而是处在现实的、可以通过经验观察到的、在一定条件下进行的发展过程中的人"③；在人的现实本质的概念中，提到"只有把人看做是现实的人，才能正确把握人及其活动的本质""人的本质是变化发展的，而不

---

① 陈曙光：《近年来关于人的本质问题研究述评——兼论究竟如何界定人的本质》，《攀登》2007 年第 2 期，第 5 页。

② 肖前、黄楠森、陈晏清：《马克思主义哲学原理》，中国人民大学出版社 1994 年版，第 4 页。

③ 《马克思恩格斯文集》第 1 卷，人民出版社 2009 年版，第 525 页。

是永恒不变的"。① 在吴树青主编的《毛泽东思想和中国特色社会主义理论体系概论》中，也是没有直接出现人的本质研究，只是在第十一章"建设中国特色社会主义的根本目的和依靠力量"中涉及了"一切为了人民""实现共同富裕"以及"坚持经济社会发展与人的全面发展的统一"② 等相关具体问题。

在现有的马克思主义理论体系中，对于人的理解还存在着一定的模糊地带。我们能够看到专家们在定义大多数的基础性概念时，往往在"主语"方面运用了不同用词。比如，姚劲超在定义实践的时候，用了"人类能动地改造客观世界的物质活动"。③ 在定义认识的时候，陈游天用了"主体对客体的能动反映"，④ 主体怎么理解呢？付康指出"有思维能力、从事社会实践和认识的人"。⑤ 在定义"实践主体"时，肖永梅指出，"具有一定的主体能力、从事现实社会实践活动的人"，⑥ 究竟什么是"主体能力"呢？逄锦聚指出"实践主体的能力包括自然能力和精神能力"，其中"精神能力又包括知识性因素和非知识性因素"。⑦ 在定义真理的时候，用了"人们对于客观事物及其规律的正确认识"。⑧ 在定义价值的时候，用了"外部客观世界对于满足人的需要的意义关系的范畴"。⑨ 在定义道德的时候，用了"（无主语）调整人们之间以及个人和社会之间的行为规范的总和"。⑩ 生产力则成了"人类在生产实践中形成的改造和影响自然以使其适合其社会需要的物质力量"。⑪ 此外，还有"现实的人"等。那么，这里出现的人类、人们、主体、现实的人、人、有思维能力、从事

① 逄锦聚：《马克思主义基本原理概论》，高等教育出版社2015年版，第129页。
② 吴树青：《毛泽东思想和中国特色社会主义理论体系概论》，高等教育出版社2015年版，第247页。
③ 姚劲超：《主体实践活动的内部根据和动力机制》，《教学与研究》1988年第V卷第6期。
④ 陈游天：《认识来源于主体对客体的能动反映》，《晋阳学刊》1985年第4期，第4页。
⑤ 付康：《"以人为本"的时代内涵及实践思维》，《人民论坛》2015年第21期，第10页。
⑥ 肖永梅：《大学生虚拟社会实践及其现实意义》，《教育探索》2009年第6期，第8页。
⑦ 逄锦聚：《马克思主义基本原理概论》，高等教育出版社2015年版，第59页。
⑧ 同上书，第73页。
⑨ 同上书，第81页。
⑩ 同上书，第97页。
⑪ 同上书，第101页。

社会实践和认识的人等概念，还有一些"无主语"等习惯用法本身有何差异？仔细究来，一方面，我们确实感受到了人的重要性；但另一方面，在看到人的理解多样性基础上，也越来越强烈地督促自己去反思这样的一个问题，这些概念背后的人究竟是什么？

第三节　马克思主义人本质观的系统梳理

一　马克思恩格斯人本质观的演变发展过程

马克思恩格斯的人本质观经历了一个不断变化发展的过程，甚至是从一种唯心的、不理解实践的、抽象的人本质观出发，一步步走向了科学的、成熟的、革命的人本质观。首先，《博士论文》《莱茵报》时期的马克思恩格斯人的本质思想。在这一时期，马克思恩格斯关于人的本质的代表性论断就是"人的本质是自我意识"，从研究背景上来讲，这一时期的马克思深受黑格尔唯心主义思想的影响，侧重于从一种概念的自我运动语境中去把握人的本质。马克思在引用普罗米修斯话语时指出："神灵不承认人的自我意识具有最高的神性不应该有任何神灵同人的自我意识并列。"① 从这句话看来，我们也看到了马克思的超越之处——上帝也是人的自我意识创造出来的，从这个层面上去理解，马克思在早期就已经萌发了要摆脱对黑格尔的简单重复。其次，《德法年鉴》时期的马克思恩格斯人的本质思想。在这一时期，马克思恩格斯关于人的本质的代表性论断是"人是人的最高本质"。② 这是费尔巴哈批判黑格尔的重要论断，也给受困于物质利益问题中的马克思带去了一盏明灯：上帝是人的本质的异化，只不过可惜的是，费尔巴哈只是用一种无神的爱去替代有神的宗教。尽管这是一种不彻底的人本质观，但是，马克思还是高度评价了费尔巴哈的唯物精神——"人创造了宗教，而不是宗教创造了人""人就是人的世界"。③ 在这里，我们发现，马克思已经逐步从"向宗教要人""向绝对精神要人"转移到了"向人要人"，这是马克思主义人本质观科学性的一种重要

① 《马克思恩格斯全集》第40卷，人民出版社1982年版，第285页。

② 《马克思恩格斯选集》第1卷上，人民出版社1972年版，第9页。

③ 同上书，第1页。

体现，人是人的最高本质，这可以理解为是马克思对黑格尔所进行的费尔巴哈式超越。再次，《1844 年经济学哲学手稿》时期的马克思恩格斯人的本质思想。在这一时期，马克思恩格斯关于人的本质代表性论断是"人的类特性恰恰就是自由的自觉的活动"。① 实际上在黑格尔那里也存在劳动，只不过他的劳动是抽象的精神层面的劳动，没有看到具体的现实的方面。费尔巴哈通过将人和动物进行对比，发现人具有严格意义上的"类意识、类本质"。② 马克思在辩证解析黑格尔抽象的精神劳动和费尔巴哈抽象的类意识基础上，着手从实践层面去研究人的本质："动物只是按照它所属的那个种的尺度和需要来建造，而人却懂得按照任何一个种的尺度来进行生产，并且懂得怎样处处都把内在的尺度运用到对象上去；因此，人也按照美的规律来建造。"③ 此外，《提纲》时期的马克思恩格斯的人的本质思想。上述马克思恩格斯人的类本质思想，只能说明人和动物之间的本质区别，但是并不能完美地解释不同社会形态、不同社会结构下的个体间差异，也没有看到不同经济、政治、文化语境下对人的不同作用。马克思在《提纲》中谈道："人的本质并不是单个人所固有的抽象物，在其现实性上是一切社会关系的总和"④，这句著名的论断反映出人的社会本质在马克思主义人本质观中的重要性，同时也开辟了从关系型角度去定义人本质的一大先河。另外，不同时代的社会关系是不同的，具体表现在人们不同的生产生活、社会位置、生活方式、价值倾向和思想观点等层面，这就促使我们在复杂的、系统的、多层次的、不断变化发展的社会关系环境中去把握人的社会本质。还有，在《德意志意识形态》时期的马克思恩格斯人的本质思想。在这一时期，马克思恩格斯关于人的本质充实层面的代表性论断是"需要的发展是人的本质力量的新的证明和人的本质的新的充实"。⑤ 如果讲马克思恩格斯人的类本质和人的社会本质是侧重于一种人的本质理念的架构时，那么在人的本质层面探究人的需要问题上，就成了逐步指向实践的马克思恩格斯人本质观。最后，在《共产党宣言》

---

① 《马克思恩格斯全集》第 42 卷，人民出版社 1979 年版，第 96 页。
② 《马克思恩格斯选集》第 1 卷，人民出版社 1972 年版，第 15 页。
③ 《马克思恩格斯全集》第 42 卷，人民出版社 1979 年版，第 97 页。
④ 《马克思恩格斯选集》第 1 卷上，人民出版社 1972 年版，第 18 页。
⑤ 同上书，第 32 页。

《资本论》时期的马克思恩格斯人的本质思想。在这一时期，马克思恩格斯关于人的本质最终实现的具体论断是"自由人联合体"。从研究背景层面来看，自由人的联合体实际上是建立在一种共产主义语境下人的本质实现，也是对资本主义劳动过程中人的异化的克服。从表面上看起来，马克思恩格斯人的本质命题之间是相互矛盾的。但是站在马克思主义的高度来看，站在马克思恩格斯的经历来看，这些"琐碎的"甚至"对立的"观点恰恰又是一个有机的整体，反映出了马克思恩格斯人本质观的发展过程，是有血有肉的人本质观。

二 马克思主义人本质观的提出和使用误区

关于马克思主义人本质观的提法，涉及是否可以提出、具体内容是什么、有什么时代意义等系列问题，需要得到相对系统的回答。

（一）"马克思主义人本质观"的提法是否成立？

"马克思主义人本质观"是否可以成立？这个问题实际上等价于"马克思主义人本质观"是否存在？对此有两种不同结论：其一，存在马克思主义人本质观，马克思主义人本质观是一个值得深入研究、分析的话题；其二，不存在马克思主义人本质观，也就不需要提出，也不需要进行系统研究，或者说，仅仅将马克思主义人本质观作为一种艺术的、模糊的、偶然的理解。结合现有的文献资料来看：

首先，马克思主义理论本身是十分重视人本质观探究的。人很重要且又处于不断变化过程当中，这是马克思主义理论关注人的本质的重要原因。马克思主义理论内容非常丰富，主要包含着"马克思主义哲学""马克思主义政治经济学"以及"科学社会主义"等方面，当然也可以从不同的角度、学科、立场去获得不同的回答，总体而言，马克思主义理论是一个涉及人与自然、人与人、思维与生理等具体领域的研究，这些理论集合在一起，归根到底还是属于人的解放、人的发展、人的需要等人的本质学问。虽然马克思主义创始人很少有独立的系统的关于人的论述，但是在著作中却散落着丰富的人的思想以及竖立着科学的人的本质框架。

其次，马克思主义继承者也是非常重视人本质观问题。列宁以马克思恩格斯的人本质观为逻辑起点，结合现实生活，一方面赋予马克思主义人的本质更为具体的内涵，另一方面又在实践中自觉地贯彻了科学人本质观的宗旨，从而把马克思主义人本质观推向一个新的境界。具体表现在列宁把人的本质思想与现实的社会劳动、社会关系、社会需要、个性特征等多维度紧密地联系在一起，从而使"人的本质"思想变得具体而又生动：针对马克思主义人的类本质方面，列宁指出："社会主义新人，不仅是一个能干活的劳动者，而且是具有文化教养的创造者……总之是人的实践活动、社会联系、物质文化需要、创造才能作为人的类本质的潜能素质的全面发展"①，这是对马克思恩格斯人的类本质思想的进一步发展；② 针对马克思主义人的社会本质，列宁指出："社会主义新人，不仅是物质文明的创造者，而且是精神文明的直接创造者"③，"不仅要积极参与社会生活和社会交往，而且要学会管理国家的艺术"④；针对马克思主义人的需要观层面，列宁指出："社会主义新人，不仅要享受物质生活的最高福利，而且要使自己的本质力量、丰富个性得到充分展现、全面发展"；正如 1902年列宁在起草第一个党纲时，结合社会需要理论指出："坚持无产阶级革命的最终目标，不仅在于满足社会全体成员的需要，而且在于有计划地组织社会生产过程来保证社会全体成员的充分福利和自由的全面发展。"⑤列宁结合马克思主义人的自由理论指出："把真正大多数劳动者吸引到这样一个工作舞台上来，在这个舞台上，他们能够大显身手，施展自己的本领，发现有才能的人。"⑥

结合特殊的社会背景，毛泽东围绕劳动、人的需要、自由、社会关系、实践以及人的全面发展等层面，也提出了一系列独到的人本质观。毛泽东从劳动实践的角度论述了人的类本质："人是制造工具的动物，人是从事社会生产的动物，人是阶级斗争的动物。"⑦ 随后，毛泽东从社会关系的角度来理解人的本质。在《实践论》中，毛泽东指出："马克思以前的唯物论，离开了人的社会性，离开了人的历史发展，去观察认识问题，

① 王东：《改革之路的真正源头》，北京大学出版社 1990 年版，第 285 页。

② 同上。

③ 同上。

④ 同上书，第 285 页。

⑤ 孔维军：《列宁晚年的"文化革命"观及其对我们的启示》，《当代世界社会主义问题》2000 年第 4 期。

⑥ 《列宁全集》第 33 卷，人民出版社 1985 年版，第 200 页。

⑦ 《毛泽东文集》第 3 卷，人民出版社 1996 年版，第 81 页。

因此不能了解认识对社会实践的依赖关系，即认识对生产和阶级斗争的依赖关系。"① 结合"人的全面自由发展"思想，毛泽东指出："这个问题，马克思在《共产党宣言》里讲得很清楚，他说'每个人的自由而全面发展是一切人自由而全面发展的条件'，不能设想每个人不能发展，而社会有发展。"② 针对自由观，毛泽东指出："自由是对必然的认识和对客观世界的改造。"③ 毛泽东围绕人的需要、人的发展、社会关系等层面，谈及了人的问题："首先制造舆论，夺取政权，然后解决所有制问题，一再大力发展生产力，这是一般规律。"④ 从革命时期"人的因素重要"⑤ 到建设时期的"关键是人"⑥，邓小平始终关注着人、人民。围绕社会关系、人的需要、社会实践以及人的自由发展等层面去观察和分析人，这是邓小平人的本质思想的精华。结合实践，邓小平指出："生产关系究竟以什么形式为最好，恐怕要采取这样一种态度，就是哪种形式在哪个地方能够比较容易恢复发展农业生产，就要采取哪种形式，不合法的使它合法起来。"⑦ 针对人民的需求，邓小平指出："……社会主义社会的优越性归根到底要体现在他的生产力比资本主义发展的更快一些、更高一些、并且在发展生产力的基础上不断改善人民的物质文化生活。"⑧ 邓小平结合人的社会本质谈道："我没有想到，我们党内有些同志也抽象地宣传起人道主义、人的价值等等来了。他们不了解，不但在资本主义社会，就是在社会主义社会，也不能抽象地讲人的价值和人道主义。"⑨ 总体而言，毛泽东、邓小平的人本质观，都是马克思主义人本质观在中国的具体化、实践化，丰富着毛泽东思想和中国特色社会主义理论体系，也为后来的马克思主义继承者指出了具体的人的本质方向。江泽民针对我国现在处于并将长期处于社会主义初级阶段的社会现实情况，提出了"要在发展社会主义社会

① 《毛泽东选集》第 1 卷，人民出版社 1991 年版，第 282 页。
② 《毛泽东文集》第 3 卷，人民出版社 1996 年版，第 436 页。
③ 《毛泽东著作选读》下册，人民出版社 1986 年版，第 485 页。
④ 《毛泽东文集》第 8 卷，人民出版社 1999 年版，第 132 页。
⑤ 《邓小平文选》第 3 卷，人民出版社 1994 年版，第 190 页。
⑥ 同上书，第 380 页。
⑦ 《邓小平文选》第 1 卷，人民出版社 1994 年版，第 63 页。
⑧ 《邓小平文选》第 3 卷，人民出版社 1994 年版，第 380 页。
⑨ 《邓小平文选》第 1 卷，人民出版社 1994 年版，第 41 页。

物质文明和精神文明的基础上，不断推进人的全面发展"，这一思想使新阶段在实现人的本质力量认识上得到了新的飞跃，"放手让一切劳动、知识、技术、管理和资本的活力竞相迸发，让一切创造社会财富的源泉充分涌现，以造福于人民"。① 此外，围绕社会关系，江泽民特别强调统筹兼顾妥善处理各种关系以调动各方面的积极性等都是将人的本质不断推向新实践、新层次。胡锦涛结合社会发展理论，将人的本质理论提到了一个前所未有的以人为本的高度。"国家兴盛，人才为本。要全面实施人才强国战略，大力加强人力资源能力建设，加大投入力度，完善工作措施，重点培养人的学习能力、实践能力，着力提高人的创新能力。"② 胡锦涛围绕人的需要指出："社会发展要以实现人的全面发展为目标，从人民群众的根本利益出发谋发展、促发展，不断满足人民群众日益增长的物质文化需要，切实保障人民群众的经济、政治和文化权益，让发展的成果惠及全体人民。"③ 习近平总书记系列重要讲话"让人民群众有更多获得感""抓住人民最关心最直接最现实的利益问题"。④

　　理论方面，学术界也不断催促着人走出禁区、走出了资产阶级的人，进而走向了"人的发现、人的回归、人的地位、主体的人、人的价值"等，相关代表作也出现了井喷。诸如王锐生、景天魁的《马克思主义关于人的学说》；黄楠森、陈志尚的《马克思主义与人》；陈先达、靳辉明《马克思恩格斯论人性、人道主义和异化》；袁贵仁的《马克思的人学思想》；韩庆祥的《马克思人学思想研究》；辛世俊、滕世宗的《邓小平人学思想》等。由上述可以了解，马克思主义理论视域中的"人"，始终是一个不断变化着的"人"，在不同阶段人的本质有着不同的特征表现。我们需要始终牢记这样的一种理念，那就是马克思主义不是一种一成不变的教条，它更是一种方法、行动指南，反映着社会生活条件下人本质观变化。

　　对于马克思主义理论研究而言，还存在另外一方面的问题，那就是在

---

①　《江泽民论有中国特色社会主义（专题摘编）》，中央文献出版社2002年版，第40页。

②　胡锦涛：《牢固树立社会主义荣辱观》，《人民日报》2006年4月8日。

③　胡锦涛：《在中央人口资源环境工作座谈会上的讲话》，《人民日报》2004年3月10日。

④　习近平：《习近平总书记系列重要讲话读本》，学习出版社2016年版，第8页。

人的本质领域研究上，往往存在着习惯性地忽视人，松散性地理解人，功利性地把握人等具体倾向。当然，这些问题的存在并不会掩盖马克思主义人本质观提出的必要性，相反，还会增加研究的迫切性。也正是基于这样的学术现实基础，笔者认为，马克思主义人本质观是确实存在的。它的存在不仅仅体现在其具体理论表述方面，如学者们纷纷论证的内在逻辑性、目的性、规律性，还体现在现实实践的影响性。比如，自马克思恩格斯以来，工人运动此起彼伏、工人组织种类繁多、无产阶级自觉追求幸福、社会追求不断科学发展、以人为本理念深入民心等，都是马克思主义人本质观的影响力体现。

（二）马克思主义人本质观的使用误区

当前关于马克思主义人本质观的具体内容方面，国内的认识并不统一。一方面体现出马克思主义理论内容丰富，不同学者对于其理解也是不同的，所以体现出多样性。另一方面，也反映出马克思主义人本质观亟须一种专注的深入的研究，一些问题值得梳理、纠正。概括而言，当前学术界关于马克思主义人本质观的理解主要存在着几大混淆：（1）将马克思的人本质观等同于马克思主义人本质观，或者还有的学者是将人的现实性本质等同于马克思主义人本质观，在谈到人的本质时，多是一种不自觉的简单引用，将复杂的、系统的、历史的马克思主义人本质观简单化理解，走捷径。（2）还有一些学者在深入探究马克思主义人本质观的内容上，产生了严重的观点争论。比如，在很多学者将马克思主义人本质观等同于一切社会关系总和的情况下，一些学者站出来公开反对，比如，学者孙晓云等学者认为，"把人的本质界定为'社会关系的总和'，并认定是马克思关于人的本质思想最完整、最深刻的表述，这是对马克思《关于费尔巴哈的提纲》的误读。文章界定人的本质除了社会关系层面之外，还从劳动、需要以及三者的关系上，来揭示人的本质丰富而完整的内涵，以便于更好地理解马克思对人的本质的认识"[①]。还有学者是站在与"现实性"截然对立的角度去谈论人的可能性本质。这都反映出在马克思主义人本质观内容层面的不可忽视的矛盾性。（3）马克思主义人本质观的内容包容

---

① 孙晓云：《关于马克思对人的本质思想的浅析》，《改革与开放》2015 年第 14 期，第 48 页。

性问题。当一些学者发现了马克思主义人本质观在内容方面还存在一定的活动空间时，就积极地去向马克思主义人本质观填补一些"新鲜的"内容，有的学者借助于数字逻辑将马克思主义人本质观的具体内容不断升级，"三大本质""四大本质""五大本质"等，这反映出了马克思主义人本质观的丰富性，也折射出了当下我们对于马克思主义人本质观的认识缺场。

三 马克思主义人本质观的主要内容

通过研究发现，马克思主义人本质观并不单单是"人是什么"的问题解答，而是一种系统的人的本质理论体系，具体包含着"人的本质"的获取途径、目的意义、现实特征、历史演变等系列方面。抑或讲，上述问题可以延伸展开为："人是什么"的问题答案去哪里寻找？"人是什么"的问题目的是什么？"人是什么"的现实特征什么？等等。从宏观上来看，关于人的相关问题，研究需要涉及人自身、人与人、人与自然、人与世界等关系，也存在着人在过去、现在和将来层面上的研究，这是一个涉及万物，也可以从每个角度去介入的话题；人的本质是什么呢？是具体的人（个体＋群体）的本质，还是抽象的人（"类"）的本质？是处于主体地位的人的本质，还是处于客体地位的人的本质？探究人的本质需要涉及哪些对象？需要触及哪些因素？自然是否在人的本质当中？等等，都需要得到回答。马克思主义人本质观的主要内容应该包括哪些问题、论断呢？从逻辑上，笔者认为应该从马克思主义和人本质观的一种互相渗透角度去介入，特别是侧重于将马克思主义看作是一种对自然规律、社会规律和思维规律等科学解读去理解，也就是人的本质问题，要紧紧围绕这三个领域进行系统的展开。（1）针对自然规律层面的人本质观，就是要解答人的本质与自然万物的关系，人如何与自然万物相区别，这里主要是从人的类本质上去理解人。（2）针对社会规律层面的人本质观，就是要解答人的本质与社会的关系，人如何与不同社会中的人相区别，这里主要是从人的社会本质上去理解人。（3）针对思维规律层面的人本质观，就是要解答人的本质和思维之间的关系，具体而言就是要解答人如何在追求自身需要、自身发展、自身自由的过程中实现人的本质，这里主要是从人的本质充实和实现层面去理解人。

（一）在人的类本质上：劳动创造了人本身

首先，人的类本质思想在马克思主义人本质观中具有极其重要的意义。在传统的马克思主义人本质观思想框架里，人的类本质思想往往是处于一种被弱化、被否定的位置，实际上这是对马克思主义人本质观的一种误读。因为按照历史唯物主义理论，探究人的本质一定要到具体的社会发展条件下去探究，要到有血有肉的人那里去发现人的本质，而不只是依赖单纯的设想的口头的人的本质。与此同时，假如我们仅仅将人的本质问题局限在社会层面，实际上是强调了人的本质层面的一种相对本质，暂时缺乏一种人的本质层面的绝对性色彩。类本质，也可以理解为"物类本质""族类本质"，① 属于人的内在本质探究，是人之为人、人区别于其他自然物的特殊方面，马克思主义人的类本质思想是马克思主义人的本质学说的重要前提性思想，对现代人的生存发展具有极其重要的意义。

其次，马克思主义人的类本质思想内容。马克思恩格斯没有否定人的类本质存在，而且在其著作当中有着丰富的类本质思想，将人的类本质内容理解为"自由自觉的活动"②。这里的类本质就是人区别于其他物种的类特性。在《形态》中，马克思恩格斯进一步将"生产他们所必需的生活资料"③ 看作是人的类本质。恩格斯后来在《劳动在从猿到人转变中的作用》一文中介绍了"劳动"作为人的类本质："创造一个对象世界，改造无机的自然界，这是人作为有意识的类的存在物……的自我确证。"④总体来看，从"劳动"去理解人的类本质，是对人的本质产生的一种科学性溯源，马克思恩格斯超越了神秘的造人说，并在博物学的林奈、生物学的拉马克、博物学的海克尔以及生物学的达尔文等人的基础上，实现了一种不仅是在"程度差异"方面的类本质。马克思恩格斯对于人的类本质的探究是符合人的本质规律的，也是应该不断加深研究的人的本质领域。"劳动"——这一人的类本质，自始至终都不是一种完全抽象不变

---

① 韩民青：《人的类本质与社会关系本质》，《文史哲》1997年第1期，第49页。

② ［德］马克思：《1844年经济学哲学手稿》，刘丕坤译，人民出版社1979年版，第50页。

③ 《马克思恩格斯选集》第1卷，人民出版社1995年版，第25页。

④ ［德］马克思：《1844年经济学哲学手稿》，刘丕坤译，人民出版社1979年版，第51页。

的，而是在不同时期有着自身不同的具体特征、形式。比如，在"形成中的劳动"那里，它还只是面对严峻生存环境下，半猿人本能地获取事物的"偶然地利用石块、木棒"，在经过无数次偶然地敲打石块、选择锐利石块之后，"劳动"才逐步渗透到一种经常性的制造工具层面。即便是在真正的劳动出现之后，人们对于劳动的认识也是从不同角度介入的，费尔巴哈的劳动是站在宗教认识层面的人的自然性理解，马克思恩格斯的劳动是唯物主义历史观指导下的人的类本质异化层面的一种社会历史现实性理解。假如我们将马克思恩格斯人的类本质观看作是一个系统理论，那么，其探究的目的也会变成一种实现共产主义的理论依据。

作为马克思主义的继承者而言，更加注重于从实践层面去克服人的类本质异化，列宁、斯大林通过对俄国社会主义革命实践中的劳动探索，将马克思人的类本质观进一步发展，"我们必须记住，我们应当高度紧张地从事每天的劳动，否则我们就必然灭亡"①。列宁指出，"用为自己劳动取代被迫劳动，是人类历史上最伟大的更替"②。斯大林认为，"一定要把工人阶级文化技术水准提高到这样的高度（提高到工程师、技师水准的基础上），才可打破智力劳动与体力劳动间对立性的基础"③。中国共产党人在毛泽东等领导核心带领下，在革命与建设的伟大社会主义实践中，赋予了马克思主义人的类本质观的具体特征。毛泽东非常重视农业生产中的体力劳动，就体现出了中国传统社会实际背景下的马克思主义人本质观。与此同时，毛泽东高度关注劳动的技术化和知识化，1956 年毛泽东提出了"向科学进军"④ 的伟大技术革命号召，实际上赋予了劳动新的内涵。由此可见，毛泽东在新时期比较注重脑力劳动以及其在人的类本质层面的含金量，"知识分子劳动化，劳动人民知识化"。⑤ 改革开放以来，国际社会发生了前所未有的巨大变化，邓小平敏锐地将科技生产力与劳动结合起来，提出了"科学技术是第一生产力"⑥。世纪之交，中国特色社会主义

---

①　《列宁全集》第 42 卷，人民出版社 1987 年版，第 193 页。

②　《列宁选集》俄文第 5 版 35 卷，第 195—205 页。

③　[苏联] 斯大林：《列宁主义问题》，人民出版社 1955 年版，第 642—643 页。

④　《建国以来毛泽东文稿》第 7 册，中央文献出版社 1992 年版，第 52 页。

⑤　《毛泽东选集》第 3 卷，人民出版社 1991 年版，第 818 页。

⑥　《邓小平文选》第 3 卷，人民出版社 1993 年版，第 274—275 页。

建设面临着更为复杂的严峻的社会环境，政治多极化、经济全球化，科技广泛应用，江泽民指出："放手让一切劳动、知识、技术、管理和资本的活力竞相迸发，让一切创造社会财富的源泉充分涌流，以造福于人民。"① 在国际竞争日趋激烈的新阶段，科学发展越来越成为新时期的重要使命，胡锦涛将劳动放置到以人为本的科学发展观语境下去解读："在我们社会主义国家，一定要在全社会大力培育和弘扬劳动光荣、知识崇高、人才宝贵、创造伟大的时代新风，让全体人民特别是广大青少年都懂得并践行劳动最光荣、劳动者最伟大的真理。"②"要切实发展和谐劳动关系，建立健全劳动关系协调机制，完善劳动保护机制，让广大劳动群众实现体面劳动。"③ 党的十八大以来，习近平总书记系列重要讲话非常注重劳动的作用和精神："尊重劳动的实干、创造""把蕴藏于工人阶级和广大劳动群众中的无穷创造活力焕发出来""培养宏大的高素质劳动者大军""构建和发展和谐劳动关系""努力让劳动者实现体面劳动、全面发展"。④

最后，马克思主义人的类本质思想启示。通过上述分析马克思主义人的类本质思想，我们可以得知：（1）马克思主义人本质观中存在着人的类本质思想，只有承认这一思想，我们才能将人与其他自然物区别开来。（2）在马克思主义人的类本质思想那里，人的类本质是劳动，这里的劳动已经不仅仅是一种抽象存在，因为它不可能脱离历史的表现形态。强调从劳动角度介入人的类本质，凸显出了使人从感性存在进入对象性感性活动。（3）从人的类本质角度去解读人的本质，实际上，是突出了主体对客体改造的自觉能动性，但是，我们要彻底揭示出人的本质，还需要看到客体对于主体的制约、作用，也就是单单从人的类本质去谈论人的本质是不足的，还需要从客体对主体的反作用方面来考察人的本质，而人的社会本质恰恰就是在这个层面来提供依据的。这就涉及了人的本质的第二个境界。

---

① 江泽民：《全面建设小康社会，开创中国特色社会主义事业新局面——在中国共产党第十六次全国代表大会上的报告》，《人民日报》2002年11月8日。

② 胡锦涛：《在2010年全国劳动模范和先进工作者表彰大会上的讲话》，《人民日报》2010年4月28日。

③ 同上。

④ 《习近平总书记系列重要讲话读本》，学习出版社、人民出版社2016年版，第217页。

（二）在人的社会本质上：人是一切社会关系的总和

首先，马克思主义人的社会本质思想的重要性。从一定意义上来看，马克思主义人的社会本质内容，是人们比较熟悉的人的本质论述。"人的本质并不是单个人所固有的抽象物。在其现实性上，它是一切社会关系的总和。"① 在马克思看来，这里社会本质等同于社会关系本身："**人的本质是人的真正的社会联系**。"② 马克思恩格斯对于人的社会本质的解读，意义重大。（1）毕竟马克思主义人的社会本质思想产生于西方几百年抽象人的本质的摸索过程，马克思恩格斯超越了当时具有绝对观念的统治性天才黑格尔，超越了其后来者费尔巴哈的感性的人。"在其现实性上，人的本质是一切社会关系的总和"，从具体语境上来看，马克思这一论断并非直接下人的本质定义，更是一种科学的人本质观的方法探究，也就是启示我们在给予人的本质理解时，不能仅仅从自然本身出发，而是要从社会关系角度去理解。以前哲学家们所想象的"人的本质实体"在这里就成了"每个个人和每一代当作现成的东西承受下来的生产力、资金和社会交往形式的总和"。③（2）在整个研究过程中，起初，马克思恩格斯能够从劳动角度区别人与动物，已经属于历史性的突破，但是他们以及后来的继承者并没有停留在功劳簿上，而是逐渐转向一种人与人的区别，尝试从抽象层面转移到现实层面去理解人的本质，这不仅仅是一种对自己的超越，而且也是其具有划时代意义的具体体现。（3）人的劳动本质固然具有科学性，但是具体到不同历史时代的人，它就失去了极强的解释力，如何才能解读每个时代的人的本质呢？马克思恩格斯关于人的社会本质实际上就为此提供了一种科学路径。（4）作为马克思主义的继承者，也正是基于这样的一种方法论和世界观的指引，不断在社会主义伟大实践过程中取得新的突破。

其次，马克思主义人的社会本质思想的主要内容。马克思主义关于人的社会本质的认识并不是一步到位的，而是经历了一个不断演变的过程。（1）马克思恩格斯人的社会本质思想演变。通过文献研究，我们发现，

---

① 《马克思恩格斯选集》第1卷，人民出版社1972年版，第56页。
② 《马克思恩格斯全集》第42卷，人民出版社1979年版，第24页。
③ 《马克思恩格斯选集》第1卷，人民出版社1972年版，第43页。

马克思恩格斯在《手稿》那里，现实层面的人还属于一种感性的有生命的人，人的类本质特性、人的劳动异化；在《提纲》那里，马克思恩格斯就开始批判费尔巴哈的类、共同性；在《形态》那里，现实的人就已经成了一种总和："从事活动的，进行物质生产的""受着自己的生产力的一定发展以及这种发展相适应的交往（直到它的最遥远的形式）的制约""不是作为个人而是作为阶级的成员处于这种社会关系中的"等的人。实际上，通过研究，我们发现马克思恩格斯人的社会本质思想的产生一方面是与个人的聪明才智和努力有关，另一方面也是与资产阶级企图通过物化关系掩盖社会关系的具体社会语境有关，随着无产阶级队伍和思想的不断成熟，最终人的社会本质思想也成为一种可能。（2）马克思主义继承者关于人的社会本质思想也是不断发展的。列宁对于马克思人的社会本质思想十分认同，这一点突出体现在列宁对于黑格尔的"具体概念比抽象概念更深刻、更丰富、更高级"认同上。毛泽东对于人的社会本质论述也证明了这一点："只有具体的人性，没有抽象的人性，在阶级社会里就是只有带着阶级性的人性，而没有什么超阶级的人性。"[1]实际上，仔细分析这段话，就是关于现实的人的一种分析。（3）社会关系，从一般概念上来理解，属于一种"许多个人的合作"[2]，当然在阶级社会下，这里的合作充斥着被迫、狭隘和分裂，在当今社会主义条件下，人和人的合作也不是完全自由自觉的，依然存在着一定的具体矛盾，基于此，我们可以发现，不同的社会关系折射出了不同的社会本质。只有在消除了阶级差异的未来社会，个人与个人之间的合作才能够实现一种自觉自愿、第一需要。

最后，马克思主义人的社会本质思想的现代启示。马克思主义人的社会本质具有较高的社会意义。（1）马克思主义人的社会本质在马克思主义人本质观中具有重要的地位和作用。具体体现在学界往往将马克思主义人本质观等同于马克思主义人的社会本质：一方面，我们看到了一种将马克思主义人本质观简单化理解的现象；另一方面，我们也看到了马克思主义人的社会本质思想在其理论中的重要性。（2）马克思主义中人的社会

---

[1]　《毛泽东选集》第3卷，人民出版社1967年版，第827页。

[2]　［德］马克思：《德意志意识形态》，人民出版社1961年版，第74页。

本质思想并不是单一的、抽象的，而是一种囊括着政治、经济、文化、生态等多样性的关系存在。这里主要体现在人的现实生活环境的复杂性和人的现实地位角色的多元化。现实中的人并不是一种自己任意支配的个人，而是一定物质、精神以及信息界限、条件、语境下的个人。当然，这里的现实中的人也不是一种完全被现实控制的人，而是一种能动的处于关系中的人。展开而言，这里的人是一个经济关系、政治关系、文化关系、思维关系、生态关系、信息关系等具体层面的总和。不同的社会关系层次下的人具有不同的社会本质。（3）马克思主义人的社会本质不仅仅可以有横向关系层面的理解方式，而且在纵向层面，马克思主义人的社会本质还具有一定的历史变动性理解方式。与马克思主义人的类本质比较而言，马克思主义人的社会本质具有更强的变化性，毕竟，当下人类的生产力和生产关系始终是处于一种日新月异的变化过程当中，这就必然逼促着人的社会本质发生一种改变。（4）结合人的社会本质，我们能够看出，人的主体性并没有得到一种完全的否定，而是成了一种人与环境的双重改造关系，也只有在改造环境中，我们才不再是一种"旧人"，在一种环境和社会关系的变化当中，作为这种多层关系的总和的承担者，自然而然，其现实本质就不会再是固定的了。人一定会随着这种关系的变化而变化。但是，对于人的本质理解，我们并不能停步于此，马克思主义作为一种认识世界和改造世界的集合体，促使人的本质力量实现，才是其最根本的方面。这就涉及了人的本质的另外几个层面，如人的本质的具体充实、人的本质的最终目标实现等方面。

（三）在人的本质充实上：需要是人的本质力量的新的证明

首先，马克思主义需要思想的人的本质重要性。（1）需要思想在马克思主义理论当中占据着极其重要的地位，这是马克思恩格斯思想成熟阶段的重要研究领域，也是马克思学说的重要组成部分，是探析人的本质充实层面不可回避的问题，也是全面理解马克思主义人本质观领域的钥匙。（2）需要思想在马克思主义人本质观中起到了一种转向"实践"的使命。马克思主义人的类本质思想以及社会本质思想是一般意义上人的本质结构，让我们看到了人之为人、个体之为为个体的逻辑和现实力量。但是马克思主义理论的生命力是扎根于实践的。其科学的人的本质思想只有去改变现实，才能完成自身的使命。伴随着马克思主义人本质观的进一步发展，一系列现实人的具体需要就完全展示出来了。正如马克思恩格斯在《德意志意识形态》中指出："需要的发展是人的本质力量的新的证明和人的本质的新的充实。"① 将人的需要纳入马克思主义人本质观是对人的本质实现的具体考虑。（3）马克思主义继承者历来重视在需要层面去解读人的本质问题。

其次，马克思主义需要思想对人本质观的新充实。（1）马克思恩格斯在理解人的本质时，并不是面对着一个抽象的社会历史，而是面对着一个现实的具体的物质事实、经济事实和社会事实，这些具体的事实汇总成一个整体就是——资本主义弊端呈现和群众解放呼声的提升，马克思恩格斯站在无产阶级、无产者的立场，通过唯物主义的运用，在不断的革命实践中总结经验，在关系群众利益需要的基础上，探析着人的本质。"无产阶级的运动是绝大多数人的、为绝大多数人谋利益的独立的运动。"② 恩格斯指出："……社会主义制度，这种制度将给所有的人提供健康而有益的工作，给所有的人提供充裕的物质生活和闲暇时间，给所有的人提供真正的充分的自由。"③ （2）马克思主义继承者则是在不断学习、创造性运用马克思主义的基础上，不断关注无产阶级群众的命运，并将群众利益思想观念运用到了斗争实践的过程中去。毛泽东指出："全心全意地为人民服务，一刻也不脱离群众。一切从人民的利益出发，而不是从个人或小集团的利益出发……"④ 邓小平1956年在党的八大上做的《关于修改党章的报告》中指出："工人阶级的政党不是把人民群众当成自己的工具，而是自觉地认定自己是人民群众在特定的历史时期为完成特定历史任务的一种工具。"⑤ 新时期，伴随着改革开放的伟大进程，邓小平的群众利益观日趋丰富，形成了一个涉及群众利益实现目的、实现道路、实现手段和实现程度等多方面具体化的飞跃。"……发挥人民首创精神，保障人民各项权益，走共同富裕道路，促进人的全面发展，做到发展为了人民，发展依

---

① 《马克思恩格斯全集》第3卷，人民出版社1965年版，第541页。

② 同上书，第283页。

③ 《马克思恩格斯全集》第21卷，《对英国北方社会主义联盟纲领的修正》，人民出版社1965年版，第569—571页。

④ 《毛泽东选集》第3卷，人民出版社1991年版，第1094页。

⑤ 《邓小平文选》第1卷，人民出版社1994年版，第217页。

靠人民，发展成果由人民共享。"① 结合"三个有利于"的标准，基于社会主义初级阶段国情，邓小平提出了"三步走"的发展战略，实现了群众利益的最大化；创造性地提出了"先富""共富"理论，将人民群众的利益与国家的发展规划相结合，从理论和实践层面最大限度地维护了人民群众的利益。在社会主义初级阶段，江泽民指出："全心全意为人民服务，是党的根本宗旨，是我们共产党人一切言行的出发点。"② 胡锦涛同志指出："立党为公""执政为民""群众利益无小事""凡是涉及群众切身利益和实际困难的事情，再小也要竭尽全力去办"。③ 党的十八大以来，习近平一直强调把"实现好、维护好、发展好最广大人民根本利益，使发展成果更多更公平惠及全体人民"④。"中国梦的本质是国家富强、民族振兴、人民幸福。"⑤

最后，马克思主义人的需要观启示。（1）马克思主义人本质观不能止步于一种认识层面，而是要时刻准备着转向实践层面，马克思主义者要在实现人的本质层面有所作为，而这个把手就是人的"需要"，这是对人本质观的具体充实和证明。（2）不同社会、不同发展阶段人的需要是不同的，这也就意味着在人的本质具体充实层面的状态是不同的，当下要真正解答人的本质问题，一定要将具体的人的需要问题考虑进来。（3）马克思主义的需要思想并不是停留在一种现实需要的描述，而是一种基于现实人的需要关注，其目标旨在实现人的自由、人的解放和全面发展，这是马克思需要学说的理论旨趣和价值追求。

（四）在人的本质最终实现上：自由人的联合体

首先，马克思主义自由观在人的本质层面的重要性。（1）马克思恩格斯的自由思想更多的是与未来社会中人的本质实现构想结合在一起的，也就是讲，马克思恩格斯的自由思想是理解未来社会的一个窗口，也是理解马克思主义人本质观的落脚点、科学性体现。（2）马克思主义自由观具有较高的现代启示意义。当今社会我们主张以人为本，实际上以人为本

---

① 《中国共产党第十七次全国代表大会文件汇编》，人民出版社 2007 年版，第 115 页。
② 《江泽民文选》第 1 卷，人民出版社 2006 年版，第 39 页。
③ 沈宝祥：《谈"群众利益无小事"》，《中国党政干部论坛》2003 年第 8 期，第 4 页。
④ 《习近平谈治国理政》，外文出版社 2014 年版，第 3 页。
⑤ 《习近平总书记系列重要讲话读本》，学习出版社、人民出版社 2016 年版，第 8 页。

在具体的社会阶段有着具体的任务，从普遍意义上来讲，就是以人的自由为本，当然这里的自由不是一种完全抽象的概念，而是指向了尊重人的创造、天赋才能、权利、人际关系等方面，回顾改革开放 30 多年来，整个过程就是一种人的自由发展的过程，这也是我国社会发展的一种具体动力。（3）从一定意义上来看，马克思主义人的自由思想是立足于社会劳动实践的，它超越了西方抽象的自由观，并且在不同的社会语境下马克思主义的自由思想始终处于不断丰富和完善的过程中。

其次，马克思主义自由观关于人的本质内容多有涉及。（1）马克思恩格斯的自由思想贯穿自身理论始终，一直处于不断演变过程当中。关于人的本质，起初马克思是将其理解为"人是人的最高本质"[1]，这一思想实际上是选择对了一种方向，那就是向人要人。接下来，马克思在谈及人的类本质时提出："恰恰就是自由的自觉的活动。"[2] 再到后来，马克思恩格斯把共产主义看作是"通过人并且为了人而对人的本质的真正占有"。[3] 最终马克思恩格斯提出了"自由人联合体"[4]。这些思想体现出了马克思恩格斯对于自由在人的本质思想层面的重要位置和精神实质。在马克思人的自由全面发展观看来，主要是提倡人的全面发展，反对异化和片面畸形发展；提倡人的行动自觉自愿自主，反对物统治人和客体支配主体；提倡人与社会和自然和谐统一，反对与之分裂对立以及提倡人的创造性能力充分发挥。在马克思所处的资本主义时代，人是微不足道的，而产品就是一切。"人是消费和生产的机器，人的生命就是资本。"[5] "工人生产的财富越多，他的产品的力量和数量越大，他就越贫穷。"[6] 在这样一种资本有独立性的社会，人丧失了独立性和个性。正如傅立叶所说："医生希望自己的同胞患寒热病，律师则希望每个家庭都发生诉讼，建筑师需要一场大火把一个城市的四分之一化为灰烬，安装玻璃的工人希望下一场大冰雹把

---

① 《马克思恩格斯全集》第 1 卷，人民出版社 1979 年版，第 461 页。
② 《马克思恩格斯全集》第 42 卷，人民出版社 1979 年版，第 96 页。
③ 同上书，第 72 页。
④ 《马克思恩格斯全集》第 4 卷，人民出版社 1958 年版，第 491 页。
⑤ 《马克思恩格斯全集》第 42 卷，人民出版社 1979 年版，第 72 页。
⑥ 《马克思恩格斯选集》第 1 卷，人民出版社 1995 年版，第 40 页。

所有的玻璃打碎。"① 正因为如此，马克思恩格斯憧憬的共产主义社会是"每个人的自由发展是一切人的自由发展的条件"。② （2）在马克思主义视域中，不同历史条件下的自由具有不同的含义特征。列宁是在战争与无产阶级革命过程中，在巩固无产阶级专政过程中，在同修正主义斗争中谈及自由问题的，在他那里，主要是揭露和批判资产阶级自由的虚伪性，强调自由的阶级性。在马克思主义发展的新境界，毛泽东将马克思主义关于人的全面发展理论与中国的半殖民地半封建实际情况结合起来，提出了符合中国国情的自由观。"中国人民的贫困和不自由的程度，是世界所少见的。"③ "在中国的封建制度下，广大人民也没有独立性和个性，原因是他们没有财产。"④ "中国如果没有独立就没有个性，民族解放就是解放个性，政治上这样做，经济上这样做，文化上这样做。"⑤ 毛泽东时代非常注重调动人的积极性，尊重人的个性发展。邓小平一贯强调尊重科学、尊重知识、尊重人才。邓小平正是在社会主义初级阶段的国情下，在基本路线的保证下，在"三个有利于"准则下，在"敢闯敢冒"的探索下，不断实现人的自由实践。江泽民将人的自由放置到了建设社会主义新社会的本质要求之中："社会主义社会是全面发展、全面进步的社会。"⑥ 胡锦涛把人的自由更多地理解为一种人的全面发展："坚持以人为本，就是要以实现人的全面发展为目标……"⑦ 党的十八大以来，习近平总书记多将自由放置在一种对人民的"美好生活的向往"而不懈奋斗上。⑧ （3）马克思主义的自由思想是多层次的，从某种意义上来看，一种扬弃人与人之间普遍商品交换的关系就是自由，一种摆脱个体职业局限、民族局限的现实就是自由，一种每个人都能积极参与到社会关系和社会生活中来的现实关系，就是一种富有整体创造性的人的自由，每个人在其中都能感受到生

---

① 《傅立叶选集》第 1 卷，赵俊欣、吴模信、徐知勉、汪文漪译，商务印书馆 1979 年版，第 122 页。

② 《马克思恩格斯选集》第 1 卷，人民出版社 1995 年版，第 294 页。

③ 《毛泽东选集》第 2 卷，人民出版社 1991 年版，第 631 页。

④ 《毛泽东文集》第 3 卷，人民出版社 1996 年版，第 415 页。

⑤ 同上书，第 336 页。

⑥ 《江泽民文选》第 1 卷，人民出版社 2006 年版，第 570 页。

⑦ 《十六大以来重要文献选编》上，中央文献出版社 2005 年版，第 850 页。

⑧ 《习近平谈治国理政》，外文出版社 2014 年版，第 3 页。

存、享受和发展等基本层次的递进式丰富体系。在人人必须劳动的条件下，个人在普遍的交往中将按照自己个性活动来发展一切合理需要，并在其中拓宽个人的潜能素质，在主客交互当中拓宽个体能量。

最后，马克思主义自由观对于人本质观的启示。（1）人的本质具有不可还原性，也就是人不可能退回到自然的人，人类始终会向着更高级别的层次演变，而自由就是这样的一种人的本质得以实现的方向。（2）马克思主义人的自由思想是贯穿马克思主义人的类本质、人的社会本质以及人的需要、人的发展解放等系列本质思想的一条主线。人区别于动物的方面，就是一种自由自觉的劳动；人区别于人的方面，我们不能通过直观的方式去获得，只能通过一种对于一定实践语境下的人的社会关系总和把握才能获得，也就是说，人的本质实现到哪个阶段与社会关系总和的程度密切相关。（3）马克思主义人的自由思想与人类社会具体实践不可分割。

由此可见，人本质观问题，并不是一两句话可以归纳的。当下，倘若我们要给马克思主义人本质观下一个定义，则需要考虑到这些因素。比如，（1）人之所以为人而区别于动物的最根本的特征是劳动、实践，并且伴随着人的实践、人的劳动的进一步加强，我们越来越感受到这种本质差异力量的加大。（2）群体之所以成为群体，而能够相互区别开来的最根本的特征，是不同实践语境下形成的不同社会关系的总和。（3）每个人之所以为每个人，而能够彼此区别开来的最根本的特征，是基于一定的需要在不同社会关系和不同社会实践中所形成的独特个性需要。（4）自由人的联合体是人的本质最终实现，只有实现共产主义，人才能实现一种自由全面发展。

用一句话来理解马克思主义人本质观，马克思主义者认为，人是基于某种需要在一定的社会关系中、在所从事的实践活动过程中不断生成的历史存在物，即为我的、自觉的、社会性的实践活动过程中的生成物。人正是由于在某种动力（需要）的驱使下，在一定的社会关系里所从事的改造世界的实践活动中，才获得人之为人的真正本质，成为具体的、历史的人。

通过分析"信息文明不断趋向人的本质""马克思主义人本质观逐步系统化"的两大趋势，我们越来越明显感觉到这样一个问题的必然性，那就是在一个信息文明的现实具体语境下，马克思主义人本质观会得出一种什么样的具体论断呢？信息文明会丰富甚至改变人的类本质、社会本质、人的需要以及人的自由吗？这种"丰富效应""改变效应"在多大程度上存在呢？一般而言，我们可以这样去理解，信息文明可以为马克思主义人本质观提供一种社会具体语境与时代检验石。追问下去，马克思主义人本质观能否在信息文明语境中获得更加强大的生命力？是否依旧能够保持足够的话语权呢？马克思主义人本质观的科学性、原则性能否得到信息文明语境中的实践检验呢？这是马克思主义研究者亟须做出回应的人的本质问题。

进一步来看，在理论架构上，信息文明怎样才能介入马克思主义人本质观呢？抑或讲信息文明究竟在哪些方面可以对马克思主义人本质观产生一定的价值效应呢？具体而言，两者理论逻辑、规律、立场等多方面的相通点在哪里？两者各自为各自的理论侧重点又在哪里呢？从表面上看，信息文明与马克思主义人本质观，属于两个不同层次的话题，因此理论术语存在着较大差异。但是从实际分析效果来看，信息文明与马克思主义人本质观都是专注于人的一种理论阐释，其中信息文明侧重于社会语境下的人的状况描述，马克思主义人本质观侧重于人的根本性、科学性把握。当前，两个理论点都是将研究的趋向指向人，这里的人并不是一个抽象的人，而是一个具体的人。我们要解读人的本质，既需要通过把握信息语境下的具体人，同理，也需要从一定科学高度上去认识这个现实人。将信息文明和马克思主义人本质观实现一种无缝结合，无疑可以实现人的本质的一种全面把握。

本书主要是采取整体与局部相结合的研究模式对这一问题进行了详细的解构。首先，总体上将信息文明与马克思主义人本质观对于人的本质的解读进行初步对照，梳理出信息文明对于马克思主义人本质观重视"人""实践""生产力"以及"社会"等原则性、科学性的印证；进而从局部对马克思主义人本质观中每一个重要观点进行了逐一的解读、具体化，并从总体上形成了一定的对马克思主义人本质观的具体理解和新发展。

当前，从本方向已经取得的经验性认识来看，学者们多数能在人的本质研究领域进行一些有效的尝试。但是，他们往往又容易受到自身利益、兴趣和观点转向等因素影响，并最终很难在所取得的研究观点基础上继续深入，也就不能形成有影响力的持久性的人的本质解读。上述关于人的本质的全景式研究描述，虽未能直接地给予我们答案，却也反映出了人的本质领域研究的三种经验教训：（1）不能放弃对于人的本质是什么的问题思考，尤其是要表达归纳出自己的切身体会。（2）在考虑人的本质是什么的问题过程中，不能丢弃别人的思考结果，特别是要深入分析过往伟大的思想家已经取得的研究成绩。（3）对待人的本质是什么的不同观点，一定要结合不同时代语境去分析和评论。特别是在新时期去谈论人的本质，那必须要放置到当下语境中去分析。

正是在这样的一种思维模式下，尝试在"信息文明与马克思主义人本质观的新发展"的研究中对人的本质问题的研究有所推进。从选题的主观层面来谈，主要涉及以下三点具体原因：（1）选取人的本质是什么作为研究主方向，这是笔者在学习、工作、生活过程中的最大兴趣点，希望通过这个主题的研究能够不断凝练笔者的学术方向，进而在长期的学术探索中有所建树；（2）选取与马克思主义人本质观进行对话，是希望借助思想巨人的肩膀，能够对人的本质问题看得更远、更真、更有说服力；（3）选取信息文明作为主语调、主色彩，则是希望基于当下社会的具体特征来赋予人的本质以现代意义。

第 四 章

信息文明的"人本"对接

一个人有生就有死，但只要你活着，就要以最好的方式活下去。

——海子

在信息文明与马克思主义人本质观的新发展研究领域，存在着两种人的本质趋势：第一种就是信息文明不断趋向人的本质；第二种就是马克思主义人本质观的系统形成。信息文明与马克思主义人本质观相结合，是信息文明转向人的本质、转向马克思主义理论等哲学范式的具体体现，也是寻求一种马克思主义人本质观方法指导的具体趋向，属于信息文明研究领域的前瞻性、前沿性学理分析。

第一节 对接的动力

一 哲学之需要

从研究动力来看，"信息文明与马克思主义人本质观的新发展"研究，是哲学之需要。哲学是关于思想观念、理论体系的基础性前提。正如马克思在《〈黑格尔法哲学批判〉导言》中指出：对宗教的批判是其他一切批判的前提。其中这里存在的"宗教"就可以理解为一种当时的哲学代名词，抑或讲，只有在哲学层面厘清了一种学说思想，我们才能真正算得上构建起或否定掉一种观点。换个角度思考下，要想搭建一个坚实牢固的思想体系或者彻底揭穿一些荒谬的观点，就必须从人的本质角度去寻找论证立足点。信息文明的研究尤是如此，将其纳入马克思主义人本质观层面来研究，其初衷就是为了获取一种全景式认识，并在此基础上对信息文明所涉及的具体细微领域进行透视研究，然后，从具体返回哲学抽象，再从宏观到微观，经过反复不断的沟通、商榷、论证，我们才能够给予信息文明一种比较准确的把握。

二　信息研究之趋势

信息文明转向马克思主义人本质观是信息研究之趋势。当下，信息相关研究不断增温，文章著作数量不断增加，研究内容不断翻新，围绕信息的话语体系不断形成、成熟，也丰富了哲学研究的视域范式。信息是我们这个时代最引人关注的现象之一，吸引着各个学科领域的研究者纷纷转向，交叉互联，形成了诸如"信息论""生物信息论与生物控制论""信息科学与系统科学""医学信息学""信息与计算机科学""信息工程""信息光学""林业信息管理""遥感信息工程""信息处理技术""地理信息系统""汉字信息处理""管理信息系统""安全信息工程""信息经济学"等十几种热门方向，倘若再加上计算机学科群、互联网学科群等相关学科，我们就能发现，一股强大的信息研究潮流正在汇集，这反映出信息相关与人们的生活密切相关，且已形成日益渗透之势，也体现出信息从技术向社会、人的一种转向，其学术研究的价值越来越高，在此基础上，便有了信息文明马克思主义人本质观层面的探究意义。转向马克思主义人本质观是信息文明研究面对困境的出路。辩证地看，作为人类哲学的全方位的根本性变革，除了在信息管理、媒介信息等经济社会领域有所突破外，信息文明语境下的马克思主义人本质观研究并没有获得足够的关注和思辨，难道说这仅仅是一种自我的陶醉吗？究竟信息文明与传统文明中的马克思主义人本质观有何关系？我们可以接受一种新生的学术思想在起初一定会面临诸多排斥和放逐，若非如此，它的根基也不能愈加稳固，甚至只有经历过不断的被排斥和拾起，才能不断改变我们传统的教条式的理解方式，才能获取更为充足的素材和方法。对于信息文明与马克思主义人本质观的新发展研究而言，正是如此，一边是一个复杂的社会特征把握，一边是难以逾越的抽象理论思辨，如何才能实现两者的有效结合呢？能够做到的就是不断发现新的问题，不断在解答问题过程中探寻马克思主义人本质观的新发展。

三 对接的初步努力

总起来讲，虽然信息文明和马克思主义人本质观的新发展两个相关领域均是当下社会和学界趋热的关注点，但是，将两者结合起来的研究成果数量还是有限，国内外学术领域暂没有发现直接以此为题的研究成果，能够有所参照的研究思想只是间接零散地存在于一些信息哲学、思想政治教育等研究领域。比如，信息的一般影响研究，"信息公共领域"研究，[①]人的计算机逻辑延展性问题思考，"个人在线的信息信任、信息尊重"探析，[②] 信息民主、信息性格、信息身份、信息道德，生命信息与人的发展等具体领域的尝试性追问，都已经属于比较相近的研究话题。由此可见，当前国内外学者对于信息文明和马克思主义人本质观的研究有喜有忧，喜的是对于信息文明、马克思主义人本质观的关注度增强，忧的是在信息文明以及马克思主义人本质观等基础概念理解上，人们并没有达成较多共识，反而出现了一定的差异与分歧。信息文明毕竟是人的信息文明，如何理解信息文明的集成性作用？如何在其语境中解读马克思主义人本质观？本书正是在此基础上梳理相关研究文献，总体把握信息文明和马克思主义人本质观的新发展的前人成果，也为本书提供了研究视角与问题方向。

当前，学者们对于信息文明与马克思主义人本质观中具体论断的衔接研究出现了参差不齐的现状。这一领域研究的代表性人物是郑永廷教授，其代表性作品主要有：《试论人的信息异化及其扬弃》（2005）、《网络群体与人的发展》（2005）、《虚拟社会人的发展：马克思主义人学研究新视域——评曾令辉教授的〈虚拟社会人的发展研究〉》（2010）、《马克思主义自由观视阈下人的虚拟自由》（2008）、《大学生网络虚拟交往中的主体性困境》（2006）、《虚实场域交融与人的发展多重矛盾》（2008）等。总体来看，关于"信息文明与马克思主义人本质观具体论断的衔接"方面，学者们的关注领域渗透到了信息文明语境下人的劳动、人的实践、人的社

---

① T. W. Bynum, J. H. Moor, The Digital Phoenix: How Computers are Changing Philosophy, 1998, p. 12.

② Philip Pettit, "Legitimacy and Justice in Republican Perspective", *Current Legal Problems*, No. 1, 2012, p. 10.

会关系、人的需要和人的自由等方面：（1）具体到信息文明语境下人的劳动、人的实践而言，主要有"信息劳动""知识劳动""虚拟劳动""信息实践""网络实践""虚拟实践"等层面。在学者俞忠英看来，"全社会的具体知识劳动联合为一个分工协作系统。企业也是各种知识劳动者的联合体"①。陈永正在谈到信息时代的劳动时指出："信息时代的劳动在本质上是知识劳动，主要表现为两种知识性服务，一是前端为后端提供服务，二是人对人提供服务，二者构成信息时代的劳动的总和。"② 王伟、徐春艳在谈到信息实践对传统认知模式的冲击方面指出："信息实践已成为人的不可逆的存在方式，虚拟现实环境中的虚拟实践是最具代表性的信息实践形式。"③ 陈鑫锐在分析现代通信技术、数码技术及网络技术等发展过程中，重点分析了"美国与韩国公民新闻在网络媒体中的实践模式"④。（2）具体到信息文明语境下人的社会关系，主要涉及"论智能化生产力体系"⑤"信息关系""网络关系""虚拟关系""电子商务关系"等；李欣苗、张朋柱、张兴学认为："创新替代了效率和质量等因素成为企业最主要的核心竞争优势……研究提出了团队创新信息关系的自动识别方法以用于信息组织……"⑥ 郑永廷、昝玉林认为："网络交往已经成了现代人的重要交往方式……对现代人的本质、需要、个性等方面的发展具有重要价值。"⑦（3）具体到信息文明语境下人的需要，已有研究成果主要涉及了信息需要、信息需求、网络需要等具体方面。郑永廷、石书臣研

---

① 俞忠英：《知识劳动价值论——对马克思的劳动价值论的一种重新理解》，《学术月刊》2002 年第 5 期，第 36 页。

② 陈永正：《信息时代的劳动之我见——兼评非物质劳动思想》，《桂海论丛》2013 年第 5 期，第 2 页。

③ 王伟、徐春艳：《信息实践对传统认知模式的冲击》，《人文杂志》2015 年第 4 期，第 22 页。

④ 陈鑫锐：《美韩公民新闻网络实践的启示》，硕士学位论文，郑州大学，2010 年，第 1 页。

⑤ 霍福广：《论智能化生产力体系对现代社会关系的影响》，《哲学研究》2006 年第 6 期，第 120 页。

⑥ 李欣苗、张朋柱、张兴学：《团队创新信息关系的自动识别方法及其应用》，《管理科学学报》2007 年第 5 期，第 29 页。

⑦ 郑永廷、昝玉林：《论网络群体和人的发展》，《思想政治教育导刊》2005 年第 12 期，第 26 页。

究认为："人的全面发展……人的素质提高与人力资源开发的统一，是人的发展与社会发展的统一，是物质生活发展与观点和精神生活发展的统一，人的全面发展是人与自然协调发展的统一……"① （4）信息文明语境下的人的自由话题研究，主要涉及信息自由、通信自由、信息自由权、知识自由、网络自由、虚拟自由等领域。学者刘甲库等研究认为："新媒体无疑扩展了人们信息活动的自由，但过犹不及，人们对自由边界的探索仍然表现出个性化的特征。"② 正如郑永廷学者研究发现："人的虚拟自由是人在虚拟社会里按照自己在虚拟社会关系体系中所处的地位和权利，在不妨害他人的地位和权利的条件下，能够按照自己的意志和愿望自主进行的虚拟实践活动，从而实现自己发展所需要的一种利益状态，包括虚拟活动自由、虚拟关系自由和虚拟个性自由等。"③

虽然这些层面的研究看起来已经给马克思主义人本质观建构了一个庞大的信息文明氛围，但是从现有成果来看，"信息文明"与"马克思主义人本质观"并没有实现一种系统的宏观的对照，两者的契合关系还需要大踏步地前进，还需要更贴近的说明。当前，只是学者们在自己关心领域的一种探析，只能算是对人的本质一方面的兼顾。另外，学者们解读信息文明语境下的马克思主义人本质观时，也是往往将思维投向马克思人本质观。但是实际上又遇到一个现实问题，那就是具体社会的人如何解读？同一社会关系下人的本质如何解读？如何解决这样的矛盾，有些学者尝试去解读，比如将人的本质理解为"自然规定性＋社会规定性＋自我规定性"。④ 还有学者在思考，当人类具备了信息复制的能力后，人的个体差异性作为人的本质还会存在吗？信息文明会改变人的本质中"物质实

---

① 郑永廷、石书臣：《马克思主义人的全面发展理论的丰富与发展》，《马克思主义研究》2002年第1期，第18页。

② 刘甲库、杨雪晶：《新媒体信息自由的滥觞与规制》，《图书馆学研究》2013年第20期，第18页。

③ 郑永廷：《马克思主义自由观视阈下人的虚拟自由》，《思想政治教育导刊》2008年第6期，第15页。

④ 赵永春：《论人的本质的三元规定性》，《哈尔滨师范大学学报》2014年第4期，第10页。

体＋思想层面"① 的局面吗？此外，当代学者们尝试用"马克思主义人本质观"（马克思人本质观）去解读周遭的一切问题，比如，2014 年韩亚超的《从马克思人的本质理论解读挫折的存在》，2013 年张朋的《马克思的人本质观与高校思想政治教育目标》，2005 年刘魁立的《从人的本质看非物质文化遗产》，1997 年林源的《人的本质、价值与我们时代的价值观》等。由此可见，将马克思主义人本质观这一抽象性较强的问题投向一个现实社会中去印证、思考，是一个值得深入探究的问题。而这一现实社会、现实问题，在当代来看，就是一个信息文明的问题。如何将这一学术敏感性问题、潮流话语转换成学理性的说明，还需要在此领域大量的长时间的研究投入。

第二节　"人性之磁"与"信息技术之铁"

信息技术是"人之为人"的技术标准，在未来的发展趋势上应该是趋向于"人性化"的；人也只有借助信息技术之力才能更好地实现自身发展、本质力量。然而，在现实生活中却出现了一种"人与信息技术的关系悖论"——人，反而是在盲目地追逐"信息技术化"，信息技术则成了"信息技术专家"在"绘图、计算、储存"等方面的具体技术集合体。通过对"人性之磁"与"信息技术之铁"关系的深度解析，笔者认为，只有始终"关心人性""关注人"的信息技术才是真正的信息技术，人只有借助于"全面科学的信息技术"才能最终实现自身的本质。

多数学者习惯于将信息技术默许为科学的"数据处理技术""存储读取技术""传媒设计技术"等技术集合体，主观上这种所谓的"真正科学的信息技术"理解，实际上是否定了"信息技术与人之间存在关系"。即在信息技术的本质视域中，人们并不十分关心其社会、历史和心理等文化层面的意义存在。即便人们认同信息技术在人文领域存有一定价值考虑，也是将更多精力投向了信息产品款式、图案、厚度、色彩的再设计、地方标准的再完善以及版权的主观争论，如此等等，看似"花样繁多"，实则

---

① 王子明：《论人的本质和新生态文明建设》，《自然辩证法研究》2013 年第 10 期，第 118 页。

是"千城一面"，难以摆脱对个别技术专家头脑、行政硬性力量、企业延迟推广产品等方面的人为依赖。基于此，从长远来看，"专业的信息技术产品"往往是"短命的"，掩盖了自身的真正本质。当下，我们要真正了解"信息技术"这块"铁"，需要认识和研究信息技术客观存在的自然、社会、文化特征发展规律问题，尤其是要加强信息技术在"人的本质"这个"磁"领域的内在关切，只有这样才能提高信息技术的生命力。

一　"返回无信息技术时代"的心理暗示：信息技术中人的磁性在减弱

信息技术总是存在于一定的物化工程之中，翻天覆地的变化折射出了人类社会已进入到一个新的纪元。在现实社会中，作为一种世界性现象，凡是符合客观规律的信息技术都是能够促进个人发展、社会进步的，"信息群""信息组织"等信息技术化交往方式确实正在几乎毫无预料的情况下出现，在这种信息技术力量的推动下，一些传统的社会现象和个人行为也正渐行渐远变得陌生。但是，我们不能由此就断定信息技术就是人类有效消灭"贫民窟""烟尘""罪恶"的"万能钥匙"（The Master Key），甚至信息技术非但没有清除社会的赘疣、肿瘤，反而还制造了一些人类无法接受、难以下咽的必需品。

在狭义的信息技术语境下，人们将视野聚焦于信息技术的专业方面，经济利益导致了人们对信息技术其中所包含的人本性、人本质等层面的疏于照顾，以致出现了"人"的破败不堪——电信诈骗、低头族、信息孤岛等具体表象不断呈现出来——人的身体在专业信息技术不断推进的过程中并没有强壮多少，反而因为沉迷于信息产品功能之中，许多人的身体逐步走向虚弱，甚至已经无法承担健康人的工作。若不采取有效的措施改善人的身体精神状况，信息技术还会继续在原有专业道路上越走越远。现在各个学科领域都逐步看到了信息技术与人性分裂的严重性并以各种方式表达出类似的警告——这是信息技术现实领域存在的最大问题、最大风险。也正是在这样的情况下，人们总是萌发出"宁可返回到无信息技术时代"的想法。

总体来看，作为一个新生的处于不断变化中的领域，信息技术自身所带来的分歧是众多的，这对理解其本质带来了诸多不确定性因素。"不断地走向信息技术时代"已成为人们无法回避的共同话题，"从传统社会走向信息技术社会的过程中必然会面临着诸多不安"也是人们近乎没有分歧的感受意见。信息技术虽是常见却很少能被正确认识，虽然有人沉浸其中却很少去深度把握，虽然有学者满心热情却总是受困于自己的需要，最后导致现实社会中只有少数人能够认识到信息技术的人性意义。信息技术领域中人性注意力流失，凸显了传统社会中人性迷失的信息化，也将现代社会中对于人的思考提升到新层面。对于信息技术中人性之磁减弱的迫切性，很多领域的学者都在探求解决的办法，尽管没有共同的评价，但是也存在好的方面，那就是折射出了"一种有希望的来自信息技术领域的人性信号"。

究竟如何才能做到冷静且少持偏见地去看待信息技术？抑或什么是贯穿信息技术始终的正确原则呢？究竟如何阻止信息技术当中人本力量的消耗、削弱呢？信息技术也许能够满足人的即时需要，但是怎样才能使信息技术抵达人的内部特性呢？除去原有的"专业性、经济性"，如何在人文领域中展开对信息技术"真诚地热爱并追求真理"呢？人类如何能够实现对于信息技术的全面解析呢？等等，上述系列信息技术问题的提出，反映出了人类对"信息技术"的再加工、再生产、再设计的必要性。总之，广义上的信息技术不仅仅涉及技术本身，还涉及信息技术的辩证法、人类特征、社会功能和发展规律等层面。当下，没有脱离信息技术的人，也没有脱离人的信息技术，在研究中不去挖掘人的本性、人的本质，就不能吃透信息技术的全面本质，脱离人本性、人本质的信息技术，最终会出现"劣质的信息技术""信息技术事故""假冒信息产品"等信息技术问题。

二　"信息技术之铁"：一种新型的人性载体

信息技术总体上是"合乎人性"的，也是"最无人性"的。评价其有人性，主要是体现在以下几个方面：（1）信息技术整体上拓宽了人类的认识能力、实践水平；（2）信息技术满足着人类的即时信息识别、信息处理等具体需要；（3）信息技术对于实现人的自由、促进人的全面发展有着一定的意义。评价其没有人性，主要体现在以下几个方面：（1）信息技术侧重于专业工具性建设，忽视了其人文性建设；（2）信息技术侧重于现代人性的塑造，影响着传统人性的发挥，信息技术中传统人性与非人性的界限模糊化；（3）信息技术对"非人性"的数字化、虚拟化、系统化、裂变化等具体展示；（4）信息技术营造了一种失去控制的"人性认知的真空地带"。

导言主要是围绕"信息技术侧重于专业工具性建设，忽视了其人文性建设"展开具体论述。结合对比信息技术的专业性，笔者将信息技术不同的人性解读为"质层面的信息技术人性（非人性）""量层面的信息技术人性"（非人性）以及"度层面的信息技术人性（非人性）"等。信息技术会产生一种什么样的特殊人性呢？从逻辑上来看，又可以分为以下几个组成部分：（1）传统人性的信息技术化；（2）虚拟技术人性化、系统技术人性化、数字技术人性化，以及身体信息技术人性化、精神信息技术人性化的集合体；（3）信息技术模糊了人性的一些传统概念，塑造了一些新概念，具体谈论人性，就一定要考虑信息技术的人性创造力等。

信息技术之于人性的影响是一种多面体产物，我们可以将其理解为人性新陈代谢的社会阶段，人们正惯性般地依赖于这样一个信息技术所引导的社会结构。这里似乎出现了一个假象——人们主观上认为信息技术还肩负着填充"代际衔接之间的人性缺位"，当且只有问题发生之后——显然，这是一个信息技术领域的拿来主义。具体而言，信息技术主要具有以下几个方面特征：（1）信息技术更多的是一种人们求生的具体性活动产物，一个人要获得生存，首先就要从外界获得食物、颜色、欲望等方面的需要，信息技术就是一种对于外界物利用的工具性延伸；（2）信息技术在为人类满足需要提供保障的同时，还有自身的一种潜规则，那就是经济原则，信息技术的普遍推广更多地可以归结为经济效率的需要，一些负责社会生产、分配、交换、消费的组织、机构正是在信息技术的武装下，逐步走向高度一体化、协同化，这是人之外的动物所不具备的；（3）信息技术在发挥作用过程中还受到了外界的社会约束，比如《统计法》《档案法》等都有关于信息技术的具体行为指导，这些外在的条件约束本身也就是人性与信息技术的关系体现；（4）信息技术专家试图通过自身的努力去营造一个完整的信息技术氛围，然而这是一个不断处于变化状态中的信息世界，除去信息技术的成熟与先进之外，还需要有一种与之配套的信息技术环境和信息技术秩序，这些也需要得到社会的重视、观察和研究。

三 "人性之磁"的增强：基于"信息技术之铁"的再加工

怎样才能促使人性在信息技术发明、生产和消费过程中更富有吸引力呢？如何强化信息技术中人的主导性地位呢？假如我们将个人看作是磁石，信息技术是铁，那么，在两者关系中，是人的价值足够神秘吸引着信息技术不断转向呢，还是信息技术在不断更新过程中肢解着人性、人心、人本呢？从物理逻辑上来看，只要增加人性的磁力让其远远大于信息技术的"重力＋摩擦力"等因素，我们就能有效、自然、健康地把控信息技术。关键问题是如何在增加信息技术专业重力的基础上降低其对人性之磁的左右呢？或者是在信息技术的演进过程中增加人性之磁的权重呢？初看起来，在信息技术中增加人性的磁力即使不是不可能，也是难以办到的。因为大家似乎一直这样看待人与信息技术之间的关系——要么抑制对信息技术的即时需要，要么放弃人之为人的纯正喜悦，问题是有无第三种选择呢？是否可以将信息技术的专业性、便捷性和逻辑性和人的情感性、道德性、社会性等方面和谐地结合在一起呢？假如信息技术和人的本质层面都力争把注意力吸引到自身中去，我们将何去何从呢？

（1）假如我们在信息技术层面"一意孤行"——不断强化信息技术的非人性化、思想的信息技术化、灵感的技术还原化——那么，我们就会越来越远离人的本质吗？在信息监控技术无处不在的环境中，人与人的关系是越来越融洽呢，还是越来越相互间隔？信息技术是促使人们不断共同富裕呢，还是造就了新的两极分化境界？拿着信息技术产品在旅游途中办公，这究竟是人们在休闲中工作呢，还是人们在工作中休闲？失去了纯粹的工作理想性或失去了纯粹的玩乐性，人奋斗的方向又将如何建构呢？（2）假如我们在人的层面"坚决固守阵地"——一切信息技术都要经历人本化、人性化的考量——那么，如何衡量信息技术中专家科学发现和社会大众真实需要之间的人性化内部比较呢？倘若失去了信息技术，我们是否还能回归到原有的人性"道德高地"？倘若失去了"信息技术之美"，人性当中的逻辑之美、理性之美、探索之美、团队之美、社会之美等又将如何呈现呢？（3）假如我们在信息技术与人的本质本性之间选择一种"中间道路"——既要不断促进信息技术化，也要在此过程中彰显人性的力量——如何通过信息技术真正彰显出人类社会的道德之美？如何借助于信息技术真正消除"皮鞭下繁重的劳动",进而实现人类社会之大善?如何通过信息技术真正实现自然生态的环境保护?我们如何成为个人、集体和社会呢?无限渺小的个人如何满足需要、实现自由发展呢?如何通过信息技术真正实现人与人的和谐相处?

当下,我们正处在一个最应探究"信息技术"与"人性""人本"的时代,在这样的一个无限链接的信息技术时代,信息技术不仅仅是信息的、技术的,更是社会的、自然的和精神的。我们发现只有根据信息技术与人性的各自需要,在结合具体问题展开旷日持久的调查基础上,认真分析信息技术偏离人的千头万绪原因,才能将信息技术与人之间的引力关系解释清楚。目前,虽然各个学科都对这些问题进行了有价值的回答,但是,要全面探讨并解析清楚这些问题还是需要从哲学,特别是要从人性、人本层面去介入信息技术。这还不仅仅是理论问题,更是有着不可胜数的实际后果。宏观层面来看,我们需要在信息技术语境中,不断地利用、变革、控制和改革自然界,与此同时,不断地建构改革人的社会和精神。从毫无质疑的前提出发。

(1)现实方面,在信息技术产品生产之初,我们是应该先去问人类能够生产什么,还是应该去追问人之为人究竟需要生产什么?我们是需要生产出技术方面更多更好的产品,还是在更公平更公正的环境下生产出适合人类需要的信息产品呢?一方面我们应该理性看待信息技术的积极意义,另一方面也不能回避信息技术领域已经存有的严重人文问题。我们需要正视信息技术的最大现实,也需要挖掘出信息技术的最大问题症结。当前,独立于人和社会的逻辑之外,信息技术的专业单向性正处于一种不可逆转的深化阶段。在未来社会,信息技术将会遍布城市、农村、自然领域,特别是将会渗透于生产、消费、使用以及淘汰等各个过程中的系列问题,甚至还有可能涉及人的行为、人的思想等实践、精神领域。在问题方面,面对眼下迅速发展的信息技术进步和发明,难道我们还会相信"当前的信息技术"会持久性存在吗?仅仅将视野局限于信息技术动力手段和方法的不断更替,我们人类的幸福和快乐有没有保障呢?

(2)热情方面,我们要直接面对、尝试解决信息技术所存在的严酷事实,要怀有一个求真求善求实的心态去对待信息技术,与此同时,我们还要客观地看待信息技术繁荣背后所带来的人的停滞、衰退、畸形等现象。具体的信息技术是短暂的易于被替代的，如何才能延长信息技术的时效性呢？那就是信息技术必须回归到"人"，信息技术专家首先是要考虑如何促使信息技术更好地服务于人性、人的发展，但是在现实社会中，我们的技术专家总是将信息技术当作重点。问题是在信息技术语境下，民主是否得到了推进？奢侈、浪费和贫富悬殊是否存在？人民是否幸福呢？笔者认为，追逐于信息奢侈消费的社会是病态的，卖肾买手机的现象是极端病态的！

（3）信念方面，我们要在根本上去解决信息技术以及相关的基础性难题，去除信息技术的问题症结必须要去除"根本"，必须要逆转人的信息技术化趋势，要让信息技术重新回归到人，只有解决了人的问题，信息技术所隐含的安全、利益问题才能迎刃而解。信息技术是技术的信息阶段，是人的一种工具物延伸，只有站在人的角度去看待信息技术才是一种客观的必然的选择。我们要在信息技术发展演变过程中促进人的发展、实现人的自由。在方法论中，主张在人和信息技术关系之中把握信息技术，反对人本质的过度信息技术化，增强信息技术的人主体性意识，实现信息技术属人。信息技术，作为一种展示人的本质力量的物质基础，要进入到人生活当中，提高人的主动性、自主性和控制性，改造人的生活，促进人的解放，减少了信息技术的冰凉本性。

四　"磁""铁"合一：人与信息技术的相互吸引

简单地讲，在信息技术与人性、人本质的关系处理上，我们需要将信息技术的优势特征渗透到人的生活当中去，也需要不断摘除信息技术早期发展的不足之处。通过全面地了解信息技术，我们才能更加清晰地认知信息技术的本质以及人的本质、本性。信息技术与人各有特征，从人的问题切入信息技术，或者从信息技术切入人的问题，又衍生出一个虽然偏离初衷却更加重要的学术问题——"信息技术是什么"与"人的本性、本质是什么"孰轻孰重？是信息技术改变了人呢，还是人性约束控制着信息技术的发展呢？我们是应该站在人的角度去看待信息技术问题（信息技术问题涉人性），还是应该站在信息技术角度去对待人的问题（人性问题涉信息技术）？倘若是站在人的角度去分析信息技术问题，实际上是一种强信息技术弱人性的学术倾向；倘若是站在信息技术角度去对待人性问题，实际上是一种强人性弱信息技术意义上的学术倾向。尝试从"人之于信息技术""信息技术之于人"两个层面就两者关系展开具体论述。

第一个层面：人之于信息技术。

首先，"人"为信息技术提供了一种方法论思路。人性关怀不足的信息技术往往是缺乏远见的，没有系统性的。从一般的学术研究规律来讲，推动信息技术研究继续前进的，主要是存在于两个方面：一方面是"自然科学领域所取得的强大且日益迅速的进步"；另一方面是不可避免的"方法论"因素。（1）既需要在语义论、本体论、认识论、价值论等深度意义上对信息技术进行层层的解蔽；（2）又需要在自然、社会、思维等广度领域实现对信息技术的"面面俱到"。由此来看，围绕"信息技术"的学术反思实际上是转向了"信息技术与人的关系"的梳理，基于此，一方面我们获得了解析信息技术的深度与广度把手，另一方面，也为人的研究提供了较为宽阔的理论视野。

其次，"人"为信息技术提供了一种价值与情感等层面的意义参照。信息技术并不完全是技术专家的成果，人性和信息技术反映出来的意图和用心方向是不同的。人性侧重于价值、情感，信息技术侧重于理性、利益等层面。人性代表着传统内涵，信息技术代表着时代文明；人性与人的肉体形成、精神养成有着密切的关系，信息技术则始终处于一种肉体和精神的"祛魅"状态当中。人性化的信息技术可以避免单纯的信息技术损失。实际上，在这里，代表当下信息技术的并不是真正的信息技术，只有代表未来方向的信息技术才是真正的信息技术。那些拥挤的、通风不良的、未经规划的、臃肿的、不健康的信息技术，终究是要被时代所淘汰的，只有不断地改善人的生活环境，不断倡导合理价值观，不断培养正义之感的信息技术才是可持续的、长久的。

第二个层面：信息技术之于人。

首先，信息技术是"人之为人"的技术标准，传统的人毕竟不是"天堂之物"，而是一种"缺乏信息、信息不足的社会群体"，在实现了对"人"由外到内的介入的过程中，信息技术将人本质观推进到一种新的境界。整体上看，信息技术逐步由浅入深、由片面到多面、从低级向高级的发展顺序，其对于人的介入也是一个不断渗透、不断发展的过程。从信息技术"附加在"人的外部层面到信息技术"植入到"人的内部层面，进而信息技术逐步与人在整体上融合为一起，成为人的有机组成、不可逆趋势。这意味着信息技术之于人的重大变化——改变了人本质观进化的技术方向，甚至可以用重大的"人本质观革命"来形容。人本质观的信息技术化，一方面可以理解为信息技术时代下人本质观的具体化呈现，另一方面也可以理解为人本质观的信息技术需要、信息技术能力增长。

其次，信息技术丰富了"人"的存在。信息技术的存心并不是"全部恶"的，甚至还是处于一种不断调试的"大善"状态之中。信息技术的人本质观的注意力方向转换，实际上在逻辑上初步默认了一种理论前提——人本质观富有传统深远内涵及时代新意，既映射出了自然与人的关系、技术与人的关系、物质与意识的关系、实践与认识的关系、理性与情感的关系等诸多传统方面，又在信息技术语境下实现了"注意力的转向"，体现出了"自然人化""人自然化""技术人性化""人性技术化""物质意识化""意识物质化""实践认识化""认识实践化""理性情感化""情感理性化"等二元对立模糊化的协同对接新特征。总体上来讲，信息技术的虚拟性、推理性丰富并改变了人的存在，实现了两者的良性互动。从这个意义上讲，使"人称之为人的信息技术"才算是真正的技术。

总之，信息技术介入人本质观，无疑反映出了信息技术的理论宽度和深度，折射出了其与人本质观的"亲和性"，同时，也衬托出了人本质观的包容性。信息技术所营造的人的处境，是以前社会的人所没有遇到的，这个时代太侧重于社会利益，对于渴望思考自由的人而言不免会发生反感，这种"反感"不是一种模糊的随机产生的，而是一种具体社会背景下的产物。在进入信息技术社会之后，有利的方面，人对于自然界、社会的控制不断增强，生活空间不断得到拓展，人与人之间的关系也逐步发生着显著的变化；不利的方面，人性未尽发展，甚至正在被信息技术不断抹杀，有时信息技术本身竟然成了有意为难人、试探人的工具。我们不必姑息信息技术的副作用，但是我们需要晓得"它所以然"的困境。当今，信息技术社会正处于一种"加速变动""共同标准滞后"的年代，未来的发展空间还很大，尤其是朝向"人的情感""人的灵感""人的性格"等层面，还有诸多需要协同配合的领域。但是，我们也不得不承认，融入人性的信息技术是一个很难得到美满结果的追求，毕竟这是一个信息技术加速运转的年代，也是一个人性不断转向具体、急速变异的年代，问题是，人们知道自己的本性吗？个人知道自己的本性吗？实际上，由于信息技术与人性结合的成功案例是过于缺乏的，这就让人性、人格穿透信息技术更是一种宏观的期待和努力方向，除此之外，是很难找到一种完美的契合案例的。我们能够实现的或许仅仅是信息技术的一方面契合人性（人性的一方面），甚至更少。

第三节　信息文明印证了马克思主义
人本质观的原则科学性

信息文明与马克思主义人本质观的新发展，（1）是对信息现象的异质解析，具体展开，就是对共享现象、虚拟劳动、信息关系新常态等眼见为实型信息全景问题的刨根问底；（2）是对信息技术网络快速发展下的一种人的本质问题探究，也可以理解为"信息符号宇宙"①"未来之路""网络空间""虚拟在线社区""计算机＋通信设备＋TCP/IP"下对人的本质关切，并且这种"关切"不是一种一劳永逸的问候，而是处于不断调整和大幅更新的状态之中。只不过，这种把握体现出了马克思主义科学的系统的人本质观色彩。总体而言，在"信息文明与马克思主义人本质观的新发展"问题分析过程中，信息文明已经出现了一种转向，即由一种"工具的手段的载体的科技文明"转向了"社会的构建""主义的建构"，最终介入到"目的的人内在的关系文明、本质文明"层面，既是一种人的精神层面联系认同，也牵扯着物理层面的价值反思，甚至我们可以大胆地推断，信息文明的未来趋向是与"信息本身"无关的，而是一种紧紧抓住人的生活方式演变、紧紧依托人的需要的具体丰富、紧紧牵连人的社会关系的网络阶段、紧紧指向人的劳动实践的具体阶段等。

正如华南理工大学昝玉林指出："现代网络对于人的本质的发展，具有重要的理论与实践意义"②，这将会是一种"根本性的技术冲击"。学者

---

① ［德］恩斯特·卡西尔：《人论》，甘阳译，上海译文出版社2004年版，第41页。在符号宇宙那里，人不再生活在一个单纯的物理宇宙之中，而是生活在一种包含着"语言、神话、艺术和宗教"的符号宇宙之中。

② 昝玉林：《网络群体研究》，人民出版社2013年版，第2页。

米尔格伦认为："世界上任何两个人之间的间隔只有六个人"，这样的看似没有现实依据的论断在信息文明语境下已经产生了极其重大的现实意义，只不过现在很多研究领域还处于消化反应的起步状态。那么，究竟如何从一种相对滞后的追赶信息潮流走向一种积极的信息潮流引导？如何解读不断增长的信息人群以及逐渐消退的自然体验？如何在看似平稳的信息化语境中解析出人与人的微妙变迁？比如静止不动的台式电脑面前的人与拿着手机不停走动的上网人是否有差异？这些改变如何来形容呢？是否可以理解为一种人交往活动领域的扩大、社会关系的丰富？是否变得可以比较容易地自由选择呢？

对于信息文明之于人的类本质而言，首先是信息劳动和信息实践的一种自觉，以及在此基础上的具体实践指向。其次是在信息文明语境中，主要是体现出人与动物在主体性优势发挥方面的差异，信息社会特定阶段将人类这一高级动物提升到一个"高级"层面。倘若将动物理解为"本能群体、统计群体"，那么信息文明语境下的人类已经不再是单纯的意识群体、实践群体，而是更进一步，实现了一种"超意识""超实践"的数字状态，充分展示出了人的"能动性""自主性"和"创造性"，以至于人们可能会有疑问，这种急促到来的信息劳动、信息实践是否会形成一种相对稳定的"信息类本质"呢？这种类本质会趋向何方？已经很难用平面物理语境中形成的"语言""直觉"去三维描述了。会是一种不固定的信息群体吗？这种不固定的圈圈是脆弱易碎的呢，还是生命力柔软耐磨的呢？这里的类本质是"第三种动物"吗？这种内在的类本质强烈划分的依据和归属是什么？人与人的互动频率，还是空间领域的探索？还是最低成员的素质境界？共同的思维方式？物理差异化的信息消除？究竟在一种没有身体在场的文明语境中，是什么东西吸引着新新人类低下头去沉醉其中？精神需要的分享、交流和延伸，还是整个人类需要的转向？

对于信息文明之于人的社会本质而言，首先对于信息关系的理论自觉以及实践关注，其次在信息文明语境下，主要体现出一种人类在活动空间方面的"延伸关系"，一方面信息文明是催促着人不断挣脱开"地域之缘""血统之缘""业务之缘"等物理身体在场，在一种超越意义上实现了一种更为广泛普遍的变动的多样的人的面貌，"比特族""低头族"，尽管这是一种相对的无拘无束，但是对于一个时代的整体人而言却是前所未有的无限穿越和重构；另一方面信息文明语境下，传统束缚人的因素变得模糊，人们开始频繁地打破旧的形式约束，在信息需要的驱动组织下实现对于新的自由的追逐。当然，这个信息选择过程中，必然也意味着一种放弃，人们开始重新分析"人的真实""人的发展"以及"人的本质"等。

对于信息文明语境下的人的需要本质而言，首先强调一种信息需要的自觉分析；其次是在信息文明语境下对人具体的信息交往、信息生活对于人的生存需要、享受需要和发展需要等传统需要的介入与新增。这种理解方式凸显出人类信息文明的出现对于满足各类需要的重要性，既是一种需要新样式的体现，同时也是一种需要新内容的创造。一方面社会整体需要日趋信息化，另一方面个体需要逐步丰富化。比如，最近在网络上出现的"虚拟婚姻"① 现象，与此同时，这里的信息需要理论也存在着较多类型，具体体现为以信息需要为目的，以信息需要为手段，以信息需要为艺术。当以信息需要为目的，实际上是在一种较强意义上的人的本质充实；以信息需要为手段，主要是在较弱意义上的人的本质证明；以信息需要为艺术，主要是在一种更高哲学方面的人的本质发生。

对于信息文明语境下的人的本质实现而言，首先是强调一种信息自由的自觉分析；其次是在信息文明语境中，尝试给予信息自由的人的本质分析。不仅仅延伸着人的身体器官，而且还开辟着人的精神世界，创造着一种与众不同的信息氛围，实际上就是不断给予人类新的感官自由、精神自由和信息自由，甚至"社会中的其他一切功能都要改变，以适应那种技术的形式"。② 信息自由不仅仅带来了海量的自由新面貌，而且还产生了对人类自由方式、自由结构等方面的具体影响。人们对于信息自由的关注度越来越高，兴趣越来越浓厚，甚至已经出现了人的自由的第二空间。

看待事物要有双刃剑思想，仔细探究可以发现，信息网络也具有极强的"松散性"特征，更多青年人是为了打发时间，因无聊而去接触信息文明，甚至也出现了丰富多彩的信息网络语境下的"单一活动""单一需

---

① 在网络时代，网恋早已不是什么稀奇事。如今，不少网民开始享受着另一种"更高层次"的感情生活——网上结婚，两个素未谋面的人俨然以"夫妻"相称，还"恩爱"相处。尽管是荒唐的游戏，但仍有许多人乐此不疲。

② 《麦克卢汉精辟》，何道宽译，南京大学出版社 2000 年版，第 363 页。

要""低层次需要""信息化鸿沟""信息心理的不健全"等信息边缘化现象，与此同时，信息网络将一些人的责任感降到了史上最低。网络谩骂、网络打杀已经影响到人的现实素质，最终造成整个社会的不协调。总起来看，如何跳出传统的人本质观去看待信息文明和马克思主义人本质观的新发展，深入解析信息文明语境中的人的本质具体论断，是当下的主要任务，也是未来的研究方向。

一　把人还给人，这是对"人是人的最高本质"的解读和赞同

对于抽象的思辨的人的本质问题，无论得出什么样的概括答案都很难去证伪，属于一个十分复杂的问题。特别是从出发开始就容易陷入一种难以自拔的境界。"向何处要人？"究竟是向宗教要人，还是向生物界要，是向自我意识要，还是向绝对精神要，还是向费尔巴哈的"卑污的犹太人生活"要？选择出发点，看起来很简单，实际上，人类走了很久很久的黑夜之路。即便是到了黑格尔时期，他还是认为，"人是绝对精神认识自身的工具和手段"，这种将人的本质出处放置在神秘语境中的研究现状并不少见，但其效果却是让我们始终无法接近真正的人。直到费尔巴哈的"人是人的本质""人的本质是人自身""人所认为绝对的本质，就是人自己""人的绝对本质、上帝，其实就是他自己的本质"等系列"向人要人"的观点出现，① 我们人类才终于实现了在人本质观问题上迈出了一大步。当然，费尔巴哈的人本质观并非绝对科学，它的最大意义在于直接促发了马克思人本质观的产生。1843 年马克思在《〈黑格尔法哲学批判〉导言》中谈道，"人的根本就是人本身"②，"对宗教的批判最后归结为**人是人的最高本质**这样一个学说"③。通过辩证地仔细地、分析马克思的"人是人的最高本质"这些思想，一方面我们要看到马克思对费尔巴哈人本质观中的唯物主义思想的科学继承，通过这一观点，我们逐步去除了人本质观中的宗教神秘性；另一方面，尽管马克思这些人的本质思想的表达并

---

① 《费尔巴哈哲学著作选集》下，荣震华、王太庆、刘磊译，商务印书馆 1984 年版，第555 页。

② 《马克思恩格斯选集》第 1 卷，人民出版社 1995 年版，第 1—2 页。

③ 同上书，第 9 页。

不精确，但是却给后来形成的马克思主义人本质观奠定了一个至关重要的科学方向，"人不是抽象的蛰居于世界之外的存在物。人就是**人的世界**，就是国家，社会"。① 正如马克思主义的继承者毛泽东指出："当作人的特点、特性、特征，只是一个人的社会性——人是社会的动物，自然性，动物性等等不是人的特性。"② 上述观点明显是对于"人是人的最高本质"观点的科学性肯定和解读。

现阶段，我们提出、研究信息文明，从本质上来看，信息文明，实际上就是信息人明，作为一种"信息人的本质化和人的本质化信息"的学术话题，实际上，本身就营造了一个属人的信息氛围。抑或讲，在信息文明中去探究人的本质，从一开始就没有将人的本质抛给一个神秘的、宗教的、不可理喻的信息，而是将人的本质抛向了一个人的具体的社会的历史的信息。这是对马克思主义科学人本质观的一种追随，是对马克思"人是人的最高本质"中科学因素的经验汲取。具体展开来看，信息文明的相关问题，可以演变为现代信息技术环境下人自身的生理和心理变化、人与自然的关系变化、人与世界社会的关系变化等方面如何展开。归根到底，信息文明都是围绕着人的问题，从整体上来分析，研究信息文明，就是系统把握人这个思想杂家领域的需要。与此同时，信息文明，作为一种基于互联网技术、数据库技术、自动化技术等领域人类开化现象，其存在、概念始终也是处于不断增长、变化、发展过程中，其向人类社会的各个认识领域、矛盾存在领域展开着不断的渗透。诸如，从最初的日常信息、信息技术，到后来的信息社会，再到当下日趋凸显的信息道德、信息伦理等问题，就像其他领域的学术探究一样，信息文明，最终要不容置疑地回归到人的本质问题解答，进而在其中寻求信息文明对于人的本质的意义解释。在马克思主义者看来，寻找人的本质，一定要到人的领域去挖掘。上述研究表明，尽管马克思时代已经过去 160 多年，但是，"人是人的最高本质"这个论断，从信息文明语境来看依然散发着越来越强的说服力。

---

① 《马克思恩格斯选集》第 1 卷，人民出版社 1995 年版，第 1—2 页。
② 《毛泽东文集》第 3 卷，人民出版社 1996 年版，第 81 页。

二　信息实践：马克思主义人本质观的新动力

做一个比喻，如果我们把"人是人的最高本质"这个具有唯物色彩人本质观发现，比作是"找对了回家的道路"，那么，接下来，马克思将人的本质问题放置在人类实践领域去研究，就可以给科学人本质观做一个论断，马克思"找到了它的家"。在《1844 年经济学哲学手稿》中，马克思克通过对费尔巴哈"类""对人的直观理解"的批判，提出"……人的类特性恰恰就是自由的自觉的活动""人通过实践创造对象世界，证明自己是有意识的类存在物"①。通过上述两条论断，我们可以发现，马克思在将人的本质归还给人之后，并没有停下他自己的思想步伐，而是进一步对人的本质问题进行阐述，将其理解定义为"人的生命活动""劳动""实践"等层面。在这里，马克思进一步划清了与费尔巴哈人本质观的界限，进一步坚定了将人的本质归还给人的决心，显然，这里的人不是一种神秘的、宗教的人，不是一个类似于客体的、直观的抽象的人，而是实践的、现实的、社会的人。在《关于费尔巴哈的提纲》中，马克思批判费尔巴哈"不是把它们当作人的感性活动，当作实践去理解，不是从主观方面去理解"②。通过在逻辑上来推演马克思此时的人的本质思想，我们能够发现，只有在实践中、现实中、社会中去谈论人的本质，才有意义与价值。接下来，马克思恩格斯并未满足于一种人的本质的观念思索，而是不断介入具体"社会""具体实践""具体历史"中的人。1846 年马克思恩格斯在《德意志意识形态》中进一步阐述："全部人类历史的第一个前提无疑是有生命的个人的存在。"③ 进而，我们可以发现，马克思恩格斯将人的本质与"人的物质生产活动""生产方式"等充分结合在一起了。"因此，他们是什么样的，这同他们的生产是一致的——既和他们生产什么一致，又和他们**怎样**生产一致。"④ 总体可见，实践在马克思主义理论中有着至高无上的地位。同样，实践也在马克思主义人本质观中有着特殊

---

① 《马克思恩格斯全集》第 42 卷，人民出版社 1979 年版，第 96 页。
② 《马克思恩格斯选集》第 1 卷，人民出版社 1995 年版，第 56 页。
③ 《马克思恩格斯选集》第 1 卷，人民出版社 1972 年版，第 67 页。
④ 《马克思恩格斯选集》第 1 卷，人民出版社 1995 年版，第 68 页。

的位置，它是马克思主义人本质观的一个动力源泉。正是实践不断催生着人的本质得到实现。

现阶段，信息文明之所以有旺盛的生命力，不是因为它是一种强有力的思辨活动，也不是因为它是一种新颖的说教产物，而是因为信息文明能够扎根于社会实践，甚至信息实践比过往的社会实践更加注重社会实践的效果，信息文明语境中的实践更具有独特的视角，拥有的空间更为广阔，也给予了人本质观一种新的理解语境。信息实践，作为人类社会实践的一个发展阶段，这一时期，技术的效能发挥比过往任何实践阶段都更强大，原始人类时期，传统一平方公里的土地很难养活一个猎人；农业文明时期，一平方公里的土地可以养活一个家族；工业时期，一平方公里面积可以建立一个工厂，产品可以解决一个乡镇区域内人的生存问题；信息时期，一平方公里面积可以建立起一个柔性制造系统的无人工厂，通过智能技术，速度与精度影响到世界范围。这就是信息实践的作用，它比过往任何一个时期的社会实践都更复杂，在这个过程中，人手和人脑不断获得解放。信息实践，与农业实践、工业实践一起，是人类社会处于不同发展序列下的实践关怀，在信息实践中，自动的机器体系，世界化的影响范围，产业结构优化升级，社会关系重构，人的行为方式转变，思想观点更新等实践特征，促进了社会经济、政治、文化思维等全面的变化。这些现实的变化必然会引起马克思主义人本质观在具体语境中的表述。但是，这不仅没有改变马克思主义人本质观的科学性，反而更加证明了马克思主义人本质观的历史唯物主义特性。毕竟马克思主义人本质观始终是与社会生产力发展密切结合的，始终是与当时的技术形态、生产工具紧密相关的。探究信息实践本身就是对马克思人本质观中的实践思维的具体化、延伸化肯定。正如马克思在《哲学的贫困》中指出："手推磨产生的是封建主的社会，蒸汽磨产生的是工业资本家的社会。"① 信息实践，在根本上成了新时期探究马克思主义人的本质思想最新鲜的血液。

三 信息需要需求：凸显出人具有超越生命需要方面的发展本质

马克思主义人本质观在自身的理论体系构建中非常注重人的需求。正

---

① 《马克思恩格斯选集》第 1 卷，人民出版社 1995 年版，第 142 页。

如马克思曾经指出："任何人如果不同时为了自己的某种需要和为了这种需要的器官做事，他就什么也不做。"① 通过仔细推敲马克思这句话，我们发现一个人也只有在不断满足自身需要的过程中，才能实现社会的发展、实现自身的本质。那么，这里的需要是什么呢？是一种单纯动物式的自然需要吗？还是强调一种人作为人的特殊需要呢？还是一种综合体？究竟哪一种需要是核心？对于这些需要问题，毛泽东曾经要求："共产党员无论何时何地都不应以个人利益放在第一位，而应以个人利益服从于民族的和人民群众的利益。"② 江泽民认为，"既要着眼于人民现实的物质文化生活需要，同时又要着眼于促进人民素质的提高……"③ 科学发展观强调："社会主义物质文明、政治文明、精神文明协调发展。"④ 习近平指出，"发展愈是向前，愈是要体现在改善人民的生活上"⑤。基于上述论断，我们能够发现，人的需要是多样的，有层次的，但是，要将人的本质和动物的本质、人的需要与动物的需要区别开来，那就凸显出了人的需要本身的"超越性"特征，"已经得到满足的第一个需要的本身，满足需要的活动和已经获得的为满足需要用的工具又引起新的需要"。⑥ 由此可知，马克思主义的人的需要理论是具体的、社会的、历史的，"他们的需要即他们的本性"⑦，也就是说，人的需要本质是具体的、社会的、历史的，离开了人的需要，我们既不真正理解实践的变化发展，也不能真正看清人的本质。马克思曾经指出："野蛮人为了自己的需要，为了维持和再生产自己的生命，必须与自然进行斗争一样，文明人也必须这样做……"⑧

信息文明，正是在此意义上，具有了"需要"的意义空间。信息需要，既可以作为传统的生产需要、发展需要等需要系列去理解，也可以作为一种独特的需要本身去理解。因为这种需要一方面渗透进了人类需要的方方面面，另一方面这种需要颠覆了传统需要的逻辑。比如，经济领域的

---

① 《马克思恩格斯全集》第 3 卷，人民出版社 1995 年版，第 286 页。
② 《毛泽东选集》第 2 卷，人民出版社 1991 年版，第 522 页。
③ 《江泽民文选》第 3 卷，人民出版社 2006 年版，第 294 页。
④ 胡锦涛：《在中央人口资源环境工作座谈会上的讲话》，人民出版社 2004 年版，第 3 页。
⑤ 《习近平总书记系列重要讲话读本》，学习出版社 2016 年版，第 214 页。
⑥ 《马克思恩格斯全集》第 3 卷，人民出版社 1995 年版，第 22 页。
⑦ 《马克思恩格斯全集》第 3 卷，人民出版社 1960 年版，第 514 页。
⑧ 《马克思恩格斯全集》第 25 卷，人民出版社 1995 年版，第 126 页。

信息需要方面，在资源耗损方面，我们越来越注重低能耗生产，在招聘工人时，我们越来越倾向于选择知识工人，在经济发展战略上，我们越来越考虑信息资源的意义；政治领域的信息需要方面，电子自由、信息表达权利越来越被人民所关注，同时，传统政治的文字权威中心也正在转向网络信息中心，劳资关系调整也逐步得到了重视，一系列的虚拟的政治团体正在摆脱地域限制，逐步发挥出越来越大的社会效应；文化领域的信息需要方面，世界文化的兼容性需要不断增强，文化传播速度的时效性、多样性需要不断提升，后现代主义、信息主义等不断出现的社会思潮就是明显的标志；思维认识领域的信息需要方面，信息需要不断地介入我们的心灵世界，不断地破译我们的信仰、情感和记忆。总而言之，一方面我们看到了信息文明语境下人的需要多样性，人的需要具体性；另一方面，无疑，我们也看到了人的需要的社会性、历史性以及超越性，这充分印证了马克思主义人的需要理论的科学性。

四　信息社会：印证出只有在共同体中才可能有个人自由

马克思主义的自由观、解放观，是其人本质观的具体化延伸，都是在实践、社会等层面去寻找答案。从这个意义上来看，费尔巴哈的"类"已经到了他所在那个时代的他所能达到的"最高点"，可惜的是，费尔巴哈不能理解基于需要的人类实践，最终他与科学的人本质观擦肩而过。在马克思看来，人在实践过程中才能在认识和改造世界中获得人的自由，最终实现人的本质力量。"个人是什么样的，这取决于他们进行生产的物质条件。"① 在古代社会，人类很难对自身做出科学的定义，就是因为人类实践水平、分工水平都不发达，与自然人差异不大，正是伴随着社会大踏步前进，人类社会文明形态不断发生剧烈的变迁，我们才能对人的本质做出越来越倾向于社会的定义。在马克思看来，人作为"社会关系的总和"，② 不仅受到自然条件限制，而且还受到社会现实的约束。在马克思恩格斯看来，实现自由需要具备两个方面的条件：第一个条件是科学技术等生产力层面，要消除人的异化，使每个人都获得最大限度的自由和解放

① 《马克思恩格斯选集》第 1 卷，人民出版社 1995 年版，第 68 页。
② 同上书，第 60 页。

的具体条件，都是以生产力的巨大增长和高度发展为前提的。第二个条件是合理的社会制度。在马克思恩格斯看来，只有在联合共同体中人类才能实现自由和全面发展。这里他们批判过往的"国家"，都是虚假的少数人的共同体。而马克思恩格斯要建立一种真正意义上的共同体，即共产主义社会。由此可见，马克思恩格斯的自由观并不是抽象的，都是以生产力为基础，具体的、历史的。在列宁看来，"世界不会满足人，人决心以自己的行动来改变世界"①。毛泽东认为，"自由是必然的认识和世界的改造"②。

信息社会，不仅没有降低这种趋势，反而更加强调一种高质量的社会关系存在，这一趋势足以证明马克思主义"只有在共同体中才可能有个人自由"的科学论断。其中，传统政治关系、经济关系、文化关系等具体社会关系一方面得到进一步的优化提升、加强；另一方面在信息技术的协同下，跨地域、跨时空的具体社会关系发展要求越来越超前，同时，经济文化化、政治经济化、文化经济化等趋势不断加强。最后，虚拟与现实的关系越来越无缝对接。这里的信息社会，更像是一个升级版的社会关系网，也正是在这样的语境中，我们深刻理解马克思主义人本质观当中只有共同体才可能有个人自由的深刻内涵。

第四节　信息文明向马克思主义人本质观 提出了实现新发展的课题

马克思主义作为一种颠扑不破的真理，是科学性和崇高革命性的统一体，在新时期，在时代浪潮过程中，在国际风云的变幻中，在人类实践的不断实践中，愈来愈展示出自身生命力的顽强和旺盛。同时，信息文明，作为人类社会发展的一个突出阶段，正是马克思主义人本质观必须面对的一个阶段，也只有在不断解答来自具体社会的现实问题时，马克思主义人本质观才能不断地获取新的解释力，才能不断有更大的时代话语权。

---

① 《列宁全集》第 55 卷，人民出版社 1990 年版，第 183 页。
② 《毛泽东著作选读》下册，人民出版社 1986 年版，第 485 页。

一 在信息文明语境下，"劳动创造了人本身"是否存在一种虚拟镜像呢？

马克思主义认为，"从某种意义上，劳动创造了人本身"，这里的劳动显而易见是具体的、历史的。随着社会的发展，在信息文明语境下人类社会出现了虚拟劳动这样一种有别于传统劳动的具体现象。作为一种现实劳动的延伸部分，虚拟劳动能否参与到人本身的创造？笔者不禁追问，有虚拟劳动参与人的本质会是怎样的呢？究竟什么是虚拟劳动？虚拟劳动和现实劳动的区别在哪里呢？一个既有虚拟劳动又有现实劳动的具体劳动如何去理解其中的虚拟性和现实性呢？我们能否站在"归根到底"的现实劳动立场上无视五彩缤纷的虚拟劳动存在？假如可以忽视这些虚拟劳动，那么这些虚拟劳动的存在又有什么意义呢？假如不能忽视这些虚拟劳动的存在，那么，其又是如何存在的呢？如何影响现实劳动、人本质观的呢？马克思主义人本质观如何在充分解读虚拟劳动中获取更强的生命力呢？虚拟劳动越来越近，在信息文明语境下，人们周围所遇到的虚拟现象越来越多，人类正处于一种一切被虚拟化，甚至虚拟掉一切的环境当中，笔者不禁反思这样的虚拟之近、虚拟之多是否会更加凸显出人的本质，还是不断遮掩住人的本质？会改变人的本质以及人本质观吗？这些问题关乎信息文明语境下的人的根本性存在。要回答系列问题，一定需要对照社会在前虚拟、非虚拟状态下与后虚拟、强虚拟状态下的区别，那么，在非虚拟社会，人的本质是怎样的呢？劳动在其中扮演着怎样的角色呢？在后虚拟社会，人的本质又发生了什么样的变化呢？劳动又会扮演怎样的角色呢？假如，正如学者所言，在信息文明语境中，虚拟劳动与虚拟消费特征上逐步趋同，我们是否能讲"虚拟消费创造了人本身"呢？

二 在信息文明语境下，"一切社会关系的总和"是否存在一种信息加数呢？

马克思曾经做出了一个经典的论断，在现实性上，人的本质，即一切社会关系的总和。在信息文明语境下，经济关系、政治关系、文化关系、思维关系、生态关系等诸多社会关系方面出现了信息化的现象，并且伴随着信息文明的不断渗透，一系列区别于传统的政治经济化、经济政治化、文化政治化、政治文化化以及经济文化化、文化经济化等特殊现实也日益凸显，特别是人们在社会关系领域越来越注重信息技术的主导因素等现象的出现，我们能否基于上述事实推断，在人的现实本质上，"一切社会关系的总和"也可以具有一定的信息加数呢？具体而言，经济关系信息化，我们是将其理解为一种单纯的经济关系呢，还是一种"经济关系＋信息关系"呢？倘若将其理解为经济关系，那么，信息化的意义何在呢？假如将其理解为一种"经济关系＋信息关系"，其中两者的构成关系又应该如何定位呢？政治关系信息化、文化关系信息化、生态关系信息化、思维关系信息化以及信息化语境下的各大领域交叉化等都有如此问题。信息关系可否作为一种现代社会关系的侧面而存在呢？假如存在，它又能如何介入人的社会现实本质呢？是一种社会关系的附属品，还是一种新颖的社会关系呢？在与传统社会关系交互过程中，人的现实本质会发生怎样的变化呢？

三　在信息文明语境下，"人的本质的充实"能够获得信息需要的证明吗？

马克思恩格斯将需要作为"人的本质的充实"，当然，需要在马克思主义者看来，一定是与生产力、具体实践、社会关系等方面有着密切的联系。究竟在信息文明语境下，我们的需要又发生了哪些不同于传统社会的需要呢？在信息文明语境下，人的时空存在界域不断被拓展，人们之间的交互内容和形式不断被丰富，人们在政治、经济、生活、文化、教育等方方面面的物质和精神需要逐步得到了新的满足，同时也不断延伸出一些新的信息需要。无论是作为一种直接的需要出现，还是一种间接的需要方式出现，信息技术都成了人类生活整体中一个极其重要的方面，与此同时，信息需要还引发了需要本身的深刻变革。那么，这里的信息需要能够成为人的本质领域的具体充实吗？甚至信息需要是一种独立的存在吗？假如我们只是通过信息手段满足一种传统的需要，那么，这是一种传统需要呢，还是一种"传统需要＋信息需要"呢？如果只是一种传统需要，那么我们的信息化有何用？假如我们讲这是一个信息化了的传统需要，那么其中的信息需要又能够占几成比例？这里的信息需要是真实的需要吗？信息需要的出现一定能够解蔽人的本质吗？假如信息需要常态化，那么，信息需要能否成为当下人的生活必需品？在满足人的需要、实现人的本质道路上，信息需要又能扮演怎样的角色呢？我们尝试将信息需要与马克思主义关于人的需要的论断进行比较，或许可以发现其中的答案。

四 在信息文明语境下，"自由人联合体"是否具有一种信息条件呢？

通过"自由人联合体"，我们看到了马克思主义人本质观的最终实现。马克思恩格斯这里的自由不是一种抽象意识层面的自由，而是一种具体的、社会的、历史条件下的自由。在信息文明语境下，自由往往会受到信息相关的渗透和影响，这体现出了自由的多层次性，也是我们对自由认识、自由实践发展到一定阶段的必然产物。我们不禁要追问，受信息技术影响的计算机、数字化自由，被信息传输和信息保存等方面强化了的自由，是否会改变人们的自由认识、自由观念和自由生活？究竟这里带有信息化元素的自由与其他自由是什么关系呢？是一种相互排斥，还是一种优越？与此相关的就是，我们应该秉承一种什么样的自由价值观和情感呢？这究竟会延伸我们的自由视野呢，还是束缚我们的自由视野呢？这种切入自由的研究范式是否有意义呢？后信息技术时代的自由会是什么样子呢？"基因＋信息＋纳米＋宇宙"文明时代的自由，现代人还可以想象吗？过去的"农业＋工业"时代的自由，我们是否已经可以全面看清？

众所周知，这里的马克思主义，既不是一种纯技术指向的马克思主义，也不是一种单单生产力指向的马克思主义，而是属于一种全方位的马克思主义，面向社会、面向大多数人的马克思主义。以此类推，马克思主义人本观，也不是一个孤立的概念，而是标志着一种丰富的、具体的、历史的、社会的人的抽象概念，这里的人是处于一定社会关系中的人，是有着自身各方面需要的人，是具体劳动、实践中的主体，是追求自由、解放、发展的人。由此可见，信息文明与马克思主义人本观的结合本身，并不是一种信息技术视域下的马克思主义人本观探究，而是一个融合着信息生产力、信息经济资本、信息文化、信息政治等层面的马克思主义人本观探究。尽管信息文明与马克思主义人本观的新发展在研究内容层面有较多的内容涉及，但是，从夯实理论根基层面来看，有几点研究特征需要加以特别把握，比如，（1）需要辩证地看待这个研究主题。我们需要辩证地看待信息文明以及马克思主义人本观。我们在理解信息文明时，不能将其孤立起来，而是需要将信息文明与传统文明形态对照起来研究，需要在现实生活中互促互进地看待两个文明。对待马克思主义人本观也是这样，既要看到马克思主义人本观的科学性、指导性，同时也要不断地去丰富马克思主义人本观在当下的解释力、话语权。（2）需要抓主要方面去看待这个研究主题。信息文明与马克思主义人本观内容固然丰富、复杂，但是只要我们紧紧抓住其主要特征，研究体系也就会清晰很多。就信息文明而言，主要是强调其"共享、虚拟、去中心、兼容、系统、便捷"等特征，以及弱"物质、精神、农业、工业、文字、口语、人手、人脑、流水化、时间、空间、独享、私有、天然"等特征。就马克思主义人本观而言，实际上主要是强调其"重生产力、重物质、重经济、重实践、重社会、重大多数人、重辩证、重历史、重革命、重阶级、重批判"等特征。（3）需要系统地考虑这个主题研究。将信息文明与马克思主义人本观的新发展结合起来研究，需要注重一种互渗、互促的研究效果。比如，在思考信息文明时代的人的不公平处境、人的精神污染、人的网络不道德时，需要注重从阶级、历史、社会正义角度去考虑，需要考虑到资本主义社会对于信息资本、信息权力的控制，需要从信息现象中看到利润的力量；需要站在以人为本的角度、站在大多数群众利益的角度去批判信息为本的社会发展、神秘信息主义、万能信息主义、虚无信息主义等思潮；需要在信息文明语境下，去发挥马克思主义关于无产阶级、工业文明、社会主义、共产主义、剩余价值、唯物史观的科学理论力量，去回应所谓资本主义抽象的文明观、资本逻辑观、自由观，进而反对资本主义对于信息的一种牵引；最终是要站在历史唯物主义的角度、阶级分析法的角度去探究人的处境、人的本质。毕竟，资本主义制度本身是具有一定反信息特征的，虽然其自身可以实现一定的信息困境解蔽，但是并可能完全克服信息危机，是不可能真正实现一种信息文明的，也就是说，只有不断深入地解蔽信息文明与具体的、社会的、历史的关系，不断地解蔽人的本质与信息文明，我们才有可能逐步地实现一种马克思主义人本观的新发展。

第五章

在人的类本质上：虚拟劳动介入到
"劳动创造了人本身"之中

不完满才是人生。

——季羡林

人的类本质在马克思主义人本质观当中占据着重要的位置，承担着几个方面的重要角色：（1）人的类本质强调人区别于其他自然物的一种特殊存在，这是一种对人之为人的质的规定性。（2）马克思主义理论中的人的类本质，并不是单纯地描述人与动物的区别，更是凸显资本主义社会中人的类本质异化，并希望在社会变革目标中实现人的本质。（3）在人的类本质内容上，马克思恩格斯不仅仅肯定了人的类本质存在，而且将人的类本质指向了"自由自觉的活动"①"生产他们所必需的生活资料"②"创造一个对象世界，改造无机的自然界"③ 等方面。（4）马克思的类本质论述超越了费尔巴哈的自然认识性，着重于从唯物主义历史观层面去探究类本质。

总起来讲，在马克思主义看来，人是有类本质思想的，在内容界定上马克思主义将人的类本质理解为劳动，接下来，马克思主义将类本质的异化理解为劳动的异化，这种异化的结果直接导致了私有制和资本家的产生。如何才能克服这种异化呢？那就是要消灭私有制，通过共产主义实现

---

① ［德］马克思：《1844 年经济学哲学手稿》，人民出版社 2002 年版，第 50 页。

② 《马克思恩格斯选集》第 1 卷，人民出版社 1995 年版，第 24 页。

③ ［德］马克思：《1844 年经济学哲学手稿》，人民出版社 2002 年版，第 51 页。

人的类本质回归。在人的类本质上，恩格斯做出了最为详尽的论述："在某种意义上，劳动创造了人本身。"① 从逻辑上来看，也就是人本身不是从来就有的，而是需要有一个"如何成为人"的劳动原因、前奏。一旦我们去分析一个具体时代的人，一定会有一个得出这个时代人的具体的原因。那么，信息文明语境下的人是如何出现的呢？是否也存在一个信息文明语境下的劳动前奏呢？这种信息文明语境下的"劳动因"是什么样子的呢？本章尝试围绕这一系列问题探究一下，进而揭示出虚拟劳动语境中"劳动创造了人本身"的特征、镜像。

第一节　"劳动创造了人本身"的科学解读

恩格斯在《劳动在从猿到人的转变中的作用》开篇段落中就精辟地阐述道，"……我们在某种意义上不得不说：劳动创造了人本身"②。总体上来看，这句话深刻地揭示出了劳动与人的起源、生成和形成之间的关系，在马克思主义人本质观整体上具有重要的地位。那么究竟恩格斯这句话包含着什么具体的含义呢？在现实语境下，我们又应该如何去把握这个著名的论断呢？

一　"劳动创造了人本身"的字面含义

总起来看，"劳动创造了人本身"具有以下几层意思。

第一重含义，在于"某种意义上"，恩格斯通过"某种意义上"，实际上限制了"劳动创造了人本身"的使用范围。那么，究竟这个"某种意义上"是什么含义呢？根据前后文，可以发现这样的一句话，"机体从少数简单形态到今天我们所看到的日益多样化和复杂化的形态一直到人类为止的发展序列，基本上是确定了"③。这句话就基本上清晰地解析出了恩格斯的"某种意义"，实则指的是达尔文学派关于"低等动物—高等动物—人"的进化序列，进而也折射出了恩格斯对这种思想的部分认可。

---

① 《马克思恩格斯选集》第 3 卷，人民出版社 1972 年版，第 508 页。

② 同上。

③ 同上。

第二重含义，恩格斯又在"适应和遗传引起机体变异"具体层面，进一步强调了"劳动"对人本身的创造作用。"甚至达尔文学派的具有唯物主义精神的自然研究家们对于人类的产生也没有提出明确的概念，因为他们在这种唯心主义的影响下，认识不到劳动在这中间所起的作用。"①通过深入地分析恩格斯这句话，我们可以发现，恩格斯实际上是在弥补达尔文学派纯生物学、生物规律的人的进化论，并在此基础上揭露了动物与人这对远房亲戚在本质层面的区别，"动物仅仅利用外部自然界，简单地通过自身的存在在自然中引起变化；而人则通过他所作出的改变来使自然界为自己的目的服务，来支配自然界。这便是人同其他动物的最终的本质的区别，而造成这一差别的又是劳动"②。当然，恩格斯并没有止步于提出自己的观点，在具体方面，恩格斯也对劳动的创造作用进行了全面的阐述：（1）劳动使古猿手脚分工，直立行走；（2）语言是从劳动中并和劳动一起产生出来的；（3）首先是劳动，然后是语言和劳动一起，成了两个最主要的推动力，在它们的影响下，猿脑就逐渐地过渡到人脑。

劳动创造了人本身，往往给人们的认识是"劳动创造了人"。实际上，仔细究来，这是两个不同的论断。那么，究竟恩格斯的人本身又有什么样的良苦用心呢？当然，单单从字面上来看，这里的"人本身"仅仅比人多了一个"本身"，但是在实际上，恩格斯的"本身"并不是一种"蛇足赘语"，而是在后面还有着两层深奥的哲学道理。（1）标志着同猿最终分离的人的进化区别。（2）"人本身"不等于"人"。抑或讲，这里的"人本身"还不是我们现在意义的"人"，而是一种"没有完成的人"。关于这一理论，恩格斯做出了具体的阐述。恩格斯在分析人猿相揖别的过程中运用了"攀树的猿群""正在生成中的人"和"完全形成的人"三个不同的阶段概念。其中，第一个词"攀树的猿群"，主要是用来描述四足行走且能臂悬行动的"人类和现代猿的共同祖先"；第二个词"正在生成中的人"，主要是用来描述人类的直接祖先，即"从猿到人过

---

① 吕世荣：《劳动创造了人本身是历史唯物主义的重要命题》，《中国社会科学报》2011年1月28日。

② 同上。

渡期间的生物";① 第三个词"完全形成的人",主要是用来描述具有血缘家族结构的社会边界的同猿最终分离的直立人②,即人。"随着完全形成的人的出现又增添了新的因素社会。"

恩格斯对于这个问题的论断并不是随意论述,后来,他在《家庭、私有制和国家的起源》1891 年第 4 版中,进一步对"正在生成中的人"向"完全形成的人"的转变做了详尽而完备的阐述。在恩格斯看来,"正在形成中的人"是一种"没有武器的个体自卫能力不足的动物",这一时期"TA"们正在脱离动物的状态之中,这是一个伟大的阶段,但是如何才能实现这一过程的跨越呢?我们在恩格斯那里得到的答案是"群的联合力量和集体行动"③。不断追问下去,如何才能形成一种"群的力量和集体行动"呢?恩格斯将这种条件理解为"成年雄者的相互宽容,嫉妒的消除",并把这一条件界定为"动物向人转变"的首要条件。正是在这个意义上,马克思指出:"人是最名副其实的社会动物,不仅是一种合群的动物,而且是只有在社会中才能独立的动物。"④ 毫无疑义,在马克思恩格斯那里,社会成了"完全形成的人"的标志,终结了从猿到人的转变过程。

根据上述论述,可以得出这样的一个结论,"人本身"是直立行走的、有语言和思维功能的但又没有"同猿最终分离"的"正在生成中的人"。虽然,这里的"人本身"具备了接近于"完全形成的人"的生理特征。毫无疑义,虽然"正在生成中的人"具备了使用和制造工具的可能,但是由于它还没有实行和终止杂乱的性交关系,就还不能将其界定为社会的人。通观马克思主义经典作家相关文本,恩格斯没有主张过"劳动创造了人"。所谓"劳动创造了人",由来于对恩格斯关于劳动与人的起源、生成和形成关系的观点——"我们在某种意义上不得不说:劳动创造了人本身"的掐头(我们在某种意义上不得不说)和去尾。审视"劳动"

---

① 目前已知的"正在生成中的人"的早期代表是腊玛古猿,生存年代距今约 1400 万—800 万年;晚期代表是南方古猿,生存年代约为 550 万—100 万年前。

② 在中国,习惯上把直立人称为猿人。其生存年代距今约 170 万年或 150 万年前至 30 万年或 20 万年前。地质年代属更新世早期至中期。

③ 《马克思恩格斯文集》第 4 卷,人民出版社 2009 年版,第 188 页。

④ 《马克思恩格斯选集》第 3 卷,第 517 页。

在从猿到人转变中的作用，它不是唯一的，而只是许多规定的综合的一部分。在这些许多的综合部分当中，有一个因素特别重要，那就是"社会因素"。

二 "劳动创造了人本身"的结论与启示

通过解读恩格斯的"在某种意义上，劳动创造了人本身"这一论断，我们可以初步得出以下几种结论：（1）人的机体劳动在人的性能、本质形成过程中地位十分重要；（2）在人的本质形成过程中，有以下几个因素起到了至关重要的作用：人的头脑、人的双手和挺立而行走的全躯；（3）身躯的直立行走促使了人手的解放，然而双手的灵活使用，则直接促使人脑的灵活开化；（4）与此同时，人们在生产活动和共同协作中逐步促使了语言的形成，语言的发达则直接促使大脑的神经特殊发达；（5）大脑在其中起到了搜集情报、做出决策的作用；而情报则是来源于感官器官，不同时期不同人对事物的感官不同，于是可以说明生命彼此不同；（6）起初的劳动并没有形成最终的人，也就是说这里的人应该是形成中的人；（7）劳动与社会因素在人的形成过程中只有发挥合力才能形成人。

通过上述对于"劳动创造了人本身"的解析，我们能够发现，这里的劳动并不是一种完全抽象的劳动，其自身具有极强的具体性和客观性，这里的劳动不是一种主观臆想的，而是一种与其他具体因素、事物紧密联系在一起的存在。比如，劳动与社会因素等客观存在一起，在人的形成过程中发挥了至关重要的作用。假如我们将世界理解成一个不断变化发展的，身在其中的人是否也是变化发展的呢？似乎答案和结论是肯定的，那就是人本身也是处于一种不断进化演变的过程中。不断追问下去，这里的人的演变主要是通过什么发生呢？还是劳动和社会因素的效应发挥吗？假如劳动和社会因素继续在人的本质形成过程中扮演一定的角色，那么，现在人的全景是怎样的呢？现代的劳动全景又是怎样的呢？特别是在信息文明语境下，人们在传统劳动过程中不断受到一些虚拟因素的影响，那么这些虚拟劳动是否会对牢固的人的本质赋予一定的虚拟特征呢？究竟虚拟劳动又能对人、人本身、完成的人发挥出多大的效果呢？虚拟劳动的出现对马克思主义人本质观而言有什么意义呢？

第二节　虚拟劳动的出现和概念理解

　　纵观人类社会劳动实践历史，可以简单概括为经历了一个"从简单到复杂"的漫长过程，人作为主体在一头，自然作为客体在一头。伴随着劳动实践的发展，人对于劳动实践的认识也在不断地演变、升华，基本呈现出"从客体之本、经主体之本到达主客体之本相结合"① 的演变过程。这反映出了人类在劳动实践发展和观念更新过程中，不断地调节着主客体之间的认识、关系和矛盾。正是在这样的一种情况下，信息文明、信息实践如约而至。在信息文明语境下，信息、网络不再充当单纯的劳动资料、生产中介和交往工具等角色，逐步地开始渗透进社会劳动实践系统。不同于传统文明语境下的现实劳动（可以感知的、具体的、受时空限制的体力劳动和脑力劳动），信息文明语境下的劳动形式凸显出一种新颖的作为身体缺位的虚拟符号劳动，即以一个既虚又实的劳动形式存在，这是一种形成信息文明语境下人的"劳动因之一"吗？抑或讲，"在某种意义上，劳动创造了人本身"是否可以存在一定的虚拟特征呢？不同于传统劳动形式的虚拟劳动是否会创造出一种虚拟人本身呢？这里的虚拟劳动是什么呢？虚拟劳动究竟会对人的心理、思想、需要和社会关系等方面产生怎样的影响呢？作为信息文明语境下的劳动实践环节中的主体到底会发生怎样的改变呢？虚拟劳动者、信息主体的产生，是否意味着人的本质逐渐发生了一种新的更高层次的不可逆变化呢？结合马克思主义主客体关系，在探究虚拟劳动者、信息主体等基础上，尝试对这一虚拟劳动实践的新部落进行深入研究。

一　虚拟劳动的出现

（一）从精神虚拟到信息虚拟

　　从概念上来看，虚拟在传统语境中主要是强调不符合或不一定符合事实的情况（unreal）；凭想象编造的事物（fictitious；invented）。这里的

----

　　① 高峰：《发展理论全球化转向的分析范式及启示》，《江海学刊》2002 年第 6 期，第10 页。

虚，从虍（hǔ）从丘，本谓大丘，引申为空虚、空、不真实、内心怯懦、衰弱、不自满、抽象；这里的拟，本义是强调"初步设计，尚未定稿"①"虚构、模仿"②。如《红楼梦》中："独有那些无赖之徒，听得贾府发出二十四个女孩子来，那个不想？究竟那些人能够回家不能，未知着落，亦难虚拟。"③叶圣陶在《病夫》中写道，随后就没有什么可说了，不应心的话原是很难虚拟的。由此可见，虚拟一词多与精神层面的非现实、不实在等幻想有关。但是，自人类步入信息文明以来，虚拟的含义与使用重心发生了改变，正在逐步进入到一种"信息虚拟"境界。比如：（1）从社会现象来看，虚拟现实（Virtual Reality）、虚拟现实技术、虚拟运营商、虚拟试衣镜、虚拟货币、虚拟主机、虚拟光驱、虚拟信用卡等用语逐步出现。虚拟，由此也开始了逐步转向由高科技实现的仿实物或伪实物的技术以及网络服务、电子服务、数据交换等新型互动方式，主要是强调通过借助于信息技术（虚拟处理机、虚拟内存、虚拟外部设备、虚拟信道等）、信息逻辑去对应、描述一个物理层面的实体。这里的物理实体是实在的，是客观存在的，这里的"信息技术、信息逻辑"，虽然不是物理实体自身，但是，用户也可以借助于 VR 光学捕捉系统、触觉按钮和震动反馈交互系统，如虚拟现实手柄，再加上眼球追踪技术、肌电刺激模拟系统、手势跟踪系统、方向追踪系统以及语音交互系统等，获得十足的沉浸感并进入到一个虚拟世界。（2）从学术探究层面来看，虚拟在特征层面也正逐步走向其对立面现实性、实在性。正如钱学森将 VR（Virtual Reality）看作是"灵境技术"；克里斯托夫·霍洛克斯的《麦克卢汉与虚拟实在》④、翟振明、孔红艳的《有无之间：虚拟实在的哲学探险》⑤、刘同舫的《虚拟实在——网络社会新范畴对传统哲学的挑战》、郑元景的《虚拟生存研究》等作品已经介入了这个问题的研究，并将其论述为虚拟实在。翟振

---

① 《易·系辞上》：拟之而后言，拟之而后动。

② 《说文》：拟，度也；《周礼·射人》："行止而拟度焉"；《汉书·李广苏建传》："复举剑拟之。"

③ 曹雪芹：《红楼梦》，人民文学出版社 1996 年版，第 94 页。

④ 〔英〕克里斯托夫·霍洛克斯：《麦克卢汉与虚拟实在》，刘千立译，北京大学出版社 2005 年版，第 3 页。

⑤ 翟振明、孔红艳：《有无之间：虚拟实在的哲学探险》，北京大学出版社 2007 年版，第 4 页。

明通过论述虚拟世界和现实生活的特征，认为虚拟世界是真实的。由此可以看出，虚拟的概念已经不再是原来的虚拟，在信息文明语境下，虚拟与信息数字技术的关系越来越紧密。一些传统的虚拟相关概念开始获得新型的解读，一些现代的虚拟概念也不断涌现出来。

（二）从"虚拟"到"虚拟＋劳动"

当前，虚拟正在沿着"虚拟—虚拟现实—增强现实（Augmented Reality）—物联网"的趋势不断发展。这里的虚拟现实，主要是强调通过数据传感、仿真建模等技术构建的沉浸式人机互动的虚拟环境；这里的增强现实，主要是强调"在计算机系统提供的信息增加用户对现实世界的感知技术，并将计算机生成的虚拟物体、场景或系统提示信息叠加到真实场景中，从而实现对现实的增强"。① 在这个趋势中不断催生着人、网与物的"新交互模式"，在这样的全息世界，人类在不断制造着信息产品的同时，也在个性化制造着自己，在这样的背景下，人积极主动地走向一种"技术化的客体"。② 虚拟的变化不仅仅存在于概念层面的使用变化，而且还存在于现实层面的影响力增强。虚拟化一切，一切虚拟化。1993 年著名的虚拟技术专家克鲁格（Myron Krueger）在海姆（Michael）的《从界面到网络空间——虚拟实在的形而上学》一书序言中讲道："……虚拟实在……可以用于人类的每一种活动……虚拟实在便在本质上成为一种新形式的人类经验……"克鲁格所说的新形式的人类经验，属于自然世界所无法提供给人类的人工网络信息新体验、比特新认识等。（1）物质生产活动以及社会生活越来越信息化、虚拟化，这已经成为当代社会发展的一个重要事实和趋势。（2）"虚拟＋"相关也逐步从"物质＋"和"精神＋"中分离出来，并且能够对物质和精神产生重大的影响。这一趋势说明，虚拟正在成为人类重要的生存活动方式，虚拟劳动已经成为重要的实践形态，同时，也成为人类生产和社会进步的核心动力。

虚拟劳动，简而言之，就是依赖于虚拟现实技术（比如，索尼公司的头盔式眼镜 HMD，以及 2015 年秋问世的与谷歌眼镜具有同等功能的

① 吴标兵：《信息哲学视阈下的物联网隐私本质及其困境》，《理论月刊》2016 年第 2 期，第 36 页。
② 同上。

EPSON 透视型眼镜显示器）的劳动。从一种概念充实角度来看，除去虚拟技术工具的层面，虚拟劳动还涉及面对虚拟对象、造成虚拟改变、创造虚拟财富、形成虚拟产品等。从含义上来看，虚拟劳动不同于一般的体力劳动、脑力劳动、简单劳动，特指一种具有较强突破性的超越性的无形的却能给经济带来报酬递增效应的创新性劳动。虚拟现实技术（Virtual Reality，简称 VR，日本称为假想现实和人工现实感）正备受科技界关注。甚至有人断言，2016 年是虚拟现实产业爆发元年。1989 年，伴随着美国 VPL 公司的数据手套（data glove）以及美国国家航空航天局开发的实用型头盔式显示器（HMD）的问世，VR 一词逐步为人所知。基于昂贵的成本，初期的虚拟技术仅仅应用于开发领域，时至今日，随着计算机、传感器、显示器等硬件的进步和性价比的飞速提高，以及图像和语音的识别及合成等软件技术的进步，虚拟现实技术在购物、通信、远程作业、教育训练、医疗、娱乐游戏、艺术等生活领域中已经比较常见。具体到虚拟劳动层面，主要是体现在远程遥控机器人进入人无法进入的环境中作业，使用船舶、飞机、飞船模拟驾驶器的驾驶和操作训练，一些旅游景点的虚拟情景再现，电商购物用的虚拟商店等。

虚拟劳动在这里可以看作是一种新的劳动形态，体现出了劳动的多层次性、多样性，属于虚拟技术对于劳动的全面渗透，是人对劳动的社会认识、社会实践发展到一定阶段的必然产物。孤立的一种体力劳动、脑力劳动、虚拟劳动形态是很难存在的，现实中存在的往往是一种混合着多种劳动形态的综合体，虚拟劳动一方面体现出了人们在人的劳动问题上对虚拟技术的重视，另一方面也折射出人们对于虚拟技术新特征的具体劳动以及人的本质层面追问。仅仅虚拟不是劳动，同时，劳动也不是虚拟本身，但是将两者结合在一起，作为一个关系型概念出现，依然能够得到人们的赞同和支持，原因就在于劳动的变迁与虚拟信息技术是分不开的，虚拟技术的发展是不可能远离劳动问题的。虚拟劳动就是信息文明语境下的一种劳动方式，此时劳动受信息技术影响，带上了信息、计算机、数字化等层面的虚拟烙印。从字面上看，虚拟劳动是强化了劳动的虚拟性功能，深层次方面，虚拟技术可以直接促使人的劳动观念和劳动生活的改变，最终影响到人的本质。

二　虚拟劳动的具体内容和社会效应

（一）虚拟劳动的具体内容

虚拟劳动的具体内容可以体现在劳动者的虚拟化、劳动原料的虚拟化、劳动资料的虚拟化、劳动过程的虚拟化和劳动成果的虚拟化等方面。

首先，虚拟劳动体现在劳动者的虚拟化。在信息文明语境下，电脑、手机、网络已经开始快速走入普通家庭以及社会劳动领域。传统意义上的脑力劳动者比例得到大幅度提升，受限于时空因素制约的传统劳动方式，也正在被一种叫作信息化、数字化的虚拟劳动方式所改变。在这样的一个虚拟环境中，劳动者需要投入更为深邃的观察力、更为丰富的思维力，虚拟劳动者需要"见别人所未见""想别人所未想"，需要对大量的劳动经验进行高级的、复杂的深加工，一些来自客观的自我方面的限制被突破，一些具有创新能力的特别是能够创造新产品、采用新工艺新方法新技术的人被虚拟劳动组织认可。此外，还有一些企业逐步实现了无人化运行，通过在赛博空间（cyberspace）使用计算机技术以及信息技术，劳动者逐步退出了物理空间的直接劳动过程，同时，在这样的一个过程中，劳动者的劳动时间等诸多领域都发生了巨大的虚拟化。

其次，虚拟劳动体现在劳动原料的虚拟化。从当今社会已经出现的虚拟资本、虚拟经济、虚拟企业等词汇来看，虚拟劳动本身就已经是劳动资源节约化的代名词了。传统农业社会、工业社会中的劳动原料主要是一些"取之可尽，用之可竭"的有形的资源，诸如稀缺性极强的土地等，在信息文明语境下，创新性虚拟劳动的原料往往是无处不在、无孔不入的信息、电脑、网络等，在一些电子网络公司，网络知识、技术水平、经验管理、形象公关等很多虚拟要素成了主要的劳动原料，再加上这些劳动原料的容量无限、空间兼容、覆盖广泛等特点，最终不断促使着传统劳动发生一种新变化。特别是提高效率的方式，虚拟劳动也区别于传统的对原料的高科技工具的购买，而是更加侧重于一种创造性智力的投入。

再次，虚拟劳动中的劳动资料虚拟性。劳动资料在传统劳动因素中属于"中介性存在"，比如手工工具、畜力、机器等方面，在虚拟劳动中，劳动资料主要是侧重于智能化控制极强的电脑、网络等虚拟媒介，这些虚拟设备将整个组织系统之间紧密联系在一起，可以有效地形成快速反应，有利于企业组织的科学决策形成。同时，在虚拟劳动过程中，传统的大批量的产品逐步被一些柔性化产品所取代，产品的智能化、量身定做成为一种流行。在虚拟劳动过程中，生产和消费的距离逐步缩短，实现即时化生产。

还有，虚拟劳动体现在劳动环境的虚拟化。马克思曾预言：未来劳动表现为不再像以前那样被包括在生产过程之中，相反的，表现为人以生产过程的监督者和调节者的身份同生产过程发生关系。在虚拟劳动过程中，工人（虚拟工人）已经不需要再到那种又脏又累的恶劣环境中去劳动了，而是可以站在机器旁，甚至拿着遥控器躺在一边去劳动，这就是一种虚拟劳动的环境。借助于一种网络环境，人们可以在网上银行、虚拟社区、虚拟办公室、虚拟仓库等劳动环境之间自由穿梭，看起来什么也没有做，实际上劳动成果却大大丰富了。

最后，虚拟劳动体现在劳动成果的虚拟化等。传统劳动方式的成果一般是有形的具体的商品和劳务，但是在虚拟劳动看来，其成果具有了极强的虚拟性。相对于传统的一次或者多次消费完产品，虚拟劳动更加注重一种分享使用。在虚拟劳动中，实物的资源价值不断在减少比重，与此相反，虚拟层面的资源价值在不断增加比重，越来越成为一种关键性的因素。与此同时，虚拟劳动的成果对于虚拟劳动本身的影响也是大大加强了。

（二）虚拟劳动的社会效应

伴随着虚拟劳动的到来，虚拟资本正在发挥出最重要的资源优势，一个最明显的现象就是有形资本越来越依赖于信息、知识等虚拟资本，一种新型的资本家——无形资本的资本家正在崛起，一些传统的机械化生产方式正在被自动化、智能化所取代，订单制生产正在成为主流，知识型劳动者正在成为信息时代社会生产和管理运作的主体，在家办公、自由职业等成为流行。劳动自由度加大，但是劳动强度提高，结构性失业、两极分化等成为新的社会问题。

随着信息文明的不断推进，出现了"虚拟货币"① （Virtual money）、"虚拟数字货币"，与此同时，也就出现了大量的非生产者、生产者、生产手段以及统治手段，这是一种"商品的商品"，还是一种"货币的货币"？这种"商品的商品""货币的货币"可以指向其他一切商品？是否可以到达任何一种值得向往的东西？假如是，那么就可以说明，谁拥有了它，谁就可以统治整个生产、交换、分配和消费的世界。这里的虚拟货币是万能的吗？是一种直接万能，还是一种间接万能呢？这里最关键的问题就是谁最先拥有虚拟货币呢？是信息技术专家，还是商人呢，还是另有他人？这些人是少数呢，还是多数呢？社会财富会迅速地转向，进而集中到这些人手中吗？假如这里信息技术专家和商人是少数，那是否就意味着大众日益会出现相对贫困化呢？贫民是否就会日益增加呢？这种虚拟性的劳动是否会构成整个社会的上层建筑所赖以建立的基础呢？

具体效应方面，基于虚拟劳动超越时空束缚的巨大优势，在劳动过程中，知识劳动者数量大幅度提升，劳动工具逐步智能化、网络化、科技化，劳动主体的对信息的认识、获取、传递、处理和运用等方面能力也得到了显著的提升，认识空间不断得到新的拓展，一些存在的新事物被逐步发现，一些劳动的可能性被挖掘出来，甚至不可能变成了可能，伴随着虚拟化的不断深入，生产力出现加速发展的状况。与此同时，在这样一个大背景下，劳动者之间的关系也发生了微妙的变化，劳动者之间的社会交往变得多维化、网络化，显著地增加了交往的频率，特别是劳动资源在国内外市场上的使用、流转以及优化组合。劳动环境的虚拟化，有助于减少社会生产对人力、物力、财力的资源依赖。具体体现在减少对交通等方面的资料占用，电子商务经贸有助于减少洽谈、采购等社会资源的消耗，降低了成本。此外，劳动成果的存在形式也发生了显著的变化，多以数字包、系统集成等形式出现，大大压缩了社会成本。当然一些虚拟的劳动仿真系

① 虚拟货币是指非真实的货币。现特指网络虚拟经济中的货币。在虚拟跟现实有连接的情况下，虚拟的货币有其现实价值。知名的虚拟货币如百度公司的百度币、腾讯公司的 Q 币、Q 点，盛大公司的点券，新浪推出的微币（用于微游戏、新浪读书等），侠义元宝（用于侠义道游戏），纹银（用于碧雪情天游戏）。2013 年流行的数字货币有比特币、莱特币、无限币、夸克币、泽塔币、烧烤币、便士币（外网）、隐形金条、红币、质数币。目前全世界发行有上百种数字货币。圈内流行"比特金、莱特银、无限铜、便士铝"的传说。

统，对于改善社会教育方式、增加生活体验等方面也有着巨大的作用。另外，在新材料开发、新工艺制作、新环境认知劳动、创新型产业等领域也有着巨大的潜力。

当前，在我国诸如叉车之类的货物搬运车辆以及挖掘机之类的建筑工程用车辆的相关工伤及死亡事故频发，事故中，很多是因为司机视线被遮挡、车辆移动范围内地面不平，或过于松软（比如在垃圾堆上作业的挖掘机等）。一般的传统做法是强调作业计划、安全管理、配置监视人员、培训，但这些都有赖于人的认知能力和注意力等，况且人是会疲劳的，犯错误不可避免。倘若基于虚拟现实技术开发一些监视用摄像头、激光扫描器、路崖监视器、倾斜度传感器，做实验及评价，效果就会大大改善。

当然，考虑到大自然资源的有限性以及国内外区域发展的不平衡性，虚拟劳动的出现也存在着一定的负面效应。这种负面效果并不是我们可以想象的那样简单，而是成比例的复杂化、尖锐化。这从另一个方面要求我们要做到虚拟劳动的可持续化和科学化发展。虚拟劳动越来越近，在信息文明语境下，人们周围所遇到的虚拟现象越来越多，人类正处于一种一切被虚拟化，甚至虚拟掉一切的环境当中，笔者不禁反思这样的虚拟之近、虚拟之多是会更加凸显出人的本质，还是不断遮掩住人的本质？甚至会改变人的本质以及人本质观？在虚拟逐步地渗透到我们周围方方面面的时候，能够在多大意义上影响到人的本质呢？这些问题关乎信息文明语境下的人的根本性存在。要回答这一系列问题，一定需要对照社会在"前虚拟、非虚拟"状态下与"后虚拟""强虚拟"状态下的区别，那么，在非虚拟社会，人的本质是怎样的呢？劳动在其中扮演着怎样的角色呢？在后虚拟社会，人的本质又发生了什么样的变化呢？劳动又会扮演怎样的角色呢？

第三节　信息文明语境下的人本身
有一定的"虚拟劳动因"

我们越来越真切地感觉到信息文明、虚拟劳动对于我们每一个人的学习、工作、生活所产生的方方面面的影响。虚拟劳动区别于传统劳动的最根本之处就在于信息、网络。信息网络技术、微机技术与通信技术结合在一起，空前强化了人类的生产劳动能力和社会交往能力，拉近了不同人群、不同地区、不同民族、不同国家的距离，人与人的生活越来越一体化，这样就类似于建立了一个庞大的、复杂的人类社会系统，在这样的系统中，最为突出的特征就是信息技术成为资源优化配置的重要手段，信息成为创造价值的、重要的、可以重复使用的、可分享的无形资源，信息技术会全面革新人们的工作、生活和交往方式，信息社会结构逐步个人化、分散化和科学化等，在这样的情况下，分散式劳动越来越成为一种流行，正如当前出现的互联网家庭产业。在信息生产劳动方面，大众传媒覆盖面十分广泛，商品生产越来越倾向于个性化定制。信息网络，作为一个连接人们的需要、日常活动和理想的中介，对于促使人类的整体协调、共同行动具有极其重要的作用。这一切功能叠加在一起就直接影响到了作为主体的劳动者的生产、交往和存在状况。正如马克思指出的："各种经济时代的区别，不在于生产什么，而在于怎样生产，用什么劳动资料生产。劳动资料不仅是人类劳动力发展的测量器，而且是劳动借以进行的社会关系的指示器。"① 马克思在这个问题上更进一步，他区分了机械性的劳动资料"生产的骨骼系统和肌肉系统"和充当劳动对象的容器的劳动资料"生产的脉管系统"。这里的劳动资料，就好比是人体组成的延伸，也意味着劳动者、实践主体越来越从繁重的体力和脑力劳动中解放出来，当然也意味着工具系统越来越承担了人的功能，工具越来越人性化。在这样的过程中，一些传统产业被改造、淘汰，一些新的产业逐步发展起来，特别是一些白领开始受雇于自己。在这样一个丰富而多变的世界当中，人们将要习惯于流动的职业，在这样的一个人人通过电脑连接的世界，民族、国家和地区的实际限制、价值限制将会大大削弱，我们可以忘记地理位置，随意地与任何网虫聊天，人际关系就会越来越丰富，就有无穷的可能性去参加社会活动。由此可见，我们创造了网络，网络在获取信息、社会联系等方面也在改变着我们。信息网络，不仅促使我们去联系世界，更主要的是信息网络中的世界更全面、更真实、更广泛。而且，信息网络环境中，可以制造、进入一个虚拟的世界，这样就把人从一个物理的有限空间转移到了一个电子的自由空间，在信息网络世界，我们可以更好地认识和把握

① 《马克思恩格斯选集》第2卷，人民出版社1995年版，第179页。

世界。

一 虚拟劳动：印证了马克思主义人本质观的科学性

（一）虚拟劳动是人的虚拟劳动

马克思主义人本质观是在指向人、人的劳动的过程中去探究人的本质的。在这一点上，虚拟劳动坚持了马克思主义人本质观的主要方向。在马克思主义看来，"人的本质"是依赖于人和自然关系以及人与人社会关系的，只能从人自身需求理解。在《1844 年经济学哲学手稿》中，马克思从人与自然的关系方面概括了劳动，其中，自然界是提供劳动对象和劳动手段的来源，劳动的实现是劳动的对象化，在马克思看来，这种劳动的对象化是自由自觉的，是人与动物的根本区别和人的类本质。在这一过程中，人是主体，处于主导和支配的地位，这是人的能动性、创造性和自由的表现。马克思主义人本质观的科学之初首先就在于"人是人的最高本质"，就在于摆脱掉那些神秘的人的本质力量，在历史唯物主义指导下，从人自身出发去定义人。信息文明语境下的虚拟劳动，归根到底，还是人的虚拟劳动，将虚拟劳动与人的本质问题结合在一起，本身就说明了马克思主义人本质观的科学性。内容方面，看起来虚拟劳动十分复杂，总体而言，无不是关于虚拟劳动者与虚拟劳动对象、虚拟劳动环境和虚拟劳动方式工具等层面的关系处理，归根到底，都是围绕人的虚拟。

（二）虚拟劳动：马克思主义人本质观的新动力

马克思主义人本质观将人的社会本质主要指向社会因素、社会关系，然而这里的社会关系，又不是抽象不变的，而是一定历史条件下的社会关系。特别是一定生产力、生产关系语境下的社会关系。劳动，就是社会生产力发展的一个很重要的因素。在生产力极为低下的奴隶社会和封建社会中，劳动是经济增长的决定性要素，谁能占有更多的劳动力，谁就能取得更多的劳动产品。在马克思看来，要探究人的本质，不能离开这样的一种劳动语境和社会语境。在虚拟劳动视野中，虽然传统的脑力劳动和体力劳动仍然是经济的重要增长因素，但"虚拟劳动"作为一种无形的具有递增效应的创新性劳动，也带来了更高的生产力变化，在虚拟劳动语境下，人的观察注意、记忆思维、想象洞察等各个方面素质都得到极大的提高，人与人之间的社会关系也得到了最新的升级与巩固。与此同时，人的需要在得到满足的同时，也延伸出了新的需要，人们对于自由的理解也出现了新的概念。总而言之，虚拟劳动作为一种更高级的劳动特征，不仅没有否定马克思主义人本质观的基本原则，反而更加印证了其科学性，并给予更高的发展动力。

（三）虚拟需求：虚拟劳动在满足人传统需求的基础上又酝酿出新的社会需求

在马克思主义人本质观那里，人的需要、劳动、人性、人的本质都是密不可分的，都是立足于实践基础之上的。"劳动这种生命活动，这种生产生活本身对人说来不过是满足他的需要即维持肉体生存的需要的手段。"① 也就是说，在这样的一个现实劳动过程中，人们逐步实现了需求的满足。在马克思看来，需要是人的本性，需要的满足是具体的、历史的、有条件的，"整个历史也无非是人类本性的不断改变而已"②。马克思主义并没有将人的需求核心定位于自然需求，而是将人的本质核心定义在区别于动物的社会需求，这本身就是一种带有超越自然性的理论思维模式。同样，相对于160年前的社会而言，今天的人类虚拟劳动更是已经与传统社会不可同日而语，在虚拟劳动的语境下，传统的大批量的规模机械化生产已经开始退居其次，小批量、多品种的柔性化生产方式逐渐登上历史舞台。现在的虚拟制造业和服务业已经可以根据客户的要求，不断进行自我的弹性化、智能化整合，最终实现与客户的一对一的按需生产。其中最大的超越，就在于人们逐步有了虚拟需求，虚拟需求的出现标志着人的需求不断超越，同样，作为一种社会需求，更加牢固地证明了马克思主义人本质观中的超越本质。

（四）虚拟社会：印证出只有在共同体中才可能有个人自由

一方面，在马克思主义人本质观看来，任何劳动都包含了人和社会的关系，具有极强的社会性特征。主要体现在劳动心理意识的存在和发展，离不开人与人之间、人与社会之间的生产合作、交往需要、社会形式等社会方面。同时，劳动本身就是建立在生产关系上的社会分工活动。另一方面，社会活动、社会关系对人的本质实践具有一定的客观性、制约性，

---

① ［德］马克思：《1844年经济学哲学手稿》，人民出版社1985年版，第49—54页。

② 《马克思恩格斯选集》第1卷，人民出版社1995年版，第172页。

"不论生产的社会形态如何，劳动者和生产资料都总是生产的因素……它们都总是必须结合起来。实行这种结合的特殊方法和方式，区别着社会结构上各个不同的经济时期"①。马克思主义人本质观非常注重社会关系对于人的本质的定位。

虚拟社会，不仅没有降低这种趋势，反而更加强调一种高质量的虚拟社会关系存在。虚拟劳动的相关网络已经与"生产、研发和营销等"诸多部门紧密地联系在了一起，决策者通过虚拟信息，根据市场变化即时做出反应，调整生产，开展研发和公关。这种将分散在各地的企业、市场、用户以及组织联系在一起的虚拟社会网络，已经突破了来自时间、空间方面的限制，促使社会共同体之间的距离大大缩短，联系日趋紧密。其中不仅仅需要有传统政治关系、经济关系、文化关系等社会关系的支撑，甚至还需要高技术的虚拟关系协同，还需要科学家与人文界的新合作关系等，跨地域、跨时空的虚拟关系要求越来越超前，虚拟与现实的关系越来越无缝对接。这里的虚拟社会，更像是一个升级版的社会关系网，也正是在这样的语境中，我们深刻理解马克思主义人本质观当中只有共同体中才可能有个人自由的深刻内涵。

二 马克思主义人的类本质观在虚拟劳动中获得了新特征

(一) 虚拟劳动是否能够创造出虚拟人本身？

简单地、偶然地使用木棒、石块，促使着半猿人不断走向人，资本主义社会下的工厂劳动不断呈现出一种劳动的异化、私有制和无产阶级，新民主主义革命语境下的人都有一个实现人民当家做主的愿望和需要，那么信息文明语境下在虚拟劳动过程中的人本身会不会出现一种新的变化、特征呢？这种变化、特征是人本身的一种变化吗？如何理解并定义这些变化呢？比如，虚拟劳动为劳动注入了新的含义，增加了劳动的形式，实现了劳动的语义扩张，进而促进人类劳动观的转向。众所周知，劳动本身就是在争取时间，劳动本身就是拓展生存空间，马克思认为，"时间是人类发展的空间"②，"时间……是人的积极存在……人的生命的尺度……人的发

---

① 《马克思恩格斯选集》第 2 卷，人民出版社 1995 年版，第 18 页。

② 同上书，第 195 页。

展的空间"①。在信息文明语境中，时空因素对劳动的约束性逐渐改变，从这个意义上，信息社会发展、社会享用和社会生活的全面性，都取决于"时间的节省"。②同时，劳动的虚拟性和劳动实在性的界限逐步模糊，这突出体现在虚拟劳动为我们带来的实在生活、实在交往，甚至在虚拟劳动过程中我们具有了某种可以超越传统实在劳动的种种限制，促使劳动以某种新的面貌出现，这种新的虚拟的面貌比传统的劳动面貌还真实，我们由此也可以断定，一种新的劳动世界已经建构出来。在虚拟劳动中，比特的地位迅速取代了原子，成为劳动的基本要素。正是基于此，信息的获取和使用成了劳动的主要趋向，在这个过程中，大量的系统知识产生出来，人们的智力水平和智力范围被扩大，智力因此成为经济社会的主要驱动力，劳动效率大幅度提升，资源消耗被控制，虚拟劳动中的创造性得到充分发挥，生态资源逐步获取可替代物质，再加上虚拟产业化、产业虚拟化，传统行业在整个过程中逐步走向自动化、智能化、系统化，由此导致虚拟消费盛行，劳动者逐步从机器流水线上解放出来，闲暇时间逐步增加。甚至"信息生产与消费之间"的区别渐渐模糊起来。这样的生产消费化、消费的生产化在信息时代表现得越来越突出。③在这样的语境下，我们是否可以这样发问，是虚拟劳动创造出了人本身呢，还是虚拟消费创造了人本身？

（二）虚拟劳动创造出了人的本质层面的新特征

传统人类劳动大多是经验劳动，直到人们对客观世界的本质和规律有了较深刻的认识的基础上，人类劳动才慢慢走向注重科学实验预见性的科学劳动以及系统性劳动。进入信息文明以来，数学化、定量化、模型化的社会劳动往往是一些大规模的系统工程需要。马克思恩格斯时代已经远去160多年，人类的科技水平、经济社会发展水平已经发生了翻天覆地的变化。特别是伴随着信息技术、信息革命、信息文明的到来，我们身经的经济、政治、文化正在不断地被刷新，几乎每个人的生活方式、每个人的思

---

① 《马克思恩格斯全集》第47卷，人民出版社1979年版，第532页。

② 《马克思恩格斯全集》第46卷下，人民出版社1980年版，第120页。

③ 肖峰：《基于技术哲学视野的信息文明特征》，《东北大学学报》2015年第1期，第5页。

维观念都在进入到一种从未出现过的境遇当中。这是一种全新的人类劳动实践形式。（1）主体方面，农民、工人的信息意识、信息思维、信息觉悟、信息情感、信息信仰等不断加强，信息技术、信息素质、信息能力的提升以及信息工作者的出现，比如在农业灌溉方面，传统的农民大多是靠天吃饭，近现代农民则是通过机器、电机来灌溉农田，依目前农民在实践中所呈现出的趋势来看，未来农民将会不断摸索新的种植经验，更加信赖、利用天气信息预报，心理上更为接纳适应区域气候的作物品种，更加认同农业洪涝虫害的保险信息事宜，一些青年农场主更加注重一种与效益信息挂钩的产业种植等。（2）客体方面，人们对于认识和实践对象的了解与认知日趋全面性、准确性、系统协同性、即时性、模块化，甚至还出现了一种纯粹的信息世界，比如过去人们生病了，往往会求助于"医生、郎中、偏方、迷信"，现在一个人在确诊生病之后，第一时间想到的多是上网去查清病情的原因是什么？饮食有哪些注意事项？国内有哪些权威的医院？有没有痊愈的案例？世界治疗水平怎样？自己还能活多久？治愈概率与成本有多大？自己疾病的特殊性在哪里？等等，实际上这就是一种人们追求疾病可控的信息疗法。（3）介体方面，传统社会生活方式、生产手段得到了信息化功能增强，同时，信息系统内一些新的方法、手段和关系出现，也标志着介体、环体、关系方面正发生着一种"根本性变革"。比如，在我国吉林省伊通县，那里的农民通过手机、触摸屏等信息服务手段测土配方进行氮磷钾等施肥控制，以达到增产效果，这就意味着人们传统观念上模糊的土地施肥认识将会逐渐被历史淘汰，人们会越来越懂得土地什么时候饥渴、土地喜欢吃什么；另外，盲人通过手机触摸屏，也可以实现发微信、百度百科，进而增进了与社会的沟通。这些不断创新的集成化方法，将人类传统经验提升到了一个大不同的信息时代。（4）环体方面，虚拟劳动的到来为信息主体和信息客体注入了新鲜的血液。我们必须在此时此刻清醒地去反思，我们面前已经不再是单纯的物质世界，也不再是单纯的精神氛围，从今天起，我们必须去面对一个复杂的信息存在。倘若我们要在这样的条件下去生存和发展，那么我们不得不需要重新去解读这个我们看似熟悉却又陌生的虚拟劳动。过往的劳动认识、实践经验，并不能自觉地给予我们一种虚拟劳动观，因为过去的劳动更多的是一种物质世界的劳动观，与精神经验生活相关的劳动观。在今天的虚拟劳动实践过程中，我们需要重新解读与思考一切关于劳动实践的话题，我们需要创新，需要结合今天的信息文明语境、虚拟劳动、信息实践，对现实世界中的主体再进行深入的了解，究竟这样物质世界与信息世界的双重存在是一种怎样的境遇呢？

（三）虚拟劳动创造出了人的本质层面的新冲突

虚拟劳动语境下，人的本质层面的新冲突突出表现在以下几个方面：（1）如何看待虚拟主体与实在主体之间的价值冲突呢？在传统的马克思主义人本质观视域下，主体都是实在的。但是在信息文明语境下的主体有可能是虚拟的，这里的虚拟性，主要可以理解为一种人为设计和构造出来的网络空间，也就是一个虚拟的社会信息世界，这个世界虽然在一定程度上逼真地折射出了现实生存的世界，但是毕竟有显著的不同之处。这里就存在着这样的一个问题，一个由人类对虚拟世界生发出来的感性直观反应与人类对现实世界生发出来的感性直观反应之间存在什么不同呢？关系是怎样的呢？会不会产生一种错觉呢？假如人们对虚拟世界中的情景产生了直接认同时，是否还会存在虚拟与现实的世界差异呢？这种虚拟与实在彼此混淆的状态，究竟是人的本质必然体现呢，还是一种混乱的开始？（2）如何看待自我与非我的角色冲突呢？在传统的马克思主义人本质观视域下，主体大多是自我唯一的、认同的。但是在沉浸性、角色性、建构性较强的虚拟环境下，一些自我把控不强的人，可能会痴迷于虚拟世界中的新角色，即另一个自我的生存方式——非我。由于这个非我，是自我的一种主观选择、设计，富有想象力、创造力，消除了现实自我的不利因素，再加上一些超自我的优势，就极其容易产生一种自我与非我的认知冲突。这种网络状态下的非我自由和现实状态下的自我约束，极其容易促生一种人格二重化。究竟哪一个更真呢？（3）如何看待生理与心理的冲突？虚拟生存正在逐步改变着现代人的生活、学习和工作方式，特别是对现代人的生理和心理产生重要的影响，突出表现在网络成瘾（沉迷网络、不吃不喝、生理紊乱、视力模糊、精神失常等）、网络孤独（少言寡语、情绪低落、社交狭窄、人情危机等）、人格分裂（角色差异、认同危机、自我迷失等）、安全焦虑（天天沉迷负面新闻集中营、心理创伤）、网络犯罪等的现象发生。（4）如何看待网络自由与社会规范的关系？虚拟环境给人创造了很多自由，在这一点上，与马克思主义人本质观形成了默契。

恩格斯曾指出，马克思的核心思想就是《共产党宣言》中的那句话：每个人的自由发展是一切人的自由发展的条件。在马克思主义人本质观看来，自由观是立体的，多层次的，多方位的，这是与西方意识抽象自由观完全对立的科学自由观。不同方面，马克思主义的自由观，强调实践性和现实性。虚拟环境本身一方面具有极强的开放自由共享特征，另一方面虚拟环境还需要一定的社会规范。虚拟生存、虚拟环境、虚拟社会以及虚拟劳动要想正常有序运行，还需要一定的虚拟秩序、法律、法规、准则、伦理、道德，否则就会滋生一种混乱的虚拟文化。纵观当下，黑客、计算机病毒、网络色情等虚拟失范现象严重干扰了社会秩序、虚拟安全，只有采用强制性的手段，才能取得成效。

（四）虚拟人是什么？

假如虚拟劳动是一种真实存在，假如虚拟劳动也创造出了一种新的人本身，或者讲，"劳动创造了人本身"在信息文明语境下具有一定的虚拟意义。那么，这里的虚拟劳动中的人本身是怎样的呢？是一种"虚拟人"，还是一种现实人在虚拟领域的角色延伸？如何理解虚拟劳动语境下的"虚拟人"或"现实人的虚拟性"呢？这是一场人的胜利、进步、发展，还是一种虚拟技术的胜利？虚拟技术的胜利又是谁的胜利呢？一定是人的胜利吗？从字面上来看，虚拟人，主要指虚拟实践、虚拟劳动、虚拟交往对人的本质产生了巨大冲击，这是一场关于人的生存和活动的革命。在数字技术、虚拟技术、互联网技术等信息化技术的主导下，人们可以去经历一种现实生命旅程所无法触及的体验，比如进入虚拟的图书馆去阅读群书，去数字艺术馆感受大师的精湛技艺，甚至还可以虚拟体验飞行的感觉等。在虚拟劳动过程中，人的能动性得到了大大的提升，在劳动的广度和深度上进入过去从未想过的境界，在虚拟活动的空间中，人们的虚拟交往方式得到了极大的推广，参与其中的青年开始习惯于通过虚拟交往，符号沟通，进行兴趣爱好的交流，这是一个形形色色的奇妙世界，人与人之间的沟通可以跨越地理、时间以及民族国家等现实方式，由此判断，虚拟人，至少是现实人的虚拟元素真的产生了。

在现实世界中，我们人类其实并没有直接用产生意识的大脑与外界"真实的世界"进行直接的互动，我们只是通过我们的耳朵、眼睛、鼻子、舌头以及身上所有的传感器去感知周围的现实世界，并与之保持互动，这一切也只不过是现实世界的一个有限的组成部分，毕竟人体只有四种颜色传感器，我们能够接收到的现实数据是极其有限的。所以，我们无法直接感觉红外线、紫外线等客观存在，况且，我们的视觉器官还有"盲点"，在如此的基础上，要想精确地记录我们周围的世界并向大脑传递真实的信息，实在是十分困难的。从这个角度来讲，每个现实人都不是一个绝对客观、绝对现实的。对比仿真技术所传递给大脑、电脑的视觉数据，似乎虚拟相关处于更真实、更强大、更客观的方面。究竟我们应该如何处理功能强大的虚拟人和真实自然的现实人呢？这里至少存在着四种选择：（1）无论是在技术上，还是在伦理上，对虚拟技术采取开放的政策，允许其强大的功能发挥到极致；（2）捍卫人的有限真实；（3）在伦理层面可行的基础上，将虚拟技术发挥到极致，服务于现实人；（4）其他。

　　倘若我们对虚拟技术实行一种开放的伦理态度，那么未来的虚拟技术是否会进一步升级呢？比如，在未来的信息文明语境中，虚拟计算机能够"举一反三"吗？当人类安静地休息的时候，虚拟计算机是否依然每时每刻都在不断地进行自我生存对局，不断升级调整，并在这样的过程中不断学习人类的经验呢？当信息技术到达一个水平之后，会突然遇到一个天才级别的人类对手吗？虚拟人能否迅速学习并消化掉人类天才的技艺呢？究竟是人的创新永无止境，还是计算机的学习能力天天向上？笔者不禁设想，在将来的何时开始，虚拟机器会不再有对手？这种超越人的可能性，是否会颠覆了人的思维策略？计算机程序的弱点是否会更诱导人去消除呢？在消除了计算机的弱点之后，在未来我们又如何去把握人的缺点呢？问题是，这里的虚拟计算机是否只需要数据的支持，只会精心于算法，而不需要理论论证呢？倘若上述成为事实，虚拟人内部的算法出现了缺陷呢？与此同时，与现实人比较，其自身的优点和缺点明显吗？虚拟人自身的价值策略考虑是其弱点吗？众所周知，从人与计算机的进化演变对比而言，人类的提高是很慢的，人的优势在于不断地学习经验，在于依赖专家。比如，中医看舌苔判断身体状况，这种判断都是依赖于经验，并且不断获取着人类理论的支持，后来人不断地学习着经验和理论，因此我们才能不断地进步。一旦在未来计算机将这些经验融入到自己的数据系统当中，会不会在一夜之间实现对人的超越呢？人类会不会突然失去把控世界的机会呢？笔者不禁反思，我们人类的灵性如何去面对信息社会的虚拟场景？我们人类的持久优势到底在哪里？平常所言的"状态不错""潜意识""虚实结合"又会去往哪里？人类会出现一些重大失误吗？毕竟人类是一个情绪的动物——坚决不服输、沉稳的性格伴随着加速的心跳、涨红的脸色，这一切会不会在将来被机器人识别？会不会出现一种他者？完全生物学意义上的人还会存在多久？

万一虚拟机器人"突然"会流泪了呢？摄像头会主动寻找陌生人呢？电梯会识别常客的活动轨迹呢？假如计算机产生了情感，也去谈恋爱了呢？究竟在这个世界上，谁会替代谁？是机器替代人，还是人替代机器？这究竟是一场人机的智力对决，还是人人的智力对抗？伴随着虚拟现实、人工智能的出现，再加上味觉、触觉的虚拟现实化，人类曾经幻想过的场景如今都要慢慢实现了。即便在未来真的出现一种人机大战，传统意义上，人具有一定修炼性格养成的气场、杀气等优势，我们可以借此补充自己的弱点，捕捉别人的弱点，但是假若对手是一个机器人呢？当对面的虚拟对手不看你洒脱的优势，只关注你的失误时，人能坚持自己的性格多久？人会因为紧张而导致出现判断失误吗？计算机的局部精细战斗是否会扭转局面呢？人会出现情绪失误吗？人在顺利的时候会出现想赢怕输的失误吗？人的缺陷还能否调整？计算机的失误是因为什么呢？机器的重大胜利意味着什么？机器会犯极其简单的错误，当你嗤笑时，它又给你一个忽高忽低的惊艳。人的经验面对一个爆发力和弱智的机器时，人的一系列失误如何终止呢？是通过经验的补充，还是出去吸一支烟，重新改变策略？未来的虚拟机器会骗人吗？机器会故意输给人吗？假如计算机始终按照算法去出击，保持很强的战力，是否非常可怕呢？人一开始会占优势，但会始终有优势吗？假如人没有把机器当成对手，而是当成朋友，能否把所有需要稳定情绪的工作都交给机器人？最终人的优势在哪里呢？当人熟悉了机器的状况之后呢？人面对机器会更加认真、提高警惕，还是压力更大？自己擅长拼搏，但是计算机会在一天之内有很大调整吗？人工智能通过新软件模式的认知能获得巨大提升吗？价值评估方面，我们是否需要对人的智慧、灵性和心理重新做评估？现在很多工厂里面轻脑力工作已经被机器人代替了，将来机器人是否会建构一个生命体呢？人的好奇心和探索心是否会重新建构呢？人类的生机勃勃，还是机器的生机勃勃？人类是否会被计算机完全看穿呢？就像测谎仪一样，计算机能否通过分析人体大量数据，进而得出一个谁是好人、谁是坏人的信息结论？人类是否会不断训练自己去躲避计算机的解读呢？人究竟还能做什么呢？是一种"去计算机、去推理化＋去计算化"吗？人的优势是在于"人的音乐""人的艺术"吗？这种模糊化的生存方式，是否会被计算机以概率学来解读并再现呢？那样的话，什么样的工作，计算机不能替代人呢？人是不是将来会变得无事可做呢？一般而言，现在顶尖的高科技产物都需要大量的人财物方面的投入、保障才能得以完成，当前，国内外超一流的机器人都是得益于大数据、大公司、大国家的实力保证。从这一点来看，只有国家资本、社会资本、物质资本的不断渗透，我们才能看到一种信息人、虚拟人、机器人的出现。说不准，将来在国际社会上还真的会引发这样一场人工智能领域的军备竞赛。当前，我国已经成为世界上比较强大的经济体，这种经济优势会转换成一种信息优势吗？我们在深度学习领域的顶尖专家数量怎样？质量怎样？这样一个信息系统的进化，究竟会涉及哪一些子系统呢？是否包括神经网络、人才技术、语音识别、图像识别、大规模计算、计算资源、计算力、基础人群等层面？

第四节　本章小结

本章主要是围绕虚拟劳动，在人的类本质上，展开了对恩格斯关于"在某种意义上，劳动创造了人本身"的具体解读。研究发现，虚拟劳动作为信息文明语境下的一种劳动特征，其劳动者、劳动对象、劳动环境、劳动原料等层面均发生了一种虚拟化特征，研究认为，"劳动创造了人本身"这句论断在虚拟世界也具有合理性，这也是马克思主义人的类本质思想在信息文明语境中所扩展的新内涵。

虚拟、虚拟现实、虚拟劳动、虚拟化一切，这是人类社会进入到信息文明阶段的理论创新和实践创新的产物，深刻地反映了我们当下人对于信息、劳动等概念的新认识，也反映出现实生活、世界对于理论工作者的新要求，特别是给马克思主义人本质观在信息文明语境下的新发展提供了一种切入点。具体结论：虚拟劳动在不断改变传统劳动的同时，也会促使体力劳动、脑力劳动和信息劳动不断交叉、复杂化，进而虚拟劳动会改变劳动本身，比如劳动与闲暇越来越模糊，最终，虚拟劳动会改变人。对于人的本质问题来讲，虚拟劳动给予了"劳动创造了人本身"一种具体化的理解。

通过本章研究发现，"虚拟劳动"已经初步形成，在人与人之间、群体与群体之间、地区之间，开始占领人们的现实生活空间，掌控人们工作闲暇的时间分配。虚拟劳动内涵极其丰富，既可以理解是传统劳动的虚拟化，又可以理解为人类基于信息技术而产生的不同于传统劳动的社会劳动。虚拟劳动，一方面丰富了传统劳动的内涵；一方面逐步促使传统劳动因素之间的界限模糊化；一方面创造了信息时代的新劳动；一方面在改变劳动的过程中，丰富了人的本质、人本质观，逐步实现了人的本质力量。当然，虚拟劳动，也存在负面的不利于人的本质的影响，比如，基于信息资本控制的劳动差异性、不均衡性，以及由此引发的虚拟鸿沟、被操控。结合马克思主义劳动观、人本质观来看，劳动不是纯粹思想的抽象产物，而是与一定社会生产力发展水平相适应的具体劳动指南，是客观的社会的历史的关系，人类社会的不同阶段劳动都是指向实现人的全面发展、实现人的本质力量的关系组成。虚拟劳动对于马克思主义人的本质理论而言，一方面有着科学印证的价值，另一方面主要是起到了在描述虚拟劳动基础上的新课题探讨。同时，也促进了马克思主义具体人的本质论断的进一步反思，并且由此提出了一些信息文明语境下的具体的人的本质论断。这些论断是对马克思主义人本质观的在具体语境下的具体理解，也是对现实社会人的虚拟劳动的科学化解读，总体上有助于我们把握信息文明的复杂性关系状况，有利于我们把握自己当下的具体虚拟劳动行为，有利于具体虚拟劳动问题的解决。

第 六 章

在人的社会本质上：信息关系成了
"一切社会关系的总和"的加数

社会对于那些"机器人"的需要，却并不大。

——林语堂

在人的类本质上，我们可以发现，信息文明语境下人的一种能动性得到了进一步的提升，但是，身在其中的人并不是一种任意的自我界定，而是仍然受制于一种客观的社会语境之中。正如马克思所言，"人的本质并不是单个人所固有的抽象物。在其现实性上，它是一切社会关系的总和"①。也正是在这个层面，马克思主义人的社会本质对于人的本质而言意义尤其重要。马克思主义人的社会本质思想的重要性主要体现在以下几个层面：（1）我们理解马克思主义人的社会本质，不能仅仅抓住"一切社会关系的总和"，也要看到这句话的前半部分"并不是单个人所固有的抽象物"，甚至只有理解了这一句，我们才能更加准确地理解人的社会本质。马克思主义人的社会本质思想，是对传统实体理解人的一种方法超越，众所周知，传统哲学家往往是从一种实体层面去理解人，然而马克思主义主张从具体的、社会的、历史的层面去理解人，这是人的本质层面的巨大飞跃。（2）我们理解的马克思主义人的社会本质，并不是一种中性的理论描述，实际上，这里的"一切社会关系的总和"孕育着极强的实践指向。那就是通过分析现实社会关系中的人，不断提炼出一种人的本质

① 《马克思恩格斯选集》第 1 卷，人民出版社 1995 年版，第 56 页。

的缺失，进而促使一种对于人的生存状态以及人的自由解放的价值形成，为实现自由人的联合体提供价值支点。（3）我们理解的马克思主义人的社会本质，并不等同于马克思主义人本质观，其中的"社会关系"本身，并不是一种抽象的、僵化的，而是要放置到一定的社会的、历史的、时代的具体语境下去理解。正如列宁指出："人与人之间的社会关系是由个人的活动组成的。"① 总起来讲，不同的社会关系中的人的社会本质是不同的，从逻辑上来反思，现代人之所以为现代人，区别于传统人的"社会关系"有什么突出特征呢？信息文明语境下的人是否意味着一种社会关系总和的信息加数出现呢？这里的信息加数究竟在社会关系总和中扮演着什么样的角色呢？

第一节 "一切社会关系的总和"的科学解读

在《关于费尔巴哈的提纲》中，马克思抛弃了费尔巴哈关于人的本质是类存在物的概念，提出了"费尔巴哈把宗教的本质归结为人的本质。但是，人的本质并不是单个人所固有的抽象物。在其现实性上，它是一切社会关系的总和"②。这个社会本质论断是经典的、深刻的、科学的，在人的本质研究史上是划时代的，马克思主义的继承者们也正是在这样的一个理论指导下，不断取得新的成绩。但是，长期以来，基于马克思并未就这个观点展开论述，也就导致学者们在此领域存在着一定的简单化理解。比如，将人的本质局限于社会关系等。那么，究竟马克思主义人的社会本质是怎样的呢？现代语境中又能得到怎样的解读呢？

一 马克思主义人的社会本质的全景解读

（一）人的现实性本质产生的时代背景

马克思之所以提出这样的论断，主要还是与其自身的思想状况、特定的社会历史条件有着密切的关系。在这一时期，马克思正在完成对于费尔巴哈的批判，也正在开始建立历史唯物主义。虽然费尔巴哈在人本质观问

---

① 《列宁全集》第 1 卷，人民出版社 1979 年版，第 384 页。
② 《马克思恩格斯选集》第 1 卷，人民出版社 1995 年版，第 56 页。

题上能够比古希腊、中世纪、黑格尔等都有着明显的进步，"人的最高本质是人的本身""人的本质就是感性的现实的人"，但是，基于其唯物的不彻底性，他的人终究是抽象的、脱离社会历史的。在此之前马克思受费尔巴哈"人是人的最高本质"思想影响较深，在《手稿》中，马克思也是多次使用"类本质""类特性""类"等费尔巴哈式词汇，但是马克思并没有长久停留于生理人，而是不断深化挖掘人的社会本质。到了《提纲》那里，马克思人的社会本质就已经不再单单是与神对立，而是转向一种与资本主义社会中奴役关系的对立。

（二）人的现实本质的内涵解读

"人的本质并不是单个人所固有的抽象物。在其现实性上，它是一切社会关系的总和"，通过这一公式，我们可以发现社会关系与人的本质之间的一种规定关系。这里有几个关键性的问题需要界定清楚：（1）当我们将人的本质理解为"一切社会关系的总和"时，我们也要仔细分析，马克思有没有否认个体的人呢？倘若这里的社会关系总和离开了个人，自然而然，这里的社会关系又成了费尔巴哈所言的某种抽象物，因此，这里的社会关系一定是可以与个人的能动关系、人的感性活动、实践活动结合起来的。只有这样，才能彻底断绝与旧唯物主义的关联。马克思指出：从前的一切唯物主义——包括费尔巴哈的唯物主义——的主要缺点是：对事物、现实、感性，只是从客体的或者直观的形式去理解，只把它们当作人的感性活动，当作实践去理解，不是从主观方面理解。只有在这个概念理解的基础上，添加个人的能动关系，这样才能避免宿命论，要不然，人仿佛就是环境、关系、生活状况的产物。（2）当我们将人理解为"一切社会关系的总和"时，我们也要仔细理解，马克思有没有否认自然关系呢？显然不是，马克思曾讲：新唯物主义的立足点则是人类社会或社会化了的人类，另一方面，人又是自然界发展的产物。在《手稿》中，马克思也是明确指出："人直接地是自然存在物。人作为自然存在物，而且作为有生命的自然存在物，一方面是……能动的自然存在物，另一方面是……受动的、受制约的和受限制的存在物。"① 从这里，我们可以发现马克思想表达的是：人和自然界的不可分离，互为对象；人需要通过对象来表现自

---

① ［德］马克思：《1844 年经济学哲学手稿》，人民出版社 1985 年版，第 124 页。

己的本质，人需要人和由人构成的社会来确证自己的社会本质，同时，也需要自然来确认自身的自然性。这里的人的自然性，并不等同于动物性，主要也是在指人的生理、人的心理等自然特征总和。（3）马克思的社会关系总和，不是封闭的。马克思恩格斯以后，人类在自然科学、医学、生理学、心理学层面取得了巨大的进步。比如，生命的奥妙之一 DNA 在1953 年被发现，"20 世纪的达尔文"英国科学家弗朗西斯·克里克（Frm-lcis Crick）和美国科学家詹姆斯·沃森（James Watson）的科学成就，还有弗洛伊德的潜意识的理论等。这些思想都在印证马克思关于人的本质的复杂论断。除去自然性、个人能动性，即便是社会关系自身，也是一个复杂的体系，包含着生产关系、政治法律关系、社会民族以及思想等方面的关系。当然，马克思在这里并不是单独地去凸显一面，而是试图去实现人、社会和自然的和谐统一。在马克思看来"社会是人同自然界的完成了的本质的统一……""是人的实现了的自然主义和自然界的实现了的人道主义"。①

二　马克思主义理论对社会关系的理解

马克思将人的现实本质定义为社会关系的总和，那么，这里的社会关系是什么意思呢？是一个抽象的词汇吗？还是一个具体社会？在马克思主义的不同发展阶段，马克思主义者对这个问题的理解也是各有侧重，总体认识上处于一种不断发展的过程当中。

（一）马克思恩格斯对社会关系的理解

马克思恩格斯的社会关系，主要是在批判中不断形成的。在马克思恩格斯以前，学者们对于社会关系的理解不尽相同。其中，黑格尔侧重于将社会关系理解为"从人的观念、想象的人……中引伸出来的"。② 蒲鲁东则注重把社会关系理解为"原理、范畴和抽象的思想"。③ 米海洛夫斯基的社会关系"局限于思想层面"。④ 与上述理解不同，马克思恩格斯的社

---

① 《马克思恩格斯全集》第 42 卷，人民出版社 1979 年版，第 121—122 页。
② 《马克思恩格斯选集》第 1 卷，人民出版社 1995 年版，第 54 页。
③ 同上书，第 104 页。
④ 《列宁选集》第 1 卷，人民出版社 1995 年版，第 8 页。

会关系概念是在对经济学、社会和历史观的分析中得出的一种客观实在的社会关系。"任何人类历史的第一个前提无疑是有生命的个人的存在。"①"社会关系的含义是指许多个人的合作……"② 在《共产党宣言》中马克思恩格斯认为："人们的观念、观点和概念，一句话，人们的意识，随着人们的生活条件、人们的社会关系、人们的社会存在的改变而改变，这难道需要经过深思才能了解吗？"③ 另外，马克思恩格斯的社会关系是具体的、多样的复杂体。社会关系和生产力密切相连。随着新生产力的获得，人们改变自己的生产方式，随着生产方式即保证自己生活的方式的改变，人们也就会改变自己的社会关系。

（二）马克思主义者对社会关系的理解

马克思主义视域中社会关系是客观性、多样性、具体历史性。列宁谈到了"不通过意识形成的物质社会关系""通过意识形成的思想社会关系"。在列宁那里，社会关系已经是生产关系的代名词，而影响生产关系的就是生产力水平，最终列宁的社会关系还是走向了自然的、历史的过程，"个人的社会活动，即社会事实……这些关系是由个人的活动组成的"④。到了毛泽东那里，社会关系就变成了一种阶级关系。"在阶级社会，每一个人都在一定的阶级地位中生活，各种思想无不打上阶级的烙印。"⑤ 邓小平赋予了社会关系一种共同富裕、社会良性运行、人民生活水平提高等具体社会实践关系；江泽民、胡锦涛、习近平等侧重于将社会关系与人的全面发展相结合，侧重于社会横向和纵向协调发展相结合等，都是社会关系概念不断延伸的具体表现。

三　现代启示

通过深入解读马克思主义人的社会本质，我们能够得到以下几点启示：（1）我们不能简单地将"一切社会关系的总和"固定为"人的本质答案"，实际上，马克思主义关于人的社会本质更是一种科学方法的呈

---

① 《马克思恩格斯选集》第 1 卷，人民出版社 1995 年版，第 1 页。

② 同上书，第 34 页。

③ 同上书，第 270 页。

④ 《列宁全集》第 1 卷，人民出版社 1995 年版，第 383 页。

⑤ 《毛泽东选集》第 1 卷，人民出版社 1991 年版，第 283 页。

现，纵观这句论断的前因后果，我们从中汲取最多的经验应该是站在具体的社会关系角度去理解人的社会本质。（2）马克思主义人的类本质和马克思主义人的社会本质，是形成人的本质的两大主要方面。前者强调人与物的区别，后者强调个体与个体之间的区别。（3）马克思主义人的社会本质思想不是一步到位的，而是经历了一个从无到有不断丰富的过程。比如，马克思在其博士论文中是从人与环境关系角度理解人；在《黑格尔法哲学批判》中，又以"国家特质""社会本质"去理解人；到了《德法年鉴》时期，马克思又从社会关系中人的解放角度去看人的本质；到了《手稿》那里，是站在"劳动异化"的角度去分析社会关系；再到《提纲》中的社会关系总和等。马克思主义的继承者都是结合自身的具体语境去谈论社会关系，并不断丰富着社会关系的深刻内涵。（4）在信息文明语境下，社会关系是怎样的呢？人的社会本质又是怎样的呢？可以这样理解，在一切社会关系总和的理解模式下，是否存在一个信息加数呢？

第二节 信息关系的出现和概念界定

人是现实世界中的人，也是现实世界中的技术物。伴随着互联网技术、物联网技术等出现，现实的人身处的现实世界逐步延伸出一个可以通过数据感知人与人、人与物关系的信息世界，信息技术在将现实世界信息化、虚拟化的同时，也逐步将人与人之间的关系信息化、虚拟化，进而出现了另一个崭新的现实社会关系——"信息关系"。关于信息关系，马克思恩格斯虽然没有直接的论述，但是有一些观点，还是值得我们开展深入的探究。比如，马克思在探究生产力发展时认为："科学的发展水平和它在工艺上应用的程度，生产过程的社会结合"，另外在手工工场劳动还是主要劳动形式的时代，马克思恩格斯就明确了"协作""机器和科学发展""工艺应用"。[①] 实际上，这里马克思的思想，就已经体现出信息关系中很重要的整体性思想；此外，马克思恩格斯认为，生产力中的各个要素都会受科学和技术的改造："在一切生产工具中，最强大的一种生产力是

---

① 《马克思恩格斯全集》第46卷（下），人民出版社1979年版，第210—211页。

革命阶级本身。"① 这里的革命阶级本身，就是我们今天强调比较多的"劳动者素质"；"社会生产力已经在多大程度上，不仅以知识的形式，而且作为社会实践的直接器官，作为实际生活的直接器官被生产出来"。② 马克思这里的知识转化成直接生产力，这算是马克思恩格斯所进行的十分卓越的信息关系预见。"许多人一起协同劳动，这种劳动形式叫协作，这里的问题不仅是通过协作提高了个人生产力，而且是创造了一种生产力，这种生产力本身必然是集体力。"③ 马克思这里的论述与协作创新生产力是一个含义。与此同时，信息关系也实现了社会关系的语义扩张，也促进了社会关系的转向。特别表现在信息语境下的关系交往与非信息语境下的关系交往的界限逐步模糊，这突出体现在信息关系也能为我们带来实实在在的社会交往，甚至在信息社会中产生的关系，还能够超越传统社会关系的种种限制，促使社会关系以某种新的面貌出现，这种新的社会关系比传统社会关系还真实，我们由此也可以断定，一种新的社会关系已经建构出来。对比而言，马克思语境下的社会关系是建立在"农业文明和工业文明的物质资源稀缺"的假设基础上，但是在信息社会中，确实存在一种不同的"信息资源创造、创新、开发和利用"的特征。与此同时，信息关系大大增加了社会关系的形式，传统社会关系往往受物质载体等时空限制，信息的搜索、传递的成本较为昂贵，信息资源分配不均衡，但是信息社会关系下，伴随着物联网等出现，稀缺资源的有效分配成为可能，环境改善和能源结构的完善成为可能。

　　关于信息关系的研究，本书主要是以一种在社会关系中寻找信息元素、信息加数的初衷去探究的。从一种最广义层面去理解信息关系，具体涉及以下几个层面：（1）社会关系中的信息化现象，比如政治关系、经济关系、文化关系、思维关系、生态关系等层面的信息化。在信息文明语境下，这种"信息化"的元素是一种独立的信息关系，还是一种"附属关系"呢？这种附属的信息关系是否可以介入到社会关系的总和当中去呢？（2）信息文明语境下的政治经济化、经济文化、文化政治化等区别

---

① 《马克思恩格斯全集》第 4 卷，人民出版社 1995 年版，第 197 页。
② 《马克思恩格斯选集》第 31 卷，人民出版社 1998 年版，第 102 页。
③ ［德］马克思：《资本论》第 1 卷，人民出版社 1975 年版，第 362 页。

于传统社会语境下的关系交叉是否也是一种社会关系的信息化特征呢？如何理解这种信息文明语境下社会关系交叉化的"技术背景"呢？（3）信息关系可以理解为一种信息主导下的社会关系吗？可以理解为一种自然祛魅、精神祛魅关系吗？总体来讲，如何才能全面地把握信息关系呢？

一　社会关系的信息化出现

社会的概念比较复杂，一方面是表示一定经济基础和上层建筑构成的人和人或人和事物之间的某种性质的联系整体。正如魏巍在《幸福的花为勇士而开》中写道："只享受，不劳动，不创造，不仅不是幸福，恰恰意味着幸福的毁灭，社会的衰退，人类的灭亡！"① 另一方面是表示基于共同利益而互相联系起来的人群。正如孙中山在《民权初步》中指出："至于寻常社会则以少为宜……若更少之会，则五人为额，若数百人以上之社会，亦不过十五人至十七人为额足矣。"② 还有社团、古时社日举行的赛会等含义。

社会关系在不同的语境中，在不同学者看来，其所指向的对象都是有所区别的，即便是同一个人在不同的思想阶段其自身的社会关系认识也是不同的。比如，康德的社会关系是建立在"理性自我"的基础上，黑格尔的社会关系是建立在"自我意识"的基础上，费尔巴哈的社会关系则是建立在"自然人"的基础上，马克思的社会关系不同于上述思想，而是将社会关系理论建立在"现实的人"基础之上。与此同时，在社会关系方面，有胡塞尔的主体间性理论、哈贝马斯的交往行为理论、海德格尔的共在理论、马丁·布伯的我—你关系本体论、吉登斯的结构二重性等思想。总体来讲，我们可以做出判断，那就是关于社会关系的认识，都是围绕着人而存在，不同的社会关系关联着不同的人。

作为一个基础性概念，信息正逐渐地被人们所频繁使用，当下已演变成一种囊括信息资本、信息主义、信息文明、信息社会、信息消费、信息政治、信息文化、信息生态、信息实在、信息道德、信息伦理、信息人等内容的信息共同体、信息家族。由此看出，信息并不是一种固定不变的存

---

① 魏巍：《幸福的花为勇士而开》，中国青年出版社 1956 年版，第 1 页。
② 孙中山：《民权初步》，三民书局 1993 年版，第 1 页。

在物，而是处于与世界历史发展相平行的特殊产物。通过不断对话，人们对信息的认识始终处于一种渐次生长的趋势当中——从最简单的信息原始存在、信息技术关系进而比较复杂的信息经济关系、信息社会关系、信息生态关系、信息道德关系、信息思维关系等。在学术方面，信息正逐步摆脱了一些历史形式以及起到扰乱作用的偶然性，进而折射出一系列以信息逻辑、信息规律为基点的理论范式——信息社会学、信息经济学、信息政治学、信息生态学、信息哲学、信息心理学等。基于上述分析，归根到底，可以看出，这里的信息历史、信息逻辑，并不仅仅是一种关于人与信息物的关注，更是在信息语境下一种人和人之间的关系转向，甚至可以说信息关系等同于一种阶级与阶级、阶层与阶层等关系存在。信息文明语境下，经济关系、政治关系、文化关系、思维关系等诸多社会关系方面已经发生了一定的变化。

（一）经济关系的信息化

在经济活动中越来越注重现代信息技术（芯片、集成电路、硬软件、光纤电缆、卫星通信、数据传输、新能源等通信化、计算机化和自动控制化）的应用，生产、销售的过程中越来越智能化、自动化，越来越注重信息知识战略资源。在传统农业文明中，人们自给自足地循环往复地"向土里讨生活"，[①] 近现代工业化时期，在资本的刺激下，物质生活极大丰富，伴随着无节制的消费，人与人、人与自然、人与社会之间的关系逐步变得尖锐对立起来。由此可以看出，信息文明实际上肩负着重建经济生产关系、经济伦理关系等诸多重任。信息产权（property）、信息隐私（privacy）、信息成本、信息剥削等信息现象不断演变，经济增长方式也逐步走向低能耗的趋势，信息工人已经占据了半数的劳动力，经济系统逐步复杂，产业结构也由以前的三大产业，快速发展出知识产业、信息产业等"第四产业"，[②] "信息也正在成为一种经济商品"[③]。与此同时，信息生产力出现并逐步占据主导地位，信息经济学日益成熟，信息富国与信息

---

① 阎雨：《信息文明时期的产业形态演进展望》，《华夏时报》2015年4月9日。
② 肖峰：《信息主义：从社会观到世界观》，中国社会科学出版社2010年版，第111页。
③ ［美］丹·希勒：《信息拜物教》，邢立军等译，社会科学文献出版社2008年版，第3页。

穷国之间的数字鸿沟也在不断加剧，国家实力也逐步体现在信息的处理实力层面，再加上信息资本、信息消费等现象发生，实际上都加速了经济关系信息化的过程。生产力和技术层面更加注重结合自动化、智能化、无人化、柔性化、集成化等为主导的生产、交换、分配和消费，同时，强调降低"国与国的信息差距"；经济层面更加注重结合虚拟经济发展、管理软科学、克服信息经济的泡沫、反对信息资本的私人占有、信息垄断，主张信息共同富裕、人人成为信息有产者。

（二）政治关系的信息化

在信息文明语境下，白领数量愈来愈多，再加上社会利益的多元化、平等化、民主化、程序化等要求越来越重要，自然而然，他们的参政议政的意识也就得到了初步提高。一方面，信息文明给予了传统政治关系一定的虚拟化影响，在争夺民众注意力方面，政治的信息化策略越来越发挥出重要的作用，信息是否足够公开已经成为一种政治文明的主要标志；另一方面，政治决策的信息化，信息平等、信息自由、信息表达等逐步成为被人们所关注的政治权力。同时，信息在国际政治关系中也发挥出越来越重要的作用，比如，当前，中国试图通过"一带一路"在国际舞台上有所作为，仔细分析这一倡议的基本内容，"无论是道路连通、贸易畅通、货币流通，还是建构全产业链深度合作的产业网，技术进步、科技交流与人才培养的知识网，都在围绕信息文明时代的主要产业形态做文章"[1]。此外，一份数据表明，当前网上信息80%是由美国提供，这对于意识形态领域的工作提出了严峻的挑战。[2] 政治管理层面，信息无产者逐步作为一个群体出现，同时社会决策逐步实现了大众化、民主化、草根化。信息立法逐步程序化，数字鸿沟逐步成为一种特殊的社会问题被提出日程。另一方面，信息文明创造了新的虚拟政治关系。就个人信息权利而言，政府以及私营部门对于个人信息数据的掌握越来越庞大、细致、严密，甚至还是实时的、全方位的、充分的监控，在这样的情况下，会不会出现一种

---

① 阎雨：《信息文明时期的产业形态演进展望》，《华夏时报》2015年4月9日。

② 马锦燕：《因特网传播对思想政治工作的挑战与对策》，《思想政治教育》2001年第2期，第10页。

"阿尔法城"① 呢？此外，特别是一些民间的虚拟化组织、虚拟化团体的出现，给予了政治关系一种开放的、自愿的、不确定的、风格迥异的、不受地域限制的时代特征。诸如，全球重大世界主义，移民式的轻微世界主义，信息霸权、信息公民、信息社区、信息战役、虚拟政治、网络阶层、网络外交、信息高地、信息主权、信息恐怖、自由软件运动等现象的发生，都标志着人类正在进入到一种崭新的政治关系氛围当中。这里的信息文明是否可以理解为一种"对内的政治文明和对外的野蛮"的信息化呢？

（三）文化关系的信息化

在信息社会关系语境下，人们开始将信息的价值看作是"最重要的财富"，开始将"信息的地位"看作是"世界的基石"，② 由此可以反映出，信息已经开始改变人们对文化的认识，凸显出了一种社会文化关系的改变。一种最显著的信息文明，就是信息主义精神的形成，具体涉及上层建筑、道德法律以及文化价值层面的变革；文化形态逐步从口语文化形态、文字文化形态演变到"虚拟、开放、交互、平等、多元"等电子文化形态；特别是网络语言③、电子写作、数字图书馆、远程教育、信息伦理等信息文化现象的产生等。在信息文化关系方面，社会主义因素更加注重在网络中进行渗透、资本主义控制逐步在网络中被解蔽并广泛传播、全球文化霸权与人的集体需要在网络中被公示；与此同时，文化的效应发生，更加侧重民生问题的解决、消费方式习惯的改变、经济活动的开展、社会整体的协同；此外，世界各地多元文化之间在信息文明语境下不断进行着日趋频发的交往、互动、冲突和融合，促使着对抗逐步转向差异，差异最后成为包容，即便是价值失范，那也是全球性的了。生态文化的不断增温，宗教文化在信息语境中不断趋同化，宗教之间相互协调，不断促使信仰联盟的出现和团结。在信息文明影响的家庭伦理中，男人的优势地位

① 阿尔法城，一座以沉默、逻辑、安全、谨慎为生活坐标的未来城市。人们表情木讷，生活思维受到阿尔法超级电脑完全控制。

② 肖峰：《信息主义：从社会观到世界观》，中国社会科学出版社2010年版，第223页。

③ 网络语言是从网络中产生或应用于网络交流的一种语言，包括中英文字母、标点、符号、拼音、图标（图片）和文字等多种组合。这种组合，往往在特定的网络媒介传播中表达特殊的意义。20世纪90年代初，网虫们为了提高网上聊天的效率或诙谐、逗乐等特定需要而采取的方式，久而久之就形成特定语言了。进入21世纪的10多年来，随着互联网技术的革新，这种语言形式在互联网媒介的传播中有了极快的发展。

逐步下降，家庭成员的关系逐步平等化、和谐化。与此同时，社会网络中的义务劳动、志愿行动、捐助活动、救援活动等将不再作为一种突出的模范行为。

（四）思维关系的信息化

信息对人的影响不仅局限在物质技术层面，还局限在精神层面。信息文明能够主导我们的精神思维方式，能够影响我们的思维习惯，对于思维范式、精神逻辑产生较大的改变，甚至重塑我们的心灵。信息对于精神层面的影响并不主要是载体影响，有时还会对精神数据进行解读，这种信息化的模式，不仅改变了我们周围的世界，还在逐步地改变我们认识世界的眼睛，甚至在改变物质世界与思维世界之间的关系。信息对于思维方面的影响过程并不是一步到位的，而是经历着一个不断演变、不断建构、不断丰富的过程。当下社会信息技术的不断兴起，不断改变着人类的思维方式。比如，计算机逻辑延展性的价值存在、认识真空（vacuums）等成套问题的出现都体现出一种信息思维现象，实际上关于这个问题的研究，早在20世纪40年代，诺伯特·维纳（Norbert Wiener）就认识到了自动化潜在的社会认识问题，现代的超高速计算机原则上是一个自动控制设备的理想的中枢神经系统。60年代，加拿大著名的大众传播哲学家麦克卢汉（Marshall Mcluhan）就提出，电子媒介将进一步成为人类中枢神经系统的延伸。进入21世纪以来，在计算机、网络与"伦理、价值、认识、方法"等衔接领域，当代国际主要代表性研究学者有国际哲学和计算协会副主席、英国牛津大学圣十字学院研究员卢西亚诺·弗洛里迪（Luciano Floridi），美国罗格斯大学教授阿尔文·伊·高曼（Alvin I. Goldman），美国弗吉尼亚大学德博拉·约翰逊（Deborah G. Johnson），澳大利亚查尔斯特大学史蒂夫·马修斯（Steve Mattgews），澳大利亚国家大学詹姆斯·摩尔（James H. Moor），荷兰代尔夫特大学的尤瑞恩·范登·霍文（Jeroen van den Hoven）等。一方面，在信息文明语境下，人们的传统思维越来越注重个性化、自由化，与此相反，传统思维中重理性与重集体的特征渐渐减弱，并出现了诸如"信仰重塑、文化失调、道德失范"等信息思维现象；另一方面，在信息文明语境下，一些独特的信息化思维不断出现，如虚拟认知、虚拟感觉、信息知觉、信息记忆、信息想象、信息言语、信息情感、信息信仰等。学者王伟、徐春艳在谈到信息实践对传统认知模式的冲击方面谈到："新的怀疑论"产生，"人们逐步认识到了人类的认识局限"，并在此过程中学会"反思自我""重视他者""尊重自然""接纳差异""欣赏多元"。①

（五）生态关系的信息化

伴随着社会的发展，人类在生产力方面不断取得新突破，人们的生活水平也得到了显著的提高。与此同时，人们对自然的索取与排放也进入了一个过度的层面，人与自然的生态关系越来越不平衡，资源面临枯竭的窘况，环境被严重污染，人与自然界的物质交换出现了一些不和谐状况，人的生命质量问题凸显。出现这样的问题，主要是工业文明背景下粗放的生产发展观、消费观的影响。信息文明语境下，人们逐步意识到了生态危机的严重性，并转向一种信息途径的解决。具体方式在于产业结构不断优化调整，信息低耗能、低排放企业不断出现，生态系统方面的检测水平能力不断提高，通过信息传感技术，我们可以随时掌握土地荒漠化、水土流失、动态水资源保护等地理环境方面的污染物数据、生物状况、预警机制，特别是伴随着生产、交换、分配和消费的信息化，一种柔性制造系统逐步实现了制造的精细化，大大避免了资源的浪费性、盲目性。

（六）信息文明语境下社会关系的交叉化

信息关系，并不只是存在于各种社会关系的信息化，还存在于社会关系在信息文明语境下的交叉化。（1）信息文明语境下的经济文化化和文化经济化。经济，作为社会生产关系的总和，作为以稀缺的最小耗费追求最大效益的活动，在信息文明语境下逐步展示出其新的特征，那就是趋向文化化的势头增强。正如经济人类学代表人物波拉尼曾指出的："人的经济活动总是被淹没在他的社会关系中，他的行动并不是为了保卫他在物质产品的占有方面的个人利益，他的行动是为了保卫他的社会地位、社会权利，以及社会资产。"② 从这句话里，我们就可以感受到，经济关系最起码并不是作为一个完全独立的方面而存在，而是或多或少地与外界存在着

---

①　王伟、徐春艳：《信息实践对传统认知模式的冲击》，《人文杂志》2015 年第 4 期，第22 页。

②　Polanyi, K., *The Great Transformation*, New Your: Holt, Rinehart & Winston, 1944, p.46.

一定的联系，自然也包括文化关系。只不过在信息文明语境中，这种关系进一步强化了。传统机器大工业社会的批量的、单一的产品服务已经不能满足市场上多元的个性定制需要，尤其是在信息新媒体的影响下，生产者与消费者之间、生产者与生产者之间、消费者与消费者之间已经建立起一种内在的畅通的沟通渠道，正是在这些不停的交流过程中，人们对产品服务的心理需要、情感欲望、意义理解、归属尊重、自我实现源源不断地通过信息符号在市场参与者之间相互传递，一方面为经济繁荣创造出更大的附加值，另一方面也为文化繁荣创造了条件。比如，在现代社会，不同的经济组织不仅仅有其实体的办公地点、工作制度，一般还会有自身的 QQ 群、微信群，这反映出重视自身精神文化价值的建设在信息文明语境中已经越来越重要。当国家遇到地质灾难时，在媒体的号召下，多数大企业都会登上信息舞台进行捐款，相对于过去抗美援朝时的捐款，信息文明语境下的捐款，更加凸显出一种信息化了的裂变式社会影响特征，这种"不算经济也不算文化"的行为就是典型的经济关系文化化，当然我们不能忽视其中信息媒体的作用。所谓文化关系的经济化，实际上就是强调在文化关系中的经济因素渗透，更是对经济决定文化的有力证明。在《1844年经济学哲学手稿》中，马克思指出："宗教、家庭、国家、法、道德、科学、艺术等等，都不过是生产的一些**特殊**的方式，并且受生产的普遍规律的支配。"① 在随后的《德意志意识形态》一书中，马克思更是指出："文化的生产要受到他（艺术家）以前的艺术所达到的技术成就条件的制约。"② 实际上，在马克思那里，文化就已经显示出了文化技术化、文化经济化的一种趋向。当然，马克思的文化更加侧重于制度文化，在资本主义的信息文明语境下，近乎所有的文化均能发现商品化的趋向。在当今中国，信息资本更是加速着文化产业化，"文化搭台、经济唱戏"的文化产品消费模式，也越来越被信息民众所接受。（2）信息文明语境下的经济关系政治化和政治关系经济化。1978 年，美国马里兰大学的丹尼斯·皮雷奇斯第一次提出了世界经济政治学的概念。自此，经济关系政治化，逐步成为学科交叉领域人们较为关注的一个重要方面，也是现实社会中比较

---

① 《马克思恩格斯全集》第 42 卷，人民出版社 1979 年版，第 121 页。
② 《马克思恩格斯全集》第 3 卷，人民出版社 1960 年版，第 459 页。

常见的具体现象。政治关系经济化，是冷战中"政治优先"的产物，抑或就是强调用经济手段影响政治，比较著名的事件就是"马歇尔计划"。在信息文明语境中，伴随着虚拟资本在国际上的流动，政治关系经济化的情况越来越多，除去一种人为的具体安排，更是符合社会发展规律的具体体现。实际上是信息资本的需要越来越影响一个地区的政治主张、政治利益，相对于军事战争决定政治谈判，在当今国际舞台上，就出现了另外一个情景，虚拟资本利益决定着政治谈判。（3）信息文明语境下的政治关系文化化和文化关系政治化。1956 年，美国政治学家 G. A. 阿尔蒙德在《政治学季刊》发表了《比较政治体系》一文，首次从政治学角度使用政治文化的概念，并给予了相应的界定。在信息文明语境下，一个政治秩序的稳定与和谐，不仅仅需要单纯的制度、法律、军队、警察、监狱等强制力量，还需要借助于信仰、态度、情感等文化凝聚力，特别是注重信息文化的作用发挥。信息文化，主要是强调一个民族、地区、组织在信息文明语境下社会、经济和政治生活各个方面所形成的软实力。信息文化的发展对于政治行为越来越起到一定的指导作用，信息化办公也越来越需要得到信息文化的条件支撑。比如，电子民主、网络社区等现象都充分反映出政治与文化关系的密切程度。此外，信息文明语境下，生态关系也不再是单一的人与自然的关系，而是涉及人与人、人与自然、生理与心理等多种层面的关系交叉影响，逐步复杂化。比如，信息化可以为生态关系的处理提供技术检测层面的方法支持；环境正义、环境法可以为生态关系提供制度保障；社会主义核心价值观的培育和践行，可以为生态关系提供文化精神层面的引导等。总体来讲，经济关系文化化和文化关系经济化、经济关系政治化和政治关系经济化、政治关系文化化和文化关系政治化、生态关系的复杂交叉化等都反映出信息文明语境下社会关系的复杂化、界限模糊化。这对于理解信息文明语境下人的本质提出了更高的要求，也对马克思主义人本质观的新发展提出了新课题。

　　总体来讲，信息文明语境下，经济关系、政治关系、文化关系、思维关系、生态关系等层面都面临着一种信息化的趋势，再加上信息文明语境下不同社会关系领域的交叉化，那么，作为这一切社会关系的总和，信息文明语境下人的社会本质是否也需要重新进行一些信息关系的加数考虑呢？

二 信息关系：究竟是一种什么样的社会关系？

什么是信息？从字面上来看，信息自身就表征着一种讯息关系、一种沟通关系、一种控制关系、一种指令关系等，强调人与世界的交互作用。这里的信息关系，主要是强调一种与传统社会关系的不同，这里主要就信息主导型关系、去中心去传统型关系等展开论述。

（一）信息关系是一种信息主导型关系

传统农业社会是一种自然主导型关系社会，这种社会特征就是一种自给自足，种植生产主要是为了满足人们的衣食需要，能量主要依靠畜力和人力，整个社会的生产率取决于人的力量和物质投入，在人与自然关系处理中多受到自然的控制，同时人与人的关系也基本是以地域血缘、婚姻为纽带的关系。工业社会相对于农业社会有了较大的发展，属于"机器主导型"关系社会，这一时期的特征是机器大量使用，产品被大批量地生产出来，市场需求不断得到新的释放，农民数量大量减少，服务也不断成为社会主要产业，在这一时期资本家通过剥削工人不断获取剩余价值，造成资本家与工人出现贫富分化。虽然信息活动、信息现象和信息关系仍然存在于自然界和社会语境中，但是不难发现，信息资源已经逐步成为一种"决定性"的资源，信息社会是一个信息主导型关系。这一时期的特征是，生产力高度发达，此时的主要原料是"信息知识"，此时生产的自动化和智能化逐步推广，工人的知识化和信息化逐步提升，又脏又累的体力劳动逐步退出现代企业工厂，工人开始站着监视工厂的运作，个性化生产成为主流。信息资本、虚拟劳动逐步打破时空限制，生产与闲暇变得无法区分。在信息社会中，信息资源的广泛存在对于信息社会中的生产力系统、生产过程、人们的生产生活以及思维方式产生了巨大的影响，并在人们的实际生活和实践认识中得到了确认。在信息文明时代，人们的社会关系越来越不再单纯依赖物质资源，而是集体转向一种非实体生产要素。信息主导关系，从狭义上来理解，主要是一种信息技术主导的社会建构。具体展开而言，主要是在社会关系中信息获取、信息储存、信息处理、信息计算机、信息通信、信息自动化、光电子、光导和人工智能等层面的作用突出。这个系统的主导作用具体到不同侧面，作用又有不同的分工。其中，微电子技术主要是一种基础性主导作用，计算机技术主要是一种控制性主导作用，程控交换机、大容量光纤、通信卫星及其他现代化通信装备主要是一种系统性主导作用。

（二）信息关系是一种"去中心、去传统"型关系

现代信息产业所展示出来的"协作关系"，凸显出了"关系型实体"的重要性，同时也逐步形成了一种"去中心"化的趋势，在这个系统当中，每一个环节都是不可缺少的。每一个信息纽扣都是重要的，都具有不可替代的作用。信息技术通过创新、共享、传播和创造性使用，这种网络化技术逐步推动信息与物质、能量资源高效结合，创造出各种智能化、信息化、网络化的生产工具，以无形的信息知识不断创造出高附加值的产品。同时，在信息关系中，人们的生活方式、行为方式、休闲娱乐方式、社会组织方式、组织管理方式等发生显著变化，对整个社会的意识形态、文化价值观念以及人们的思维方式等也产生了深远的影响。信息文明的到来，提高了大众的文化知识，也为人们表达意愿提供了技术保障和文化氛围，特别是传播了民主观念，提供了具体的民主参与意识。基于非中心、超地域的全球化的信息模式，实际上已经对传统以地域为中心的民族国家产生了一定冲击，特别是信息共享与地域管辖、集中控制之间的矛盾也是越来越激烈。同时，我们在建构信息关系的基础上，时刻不能忘记信息关系的去传统性作用的发挥，从简单的逻辑层面来看，与物质关系、精神关系相对，信息关系就是一种"弱物质""弱精神"的关系；与农业文明、工业文明相对，信息关系就是一种"弱农业""弱工业"的关系；与传统信息载体文明相对，信息关系就是一种"弱文字""弱口语"的关系；与手工劳动、体力劳动、脑力劳动相对，信息关系就是一种"弱人手""弱天然""弱人脑"的关系；与传统工业产品的单一流水成品相对，信息关系就是追求一种"弱整体化""弱流水化"的个人定制关系；与传统社会发展往往受制于时空相对，信息关系就是一种"弱时间""弱空间"的关系；此外，与资本主义私有制度相对，信息关系就是一种"弱独享""弱私有"的关系。

总体而言，信息关系是一种新的社会关系，体现出了社会关系的多层次、多类型特征，属于信息技术对于人类社会关系的全面渗透，是人对社会关系的认识、实践发展到一定历史阶段的必然产物。这里需要注意，不能将信息关系看作是一种孤立的社会关系、现实的社会关系，而是混合着

农业关系、工业关系和信息关系的物质关系、精神关系和信息关系的结合体，一方面这体现出了人们在社会关系问题上对信息技术的重视，另一方面也折射出人们对于信息技术新特征在社会关系层面的具体追问、对于人的本质的关注。单单从字面上来看，信息关系是强化了人的社会关系之间的传输、保存等方面的功能，深层次方面，信息技术直接促使了社会关系改变，最终导致了人的本质改变。究竟这里的信息关系与其他层面社会关系是相互排斥，还是超越？进一步思考，我们应该秉承一种什么样的信息关系价值观和信息情感呢？信息关系，究竟会延伸我们的社会关系视野，还是束缚我们的社会关系呢？其中，最为肯定的一点就是我们发现了一种新的研究社会关系、切入社会关系的研究方法、范式。站在社会发展的语境下，后信息技术时代的社会关系会是什么样子呢？"基因＋信息＋纳米＋宇宙"文明时代的社会关系，现代人还能想象得到吗？过去的"农业＋工业"时代的社会关系，是否已经可以全面看清？总而言之，我们不能过度地抬高信息关系的高度，需要站在一定的辩证思维语境下去看待信息关系，当我们看到信息关系的优越性时，一定是有一个客观的前提条件，那就是信息关系在具体什么领域方面的一种超工业、超农业，然后我们才能在这个具体的方面投入热情和信心，否则也有可能会走进完全相反的信息关系困境当中去无法自拔。

（三）信息关系：一种社会关系的信息化分析

那么，在这样的一种信息文明语境中，传统的社会制度、社会关系会怎么样呢？在一个传统的社会当中，成员们往往是生活在一个固定的区域当中，但是，现在却开始发生改变了。人们往往受到商业生产、商品消费、职业变换、谋生方式等层面的影响而变动不止。集体集会般处理公共事务的情况越来越少，只有通过传统节日风俗尚能勉强安排群众的集体聚集。这说明，在信息文明语境下，社会结构已经发生了较为深刻的变化，人们获取了新的信息需要和信息利益，这些需要和利益与传统社会的很多方面是格格不入的，甚至这种信息需要和信息利益千方百计地破坏着传统社会的需要和利益本身。特别是基于信息分工而出现的信息利益群体、信息机构，在这样的背景下，每一个信息群体、信息机构都会由不同传统社会中的群体、人组成，甚至外地人逐步成为一种骨干。这样在传统社会之外，就出现一个并列存在的社会组织，这里的社会组织是将血缘、地域放置在一种相对次要的地位上，却将信息资源放置在最重要的方面。这里的信息文明组织重视分享，是社会历史发展到一定阶段的产物，传统社会关系中约束个体行为的"血缘因素""地区因素"逐步受到削弱，人们便流动起来了。这里的信息组织是否具有一定的公共权力呢？又是否存在一定的特权阶层呢？这种权力通过什么样的方式获取呢？是根据财产状况划分，还是根据技术状况划分呢，或是根据一种其他方面？这种对于信息的管理和控制是通过什么样的方式才能得到保障呢？传统社会是通过捐税、监狱、法律等措施来管理，那么，在信息组织中是否也存在信息监狱、信息法规、技术转让、信息放行等强迫呢？还是更加侧重于一种自愿的自觉的信息服从呢？信息组织上升到国家层面，是否意味着一种信息有产阶级对信息无产阶级的"防御"呢？究竟信息有产者与政府之间的关系是什么呢？是信息有产者决定信息权力，还是信息有产者与信息权力形成了一定的同盟关系呢？但是，最终还是信息有产阶级来影响信息权力的，况且现在很多信息无产者依旧处于一种"不成熟""不自觉"的状态，也只有在这样的情况下，我们发现信息政治参与、信息社会参与成了检验国家信息文明的一种行为。在信息文明语境下，信息分工、信息交换、信息分配和信息消费，促使商品生产实现了一种充分的全面发展，原先的社会结构以及社会关系就此得到了一个较为突出的改变。传统社会的商品都是一种流水线上的产物，但是在信息文明语境下，实现了一种消费者、生产者以及交换者、分配者之间的关系一体化，消费者可以将自己的准确需要信息快速地传递给交换分配者，也可以直接告知生产者本身，促使商品生产的过程再也不是以前那样的单纯生产了，而是成了一种消费式的生产，甚至消费逐步成为一种有效的社会统治方式。相对于传统社会商品生产者不了解自己产品的结局怎样，在信息文明语境中，信息商品的生产者可以相对清晰地了解自己产品的命运、结局，毕竟生产的过程注入了太多个性的元素，这种个性特征的生产促使生产者对于消费结局有了一种深入的了解。扩散到社会层面，在大数据社会，实际从某种意义上，也促使了生产理性化发展，而不是一种生产的完全的无计划性、无目的性和盲目性，同时，也反映出信息文明语境下的生产过程复杂化。特别是在信息文明语境下，商业之间的秘密已经越来越不是秘密了，慢慢地，商人之间越来越知道自己的对手情况，而不是任凭偶然性的摆布。究竟这种自觉控制的社会过程、社会活动，是否意味着一种危机的消除呢？或者是一种局部的消除呢？除此之外呢？城市与乡村的分工对立是否还足够稳固？

　　从辩证意义上来看，虽然信息文明做到了传统社会所不能实现的事情，但是与此同时出现了一种不断膨胀的"最卑劣的冲动和情欲"①。正如马克思指出："所以文明时代越是向前进展，它就越是不得不给它所必然产生的坏事披上爱的外衣，不得不粉饰它们，或者否认它们……"② 这种对于财富的追逐，不只是一种社会财富，更是一种单个人的财富。这也就意味着一部分人对另一部分人的压迫，似乎权利是一部分人的，义务则是另一部分人的。自进入信息文明，信息财富的增长是巨大的，信息管理也是极其巧妙的，似乎只有信息成了一种无法预料和无法控制的力量。人们从未在人工创造物面前如此迷茫和不知所措。

　　在信息政治经济学家看来，信息劳动成了一切财富的源泉，在信息劳动中，不断扩大的自然界向劳动传递着材料，信息劳动不断将信息视野下的材料转换成信息财富。与此同时，我们需要注意的是，信息劳动的作用还不止于此，它已经成了人类新时期生活的一个重要的条件，也可以作为社会主义的一种社会性、历史性的计划展开系列论述。那么，社会主义在当代是否已经具有了一种全面付诸实践的现实技术条件呢？这是一个信息技术性的问题，也是一个政治性的问题。社会性的问题，众所周知，人类对于社会发展的期待主要经历着以下几种演变——原始社会（期望一个有实力、正义、权威的氏族长老）—奴隶、封建社会（一种永恒的道德领袖、宗教声明）—资本主义社会（善于奋斗的有教养的人）—社会主义（无产阶级＋政党），从系统上来看，这里的无产阶级具有两面性，不仅仅是一个穷困潦倒的群体，更是一种大规模工业化的技术产物。信息文明语境下，劳动力商品是否依然存在？工人的劳动过程是否依然重复着枯燥无味？工人们是否依然聚集在一个又脏又累又臭的厂房当中。工人是否依然遭受着肉体折磨？工人的精神是否依然空白、麻木？总体来思考，现代的资本主义世界，工人是否依然怀有一种强烈的破坏性以及替代这种社会的可能性？

---

① 《马克思恩格斯选集》第 4 卷，人民出版社 1995 年版，第 177 页。
② 同上书，第 178 页。

正如马克思主义的指向一般，信息文明语境下的资本主义依然崇尚资本的掠夺，它会把经济财富更加迅速地聚集在一个角落，同时另外一个角落就是无限的贫困和拥挤；不仅如此，现代的资本主义更加注重全面的入侵，特别是文化领域的商品化，霸权文化的不断推进；再加上对于生态土壤、工人时间的隐性牺牲，实际上资本主义正在加速着自己的破坏性凝聚。但是，信息文明语境下的资本主义并没有坐以待毙，而是始终在马克思主义的宏观预言中不断地调整着自己，击败了来自现实多个领域的挑战。比如，大资本将聚集的贫困的劳动力进行了分散，并在超流动性的基础上不断削减工人力量，大资本借助于信息传媒技术实现了权力中心与个人的单向交流（意味着公共领域的弱化？[①]），资本主义的"创新改善一切"[②] 的信念是否能够解决根本问题？与此同时，资本主义社会的每一次调整，也给社会主义带来一个考验。究竟信息文明语境下的资本主义缺陷在什么地方呢？社会主义的优势在哪里？信息设备、信息知识、信息组织经验、信息财产的控制、社会公共职能、社会生产效率的综合考虑是什么？

当前，传统的农业逐步实现了综合企业化、工业化、工厂化管理，问题是信息文明能够揭示出现代农业的危机吗？大数据能介入一种现代高密度耕作的化学肥料以及高浓度杀虫剂的检测吗？云计算能够揭示出过度灌溉的表层土破坏吗？工业化拥挤化的家畜养殖以及生长激素、抗生素的使用，是否容易出现资源耗费，并且容易聚集毒素和污染排放？究竟谁在不断推广着市场上的转基因产品？比如，转基因最初是用来锄草的。土地、水、树木、空气等自然物正在作为一种资本主义的潜在市场等，上述系列的产业状况，充分反映出资本主义出现了一定的生态失衡，这说明是资本主义本身的危机在持续性增加。社会主义能够做到什么呢？在信息网络社区提供一种不断深入的、自由的讨论？一些专业性较强的信息知识传播和一种社会义务（避免有毒物的排放，保护地域的多样性）的宣传？在这种背景下，就需要一种高知识的劳动者输入，还有一种公共职能部门的效力发挥和经验传播，比如古巴的城市食物菜园、印度的农村公社，这些组

---

①　郇庆治：《重建现代文明的根基》，北京大学出版社 2010 年版，第 103 页。

②　Ernest Mandel, *Late Capitalism*, London：New Left books, 1975, p.192.

织在保护当地居民利益方面还是有着一定的参考价值以及网络基础示范作用的。

　　社会主义国家作为一种相对落后的政治区域，能够有效地借助于信息文明进而实现一种新的秩序吗？这种与资本主义国家的较量需要通过什么手段呢？是一种资本主义的信息游戏规则吗？资本主义本身所无法克服的问题在哪里呢？信息文明促进了全球资源范围内的利用共享，在这种语境下，资本主义经济增长的界限在哪里呢？石油的不断扩大生产，空气中大量碳的排放，生活纯净水的匮乏，私人机动车辆的不断增加，最终影响到了社会生存和发展的整体面貌。究竟虚拟资本会坚持自己的利益方向，还是会转向这样的一种新能源的开发、气候环境的改善、社会意识的强化呢？在这里，我们能够看出虚拟资本在归根到底意义上，还是社会群体利益的一种争夺，实际上，社会主义的优势就在于一种政治权力的分配，一种群体利益的顾及。具体做法体现在总产量的控制、公共交通等集体消费模式、地理空间方面的考量、高质量生活引导以及提高生活极其不富裕群体的生活质量、更加关注工人的社会参与、精神状态、生态现实等方面。

　　我们在理解信息文明时，还需要有一种辩证的思维，正如学者所言，生产一台计算机需要的能源和材料大约是"15 吨到 19 吨"。[①] 再加上信息技术产品无止境的升级、淘汰、更新，还有一种无意识的"技术快速迷恋"心理，会催促着一种信息文明的问题积累。就像每个人在上下班时都在考虑哪里的交通好走，而不是考虑车辆数量如何控制。信息文明能够促使我们去全面掌控车辆运行的情况，也可以了解当前车辆拥有量与土地占用面积，但是如何促使信息在两个方面都能发挥效应呢？还是一面遮蔽，一面促进呢？背后是一种习惯的影响呢，还是一种经济决定的？众所周知，市场总是扮演着即时的需要，那么，这些任何时间任何地点都出现的技术是不是完全需要的呢？是一种信息需要吗？有无身体物理层面的微波辐射危害呢？我们有无一种替代品？是否手工、机械方式以及公共电话应该继续保留呢？这种选择性的产生和消失，究竟是谁来决定呢？是一种民主式的控制，还是一种资本的任性所为？即便当代社会已经接纳了一种

---

① Wolfgang Sachs, "Wasting time is an ecological virtue", *New Perspectives Quarterly*, Winter 1997, p. 8.

新的信息产品，那么作为个体能够了解多少呢？究竟在未来新的纳米技术产生，大量的排列组合式信息产品的不断涌现，人类个体自身还有没有一种可能去了解整个社会系统？在信息文明语境下，家庭主妇、农民、土著居民和女性都具有了参与社会事务的资格能力，都有了参与世界性事务的可能，这是一种草根大众式的胜利。这远比单纯的产业工人力量要强大很多。

第三节　信息关系："一切社会关系的总和"的信息加数

一　从信息封建主义到信息共产主义

将信息关系介入到人类社会关系层面去研究，能否对马克思主义人的社会本质观产生一定的影响？或者信息在各个领域的对话兴起，能否得到一种马克思主义人本质观理论的科学回应呢？总体上，将两者结合起来的文献综述，国内外直接以"信息关系＋马克思主义"为题的研究作品较少，仅有的一些成果，也是学者结合自身研究领域的一种反思、影射。实际上，两者在逻辑上是相通的。比如，学者们从社会发展形态角度开展"信息"的研究，相继提出了信息封建主义、信息资本主义、信息社会主义和信息共产主义等。这就是两者逻辑相通的具体体现，也再次印证了马克思主义人的社会本质观原则的科学性。

首先，信息封建主义的提出。究竟什么是信息封建主义呢？是封建主义在信息文明语境中的再现吗？其中的信息是什么意思呢？这里的封建又是什么意思呢？从当前已有的信息封建主义研究成果来看，这里的信息，并不完全等同于信息文明，而是更重于知识、新闻领域的信息应用。如澳大利亚学者彼得·达沃豪斯（Peter Drahos）、约翰·布雷斯韦特（John Braithwaite）在合著的《信息封建主义·知识经济谁主沉浮》一书中，就特别强调"知识产权文明"[①]；2012年赵平的《"离"与"合"：被操控

---

① ［澳］彼得·达沃豪斯、约翰·布雷斯韦特：《信息封建主义·知识经济谁主沉浮》，刘雪涛译，知识产权出版社2005年版，第1页。

的知识产权全球化——读〈信息封建主义〉》也是特别强调"知识产权";① 此外,还有一些学者的作品也是围绕这个领域展开的。② 同时,这里的"封建"是什么意思呢?综合已有的研究成果发现,这里的封建,也并不是一种"地主、农民"层面的封建含义,而是特指一种封建的特征,比如,学者梁志文在研究过程中将信息封建主义与杰斐逊难题、必要之恶、思想圈地运动、生物海盗、文化海盗等概念并列起来,凸显出一种"不平等"特征。③ 上述研究发现,在已有信息封建主义的成果看来,这里的信息,一般被等价于知识、知识产权、知识产权制度、图书情报、版权等;这里的封建主义,一般被等价于封建社会的不平等等政治学特征;从结构上看,信息封建主义,即"知识产权+不平等的政治学"。

其次,信息资本主义的反思。与信息封建主义概念不同,信息资本主义中的信息,在学者们那里已经不再局限于知识情报相关,而是指向了以微电子、计算机、通信、电视、广播、光电、纳米、生物和网络技术为标志的技术时代整体,其中信息资本主义中的资本主义也不再局限于一种特征挖掘,更加侧重于当代资本主义的经济生活、政治生活、文化生活和全部社会生活以及相应的制度都产生了深刻而重大的影响,社会描述主要是一种基于信息立场的资本主义描述。主要代表作是曼纽尔·卡斯特(Manuel Castells)的《网络社会的崛起》《千年终结》,其中提及了"信息资本主义的黑洞"④;此外,还有一些学者围绕此领域展开了详细的论述。具体方面,主要是体现在工业资本转向信息资本,与此同时,伴随着

---

① 赵平:《"离"与"合":被操控的知识产权全球化——读〈信息封建主义〉》,《电子知识产权》2012 年第 5 期,第 94 页。

② 2012 年易晓阳在《图书情报工作》刊物中撰文"美国《研究著作法案》述评",也着重论述了"信息封建主义";除此之外,我国一些学者主要是围绕彼得·达沃豪斯、约翰·布雷斯韦特的《信息封建主义》进行了评论,2013 年严永和的《"信息封建主义"说的主要贡献、不足与完善》;2014 年张昱辰在《批判视野中的版权研究:传播政治经济学的考察》一文中将"信息封建主义"作为一个关键词来看。

③ 梁志文:《政治学理论中的隐喻在知识产权制度调适中的运用》,《政治与法律》2010 年第 7 期,第 63 页。

④ [美] 曼纽尔·卡斯特:《千年终结》,夏铸九、黄慧琦等译,社会科学文献出版社 2003 年版,第 185 页。

线上交易、电子交易等信息交易方式的出现，信息资本更加自由化，进一步促使了资本全球化，造就了一个更加庞大的无疆界、无障碍甚至无时差的资本帝国。在信息资本主义视域当中，技术更新速度更快，产业创新的速度更快，消费地位不断抬升，工人的素质结构不断优化，信息贫富分化变得更加突出，一系列信息贫困者、信息不公平、信息垄断、数字鸿沟等问题不断凸显出来。

再次，信息社会主义的导向。与信息封建主义、信息资本主义研究显著不同：（1）对于信息社会主义进行研究的国内外学者并不是很多，其中，最有代表性的学者是中国青年政治学院的肖峰教授。（2）信息社会主义在概念界定上更加具有张力，其中，信息已经不再是一种单纯的信息技术，而是指向一个包含着信息技术、信息道德、信息文明、信息思维等一切相关的信息存在。（3）信息社会主义也不局限于一种现象描述，而是指向了一种价值追求、社会期待，更加强调信息社会主义的实践维度，更加注重信息社会主义的社会主义特征，属于基于社会主义立场的信息解读。代表性成果主要有肖峰教授的《从信息资本主义到信息社会主义》（2004）、《论信息社会主义》（2007）、《信息主义：从社会观到世界观》（2010）、《信息社会主义与信息资本主义：两种新社会形态对比研究》（2014）等。[①] 具体来说，当下的信息社会主义主要是一种理论和逻辑层面的价值期待，可以理解为一种信息技术和信息资本的社会主义运用，或社会主义的信息化（包括信息技术化和信息资本化）；也可以理解为工业社会主义文明的信息技术升级改造。这里的社会主义运用，体现出社会主义的信息技术先进化、实践化，通过微电子技术、计算机技术、通信技

---

　　① 华南理工大学张坤晶博士的《信息革命与社会主义的新特征研究——兼论"信息社会主义"的可能性》（2014）、《信息社会主义：一种社会形态的复合视角》（2014）、《"信息社会主义"的内涵与研究意义》（2013）、《信息社会主义：社会形态理论的新视角》（2013）、《信息社会主义的概念界定与若干理论澄清》（2013）；李新社的《信息社会主义》（2012）；赵静姝的《论信息社会主义及其实现》（2010）；马生忠的《信息社会主义社会》（2007）；除此之外，还有一些学者擦边球式地谈及了相关内容，比如，刘向晖在2005年出版的《网络营销导论》中引用性地提到了一种信息社会主义的历史地位，主要是基于一种新资本主义、后资本主义的角度，根据逻辑不断推演出一种信息资本主义、数字资本主义，再到"信息社会主义、数字社会主义"的到来；高放在《马克思主义和社会主义新论》中提及了"蒸汽……催生马克思主义，电气化……催生列宁主义，信息化……催生……本国特色社会主义……智能社会主义"；等等。

术、多媒体技术，以及信息服务、信息产业、信息经济、信息管理等社会主义运用，优化资源配置，通过自动化、智能化、无人工厂、柔性生产系统、计算机集成制造系统等措施增加社会主义财富，提升社会主义竞争力，释放信息生产力，最终为社会主义民主提供物质保障和信息手段，完善社会关系。

最后，信息共产主义的论证。与信息封建主义、信息资本主义、信息社会主义不同，信息共产主义更加侧重于一种愿景，强调信息给予人类的一种共产主义可能性。此领域的研究成果不多，并且研究方向、概念界定比较分散。对于信息共产主义的信息理解，有的学者侧重于知识，有的学者侧重于电子商务，还有的学者侧重于大数据、传媒技术等。关于信息共产主义中的共产主义，学者们也往往是基于自己的具体领域理解而进行论述。代表作主要有1999年姜奇平等在《知本家风暴·中国新知识分子宣言》一书中，阐述了"计算机社会主义和信息共产主义"；2001年张怀忠、向平、卢锋在《科学时报》撰文认为，"中国电子商务将走向'信息共产主义'"①。具体来看，信息技术结合共产主义，凸显出信息技术的物理特征彻底转向信息技术的社会特征，媒体的物理特征容易发生改变，但是基于媒体的人与人的关系却不容易改变。当代信息技术主要涉及"数字终端、移动互联、海量内容、超越时空、传受同体、自由多变"等特征，在逻辑上也与共产主义有着惊人的相似之处，比如，信息产品的极大丰富，以Twitter而言，一天新增2亿条微博，约有50亿个单词，比《纽约时报》60年的词语总量还多一倍，信息量达7TB；人人平等，工农、城乡以及脑体劳动三大差别逐步模糊，获取大众信息的门槛比较低；截至

①　张怀忠、向平、卢锋：《中国电子商务将走向"信息共产主义"》，《科学时报》2001年4月28日。除此之外，2004年陶文昭在《当代世界社会主义问题》中刊发《信息时代与社会主义的未来》一文，提到"信息时代来临之际的苏联解体和美国超强，右翼认为历史终结于资本主义，左翼则寄望于信息共产主义"；2010年叶开在《意林》中《苏东坡是最早开微博的人》一文提到了"信息共产主义"；2014年陆地在《新闻与写作》中《网络视频与信息"共产主义"》一文，阐述了"信息共产主义化的特征和影响"，文章认为"随着信息传播技术的不断翻新，新媒体的社会属性与作为社会制度和社会理想的共产主义的特点有着惊人的相似之处：信息产品极大丰富；人人平等；产品极大丰富"；2014年杨雅在《国际新闻界》撰写《大数据分析与可视化技术：新闻传播的新范式》一文，基于大数据可视化，详细介绍了"信息共产主义与信息霸权主义"。

2014 年 5 月底，中国的手机用户数量已达到 12.56 亿，互联网网民中农村人口占 28.6%，规模达 1.77 亿；自由共享、按需分配。马克思恩格斯对于共产主义的设想，在现实世界曾经感觉是 100 年不可及，但是仔细分析一下，信息社会中的自由分享、智能互动，实际上是对共产主义的一种科学印证。

从信息封建主义、信息资本主义、信息社会主义，再到信息共产主义，我们能够发现，这是一种基于信息关系与马克思主义人类社会形态的一种糅合，体现出了信息关系的发展仍具有马克思主义理论的社会特征，充分印证了马克思主义理论的科学性。学者们与信息的对话，从总体上来看，是处于一种从自然科学到社会科学、思维科学、系统科学的不断演变趋势当中；同时，对信息研究立场，也从单纯的信息特征描述，到复杂的信息理论建构，再到如今的社会主义立场需要，这些都是围绕信息社会形态化的一种深入发现，也是新时期与马克思主义对话的有益参照。正是在这个意义上，笔者不禁反思，信息关系介入马克思主义社会形态发展一般理论过程，是否存在着信息马克思主义可能？倘若可能，如何成为可能？在何种意义上才能存在？我们又应该如何认知？未来去向怎样？其本质又是什么？

二　"一切社会关系的总和"包含着新的信息关系

在信息文明语境下，现代人之所以为现代人，区别于传统人的社会关系特征是什么呢？前面所分析的社会关系信息化倾向，是否可以理解为一种现代人社会关系的信息特征？假如我们将现代人作为一个社会关系总和的果，那么，引起这个结果的因是什么呢？现代人究竟是怎样的呢？信息文明语境下的人究竟是怎样的呢？本部分主要尝试从信息文明语境下去介入人的现实社会本质。

（一）信息技术身体：一种身体关系总和的信息加数

生命体都有自己直接存在的身体，这也是现实的人从事现实活动、开展现实关系的一种基础，当然，这里的"身体"有很多种理解方式：第一种理解方式，身体就是一种自然的物质；第二种理解方式，身体既是一种自然的物质，还是一种社会的关系。Dame Mary Douglas 曾经将人的身体理解为"自然的身体和社会的身体";① 前者是受到生理规律控制,后者是受到社会规律控制,正如福柯所提到的医院、监狱、精神病院等"权力的规训"。倘若再延伸一下,当下社会中的人的身体跟过去人的身体有何区别呢?可能最大的不同就在于"信息关系中的身体"出现。这里的信息社会关系,无非就是强调信息技术关系和身体的一种互相建构,信息技术延伸着、改变着人的身体,在这个过程中促使着信息技术成为身体的一部分,当信息技术的作用不断提升时,就促使人的身体出现了第三种类型,那就是除去物质身体、社会身体之外的信息技术身体。当人拥有了信息技术身体之后,人就可以更加自由地跟外界保持沟通,更加自由地展示自己的潜力,比如,当下比较流行的"奇秀网"等,就是个人通过信息平台展示自己,进而寻找商业生存发展的价值。倘若没有了这样的一个信息技术身体,可能现代的人就不能算是一个完美的个性身体。在这个意义上,人的身体在越来越摆脱一种遗传的物质的含义,即便是精神的身体也逐步祛魅,人的身体越来越走向一种社会的经验的技术的含义。这是一个信息技术身体增魅的社会发展阶段。

信息技术身体之所以会不断引起关注,是有历史原因的。过去人们在生活中,也存在信息身体,只不过那是广义上的信息,主要是身体的原始的口耳相传的技艺,这种信息身体具有气态的即时性,不利于保存,后来又被"书写语言身体"所代替,这种在柏拉图看来是没有人情味、破坏记忆的技艺,却比口耳相传先进多了。毕竟其有助于理解、学习。这两种方法已经流传几千年,足以说明其对于身体的价值重要性。但是信息技术身体的出现,则是首先指出了两者的缺陷所在。比如,在信息技术身体之前,人们的信息活动都是"纯粹的、亲身的、空间有限的",我们需要一个强大的信息储存技术身体、信息处理技术身体、信息沟通技术身体、信息搜索技术身体、信息传播技术身体等,这一切说明人的身体已经发展到一个关键性节点。起初的时候,人们只是通过自己的身体去接触外界、表达意义,后来人们通过实物、符号、文字去表达自己的身体意义,再到现在的信息处理、信息沟通技术来体现自身的身体意义。

信息技术视野中的身体不再是"听觉中心""视觉中心",而是转向

---

① 肖峰:《论身体信息技术》,《科学技术哲学研究》2013 年第 2 期,第 65 页。

了"体外的""综合的"社会中心。换句话说，我们所认知的世界、感知的世界不再是局限于自己去切身感受，而是更加依赖于一种社会集成的经验感受。但是，这里需要注意的是，信息技术身体，并不是十足完美的身体。毕竟信息技术也带来了大量的需要解决的问题。这些问题也会带进人的身体中来。比如，大量信息的处理问题，现在我们经常看到一些新闻，如"低头族""玩手机坠地铁"等，实际上就足以说明信息技术身体需要有一个与身体其他方面兼容的过程，这个过程所带来的问题比以往任何时候都更加复杂。此外，就是一个基于信息处理延伸出来的问题，信息技术的真伪识别问题。具体到实际生活中，哪些信息技术是身体需要的呢？哪些信息技术是需要尽快摆脱的呢？这个做出选择的过程也是极度痛苦的，好在人可以借助于信息技术本身做出个性选择，倘若物质的身体不相信体外的技术，植入芯片则会成为一种未来社会身体发展的趋势了。当我们向身体内部植入芯片的时候，就意味着"赛博人""电子人""信息人"等新物种的诞生了。究竟这是一种身体的进化，还是一种身体的退化呢？是信息技术的进步，还是信息技术的占领呢？这种信息技术与人的无缝对接，究竟会把人的身体推向何方呢？这是一系列的信息技术伦理观问题。我们需要看到的是现代人的身体越来越信息技术化，信息技术也越来越人性化，同时，我们也要看到我们的物质身体、精神身体也越来越处于一种"祛魅"的状态之下，加之长期地被信息技术所引领，无疑我们的感官、第六感会变得迟钝进而退化，这一切都要去面对。

（二）信息技术精神：一种精神关系总和的信息加数

信息关系与人的精神在逻辑上是互补的、相通的。从一定意义上来看，人对世界的精神反应，实际上就是一个世界的信息化过程，也可以这样去理解，世界万物在电脑中呈现就是信息，世界万物在头脑中再现就是精神。特别是当下，人们正在信息技术领域不断取得新突破，人类也在伦理接纳层面不断释放新的空间，这也给了信息文明与精神文明深度的结合机会。在当前的语境下，甚至人的精神只有经过信息的解释才能是有意义的，才会更加有效。同时，信息关系的不断加强，说明了社会关系的不断加强，这里凸显出一种信息的增魅，人的精神不断被解析，处于一种不断祛魅的地位层面。最近，李世石与电脑展开了五局世纪围棋大战，最终李世石惨败，这就反映出一种精神与信息的冲突，这里的冲突不断促使着信息在向人的精神浸入方面更加自信，同时，信息关系逐步吸纳进人的价值策略、算法优势、记忆能力，而在这样的一个过程中人的本质并不是完全被动地去接受信息的审判，而是不断地反思信息的逻辑，人类开始向信息学习，学习信息的优势，在我们逐步地向电脑学习的时候，我们实际上也开始了漫长的自我反思，我们的优势在哪里呢？是情感还是情绪？灵感还有意义吗？人类的想象，在未来的计算机看来，只不过是其自我思想对局的几千万分之一，我们人类如何面对这个前所未有的压力呢？是应该庆祝科技人工物的胜利，还是黯然伤神自己被计算机打败呢？至少有一点可以确定，那就是人的精神不再那样神秘，不再那样高傲，我们需要正视我们精神自身的有限性，就像我们的嗅觉不如宠物狗，我们的夜间的视觉不如猫头鹰，我们的奔跑不如动物园里面的猎豹一样，我们需要接受一个事实，那就是我们需要客观地量化我们周围的精神现象。曾几何时，精神被看作是物质之花，进入信息文明语境中，似乎信息才是精神之蕊，此时，究竟信息是精神的产物？还是精神是信息的产物？将来两者会是一种什么样的关系呢？是信息完全超越精神吗？比如计算机会想哭就哭，各种哭法，还是人的大脑高度精确化，或是人类只能坐在角落里面高唱一曲？深入地追问，我们还会什么呢？我们人类独享的工作优势是什么呢？基于上述的畅想，我们可以得出这样一个大胆推断，那就是精神与信息已经是不可分割的了，与此同时信息数据正在源源不断地给人的精神认识提出新的挑战和问题，有一些是针对传统认识的更新不迭，有一些是针对传统精神认识的缺陷，有一些是人的精神逻辑存在问题。总而言之，将精神与信息割裂开来研究已经不再成立，只有将两者紧密结合起来，才能真正看清信息的精神面貌。

积极地看，一个人在信息关系中的处境是极其尴尬的，但是作为一个人类群体而言，似乎这样的信息化还需要不断升级，因为正是这样的信息化不断推动，我们才能不断地通过哲学对其进行批判，更要对信息关系问题进行深入研究，以便拓宽我们的研究视野和路径。特别是信息方法、信息认识逻辑、信息工具等层面的利用，实际上也是人脑的一种延伸，这比过去任何的器官延伸更有意义。通过信息工具，我们可以保存我们的思想；通过信息工具，我们可以具备选择人生的机会；通过信息工具，我们的精神可以永远得到储存，难道不也是一件有意思的事情吗？当然，精神层面的改变，并不是单纯的精神主体的改变，精神客体、精神中介等层面都会发生巨大的变化。在未来的信息语境中，我们可以与石头进行一种信息沟通，我们可以知道大桥的感受，我们能够听到灰尘的呼喊，这是一个多么神秘的却又令人向往的未来世界啊！

只不过从人的本身出发，我们会产生这样的疑虑，这种认识是一种精神主导呢，还是一种信息主导？我们的精神权是取决于人脑，还是机器？倘若未来世界一切都可以沟通，那么主体还是我们吗？人又应该如何去定义呢？信息从一种工具的角色逐步具有了选择、主导权，我们人类的角色呢？只是世界的看客吗？况且我们看到的事物是清晰的吗？

当下，最先进的 PET（正电子放射层扫描技术）、FMRI（功能性磁共振成像）、EEG（脑电描记术）或 ERP（事件相关电位）技术已经可以获取大量的脑功能数据了。究竟这些信息关系、计算机能力会改变我们人吗？会改变我们的精神力吗？会提高我们的智商吗？假如可以改变，这一切又会如何实现呢？如果成功了，我还是我吗？超微型机器人、电子人、遗传工程人等这些信息人，假如能够复制下载别人的意识，我们又怎样去界定认识主体呢？在线自我是否会形成一种特殊自我，人的躯体是否会被信息强化、信息改变、信息添加？人的精神是否会出现性格自我、多重自我、关系自我？人与人之间的交往是否会因为信息技术的介入，而发生形象交往变化、反应交往变化，最后导致生活电子化、信息化？机器人信息系统，究竟是属于一种没有利益没有自我的第三人称的"认识代理人"，还是具有一定的工作能力的人格？我们的精神主体会由人转向"人、机系统"吗？

在一个多重主体的世界，我们所有的认识体验是不是全部要推倒重来？主体之间的沟通与交流是一种人与人的关系模式吗？有没有一个主导者呢？假如人处于被动的地位，那么，我们是不是就回归到了最原始的物的依赖状态？人的依赖？信息的依赖？我们就将是自由了还是更加束缚了？倘若看到这样的一个人类前景，我们是继续在信息领域大有作为，还是退回到过去的小国寡民呢？我们是否会从一种传统的人物二元进入到一种物信二元状态，有没有一个第三世界呢？

（三）信息技术自然：一种生态关系总和的信息加数

将信息介入生态方面，实际上就促使着人与自然问题解决的信息化趋向。总体而言，信息文明和生态文明具有很强的逻辑契合性，人和自然关系问题的突出以及信息关系的凸显均属于工业文明发展到一定阶段的产物，特别是生态文明和信息文明均属于对工业时期问题的扬弃和超越。与此同时，信息文明唤醒了生态意识，特别是重视信息文明、信息价值，信息文明所渗透出来的系统性、有序性，促使人们以理性有序的眼光去看待人与自然之间的关系；生态文明唤醒了信息意识，特别是重视生态文明、生态价值，所渗透出来的可持续性、低耗费性，也为信息关系的处理提供了迫切性的要求，促使人们从物质消费主导观转向信息消费主导观，进而实现人类进入后物质主义，这也从生产力的发展语境中实现了生态减负。由此可见，将信息关系介入生态问题，实际上也是运用社会规律、信息规律去解答自然矛盾的关键所在。此外，信息文明语境下的生态危机批判，归根到底属于一种历史唯物主义的社会批判，区别于法兰克福的人道主义文化批判。在未来构想上，信息文明，注重于形成一种根本性的革命性的生态手段、生态思维、生态技术，去改变和创新一种生态文明。比如，新能源、新材料的开发以及新材料、新能源的采纳，再加上信息化学以及信息生物学等领域交叉存在，在信息数据库、信息技术工具、信息化实验的支持下，一方面信息化的不断升级促使了生态危机的转向，另一方面就是信息化克服了资源、环境等物理性层面的约束，总体上为生态危机的解决提供了一种大不同的新思路。

一种虚拟环境下生态问题解决参照。在信息文明语境下，虚拟实验、虚拟资源、虚拟生态、虚拟劳动等的出现，特别是三维立体、形象可视的交互出现，以及在此基础上的共享与快速传递，实际上从根本上克服了传统实验场景的资源以及时空限制，这些虚拟现实技术的成果是改善生态环境、环境规划、治理决策的重要方面，很多环境问题已经得到了有效的检测、模型处理以及方案设计。比如，通过有效的虚拟技术模拟，在虚拟环境中进行环境恢复，检测人的努力效果。这一切在传统社会是无法预见的。比如，基于现实经济、现实技术的信息集成共享系统、生态工业园区、生态水等出现，能够有效地转换资源废料，同时，也保护了环境，这对人类来讲，更加优化了资源配置，更加有效地实现了资源的替代。

一种信息式的生态污染出现。过去文明形态中的污染多是一种物理型的污染，进入信息文明语境当中之后，一种基于信息关系爆炸的信息污染也随之出现。过去污染主要是基于人与自然层面去理解，时至今日，所谓的污染，也已经开始出现在人与人层面，最突出的特征就是，伴随着有效信息的出现，一些多元的、失控的、失真的信息垃圾随之出现，当下的人们被动地接收着周围的信息，渐渐失去了自己的选择和想象，而是把主动权交给新闻工作者、社会科学家以及政治家。在这样的一种语境下，人们逐步把追逐紧张、兴奋当成一种日常的生活节奏，一种平静的、正常的心态、身态，现在正在成为异常、无聊。为何人们作为一种创造性的动物，最终自己的产品会促使自己走向无聊、越来越不容易满足呢？是否意味着将来的痛苦感会不断延伸呢？这种人的潜力继续下去意味着人的能力不断提升呢，还是意味着"从未有过的压力"①！

第四节　本章小结

本章主要是围绕信息关系，基于马克思主义人的社会本质思想，展开了对"在现实性上，人的本质是一切社会关系的总和"的具体解读。本书认为，在信息文明语境下，"一切社会关系的总和"包含着信息关系这一加数，也就是可以这样讲，信息关系是马克思主义人的社会本质学说需要考虑的方面。本章就这一问题从相关社会关系、信息关系的具体表现等进行了探究。

信息关系，属于农业关系、工业关系的进一步发展，也属于共享关系、虚拟关系、互动关系等具体关系的统领，作为一种具体的、社会的、历史的关系存在，其必将对人的本质、社会发展产生至关重要的作用。人是现实世界中的人，也是现实世界中的"技术物"。伴随着互联网技术、物联网技术等的出现，现实中的人所身处的现实世界逐步映射出一个人与人、人与物可以感知的信息世界，信息技术在将现实世界虚拟化、抽象化的同时，也逐步将人与人之间的关系虚拟化、抽象化，进而出现了另一个崭新的现实社会关系——"信息关系"。从概念上来看，信息关系突出表现在经济关系信息化、政治关系信息化、文化关系信息化、思维关系信息

---

① 李世石在 2016 年 3 月 11 日与 Alpha Go 大战三局，以 0∶3 落后时在新闻发布会上的讲话。

化等子方面；突出表现信息文明语境下社会关系的交叉化、复杂化；突出表现在信息文明语境下的信息关系的产生，以及其社会关系、人的本质的影响。

信息关系是一种信息主导型关系。这一时期的特征是，生产力高度发达，此时的主要原料是"信息知识"，此时生产的自动化和智能化逐步推广，工人的知识化和信息化逐步提升，又脏又累的体力劳动逐步退出现代企业工厂，工人开始站着监视工厂的运作，个性化生产成为主流。信息资本、虚拟劳动逐步打破时空限制，生产与闲暇变得无法区分。在信息社会中，信息资源的广泛存在对于信息社会中的生产力系统、生产过程、人们的生产生活以及思维方式产生了巨大的影响，并在人们的实际生活和实践认识中得到了确认。在信息文明时代，人们的社会关系越来越不再单纯依赖物质资源，而是集体转向一种非实体生产要素。信息关系是一种"去中心、去传统"型关系。现代信息产业所展示出来的"协作关系"，凸显出了"关系型实体"的重要性，同时也逐步形成了一种"去中心"化的趋势，在这个系统当中，每一个环节都是不可缺少的。每一个信息纽扣都是重要的，都具有不可替代的作用。信息技术通过创新、共享、传播和创造性使用，逐步推动信息与物质、能量资源高效结合，创造出各种智能化、信息化、网络化的生产工具，以无形的信息知识不断创造出高附加值的产品。同时，在信息关系中，人们的生活方式、行为方式、休闲娱乐方式、社会组织方式、组织管理方式等发生显著变化，对整个社会的意识形态、文化价值观念以及人们的思维方式等也产生了深远的影响。信息关系不仅印证了马克思主义关于社会关系的科学论断，也解释了人的现实性本质。同时，丰富了马克思主义人的现实性本质。在信息文明语境下，在人的社会本质上，"一切社会关系的总和"具有了信息加数的可能性。

第 七 章

在人的本质力量上：信息需要
提供了新的具体证明

使一个人的有限的生命，更加有效，也即等于延长了人的生命。

——鲁迅

很多人在解释马克思主义人本质观时，往往止步于人的类本质和人的社会本质这两个领域。实际上，马克思主义人本质观区别于传统人本质观的关键之处，就在于马克思主义人本质观不会停留在理论层面，而是会指向实践层面，这才是马克思主义人本质观最为精彩的地方。在理论上解析人的本质之后，接下来，就是要为实现人的本质力量而不断进行深入的探究、分析。究竟如何才能实现人的本质呢？如何才能更多地爆发出"惊人的才能，即在伟大事实还在我们眼前展开或者刚刚终结时，就能准确把握住这些事实的性质、意义及其必然后果"① 的马克思式力量呢？正是在此意义上，马克思将人的需要介入到"人的本质力量的新的证明和人的本质的新的充实"层面。

马克思主义人的需要理论极其重要：（1）马克思主义需要思想是马克思主义理论中很重要的一个组成部分，也是马克思主义人本质观当中的一个基础性范畴，人的需要理论不断赋予马克思主义人本质观新的内涵、生命力。（2）在唯物史观的指导下，马克思主义人的需要思想是丰富的，在需要层次上既有生存需要方面的关切，又有享受需要方面、发展需要方

---

① 《马克思恩格斯选集》第 3 卷，人民出版社 1995 年版，第 1—3 页。

面的涉及。与此同时，在分类上，马克思主义人的需要思想既有本原层面的需要考虑，又有社会性的需要考虑，从需要层面区别了人与动物。（3）在马克思主义人的需要思想那里，人的需要不断被发现，人自身也正是在与自然界、社会不断交互的实践过程中，最终促使着人类的解放和全面发展。也就是在每一个社会发展阶段上，人们都会有一个人的本质层面的需要被解读，也正是在需要被解析的过程中，人的本质不断得到新的证明和确认。

总起来讲，马克思主义的需要思想在马克思主义人本质观领域是至关重要的，也正是在不断地与实践的磨合中产生一种理论生命力。正是在这样的一种前提下，在信息文明语境中人的需要、人的本质力量会是怎样的呢？信息文明语境下的需要是否会对人的本质提供一种新的证明与确认呢？

第一节 "人的本质力量的新证明、新充实"的科学解读

"需要"在马克思主义经典著作当中有着重要的地位，也是当今学术界研究的对象，值得我们做进一步探讨。

一 马克思主义人的需要思想演变

（一）马克思恩格斯提升了需要思想的地位

在马克思以前的哲学家那里，人们往往是从唯心角度去探究需要，把思想动机看作是历史的终极原因，甚至需要还被理解为一种卑劣的东西。人们追逐自由，追逐正义，追逐永恒，人的需要和利益往往会被理解为一种不屑一顾的东西。这种将需要理解为一种自然的生物式的内涵，实际上是没有真正把握人的需要，这是一种外在的需要描述，缺乏一种内在规定性。马克思恩格斯的需要思想并不是一下子形成的，也不是一种独立的思想论断，而是穿插在劳动力价值思想、剩余价值思想以及资本主义危机等系列思想体系当中。在《莱茵报》期间，马克思恩格斯遇到了需要的理论问题；在《导言》当中，马克思恩格斯涉及了人的物质需要；在《手稿》当中，马克思逐步将需要进行了比较详尽的解析，"……人的本质力

量的新的证明和人的本质的新的充实……"① 在这里,马克思将过去的精神层面的需要与现实的社会生产、生产力以及社会关系以及主体人的价值联系在了一起;到了《德意志意识形态》那里,马克思恩格斯科学地界定了需要的社会作用,也看到了需要的变化性:"……第一个历史活动就是生产满足这些需要的资料,即生产物质生活本身","第二个事实是,已经得到满足的第一个需要本身,满足需要的活动和已经获得了为满足需要用的工具又引起新的需要……" 甚至马克思恩格斯在论证共产主义社会时,也把劳动看作是"生活的第一需要"。总起来讲,马克思恩格斯对需要思想进行了深入细致的论述,也提供了崭新的研究方法,将需要提升到人的本质层面,实际上是促成了需要的哲学革命。

(二) 马克思主义者不断将人的需要思想渗透进新实践过程当中

马克思主义者继承了马克思的需要精髓,在不同的社会语境中,提出了系列不同的需要思想。比如,李大钊从第三种文明角度界定了需要,"第一文明偏重于心灵;第二文明则偏于物质;第三文明,乃灵肉一致之文明,理想之文明,向上之文明也"。② 毛泽东将需要不断介入到实践过程中去理解,在他那里,主要是论及群众和党员两个层面的需要,对于群众需要而言,毛泽东认为,"坚持把人民群众的需要放在首位,通过解决群众的穿衣、吃饭、住房、柴米油盐、疾病卫生、婚姻等问题,构筑实现人民群众的不同需要的可行性路径"③。对于党员需要而言,毛泽东认为,"共产党员无论何时何地都不应把个人利益放在第一位,而应以个人利益服从于民族的和人民群众的利益"④。邓小平在实践中既关注人的物质需要,又谈到了人的精神需要,丰富了现实实践中需要观,实现了现实语境下的人的本质具体充实:"不重视物质利益,对少数先进分子可以,对广大群众不行……革命是在物质利益的基础上产生的,如果只讲牺牲精神,不讲物质利益,那就是唯心论";⑤ 同时要"提高全民族的科学文化水平,

---

① 《马克思恩格斯全集》第 42 卷,人民出版社 1979 年版,第 132 页。
② 《李大钊全集》第 1 卷,人民出版社 2006 年版,第 173 页。
③ 《毛泽东选集》第 1 卷,人民出版社 1991 年版,第 136 页。
④ 《毛泽东选集》第 2 卷,人民出版社 1991 年版,第 522 页。
⑤ 《邓小平文选》第 2 卷,人民出版社 1994 年版,第 146 页。

发展高尚的丰富多彩的文化生活，建设高度的社会主义精神文明"①。江泽民继承了前人的需要思想，创新性地提到了社会主义初级阶段下的人的全面发展的问题："既要着眼于人民现实的物质文化生活需要，同时又要着眼于促进人民素质的提高，也就是要努力促进人的全面发展。"② 这一思想体现出了人的需要思想具有超越性，这是马克思主义需要思想的一种合理性发展，胡锦涛结合新时期社会发展的时代际遇，通过科学发展观科学论证实现人的需要的根本方法，进而在社会主义物质文明、政治文明、精神文明协调发展中实现以人为本。③ 习近平结合人民需要提出"对最广大人民有利"，"创造人民美好生活，促进人的全面发展"。④

二 马克思主义人的需要思想内容

（一）将人的需要放置到人的本质层面来理解

不同于之前学者给予需要的卑下定位，马克思恩格斯是把人的需要等同于人的本质的，"任何人如果不同时为自己的某种需要和为这种需要的器官做事，他就什么也不能做"⑤。由此可见，需要理论对于马克思主义人的本质的重要性。即便是马克思主义形成之后，马克思恩格斯依然把人的需要放置在"人的本性""活动的目的""劳动的意义"层面去理解。（1）马克思将劳动、实践、人之为人的类本质与需要紧密结合起来，"劳动过程，就我们在上面把它描绘成它的简单要素来说，是创造使用价值的有目的的活动，是为了人类的需要而占有自然物"⑥。（2）马克思恩格斯将人的社会本质与人的需要通过实践紧密结合起来，他们把人的需要称为人的本性，把人的自然需要叫作"人的一般本性"，把人的社会性需要叫作"历史地发生了变化的本性"。⑦ 实践是马克思恩格斯关于人的需要理论的根本出发点。在马克思恩格斯看来，人的需要具有一定的社会历史

① 《邓小平文选》第 2 卷，人民出版社 1994 年版，第 208 页。
② 《江泽民文选》第 3 卷，人民出版社 2006 年版，第 294 页。
③ 胡锦涛：《在中央人口资源环境工作座谈会上的讲话》，人民出版社 2004 年版，第 3 页。
④ 《习近平谈治国理政》，外文出版社 2014 年版，第 9 页。
⑤ 《马克思恩格斯全集》第 3 卷，人民出版社 1965 年第 329 页。
⑥ 《资本论》第 1 卷上册，人民出版社 1975 年版，第 201 页。
⑦ 同上。

性，并第一次建构了需要的社会体系和需要的历史序列："一当人们开始生产他们所必需的生活资料的时候，他们就开始把自己和动物区别开来。正是在生产活动中，人改造了自己的自然需要，产生了新的历史的需要。已经得到满足的第一个需要本身、满足这一需要的第一个历史活动及活动所创造的工具，又引起新的第二个需要，这种第二个需要才是第一个历史需要"，这就是马克思恩格斯的"需要和实践辩证法"。

（二）马克思主义人的需要思想是社会的、历史的、实践的

在马克思主义看来，人的需要不仅仅是精神层面的，更是体现社会的、历史的、实践的。社会实践的不断发展演变，注定了人的需要也会随之具有新的特征。结合整个人类社会实践，无非是要解决三大实践问题，其一就是生存实践，其二就是发展实践，其三是自由实践。这个过程与马克思主义以及现代学者人的需要思想是高度吻合的。人的需要也正是在解决这些不同社会问题过程中实现了一种发展。比如，二战后，世界各国实践是注重经济建设的，这是社会需要，这一实践和需要直接促生了战后经济繁荣，但也出现了经济分化、社会失衡、通货膨胀、文化冷漠、生态危机等社会问题；鉴于这种背景，后来人逐步将实践和需要转向"生存、尊重、自由，就业、教育、生态"等方面，随后，欧洲成立了"新经济学研究会"① 提出"生存经济学"；世界环境发展委员会在《我们共同的未来》中论述"可持续发展"②。经历过一系列的实践和反思，我们能够明显感觉到人类的进步，但是，这种进步却也始终伴随着苦恼的问题，归根到底，这样的发展困惑都是源于一种实践层面的"以物为本"，也为以人为本的科学发展观提供了一种需要的契机。

由此可见，人的需要是社会的、历史的、实践的，从原因层面来看：（1）人的需要是受制于社会历史的发展水平，不经历过工业革命的大起大落，我们不会理解无产阶级的真实需要，不经历过严重的生态破坏，我们不会控制自己的物质生产欲望。（2）人的需要总是不断变化的，这种需要的变化，不仅仅有量的方面的积累，还有质的飞跃。总起来看，人的需要是伴随着社会的不断发展而丰富起来。（3）在某一个特定的语境下，

---

① 程伟礼：《马克思的发展理论与科学发展观》，上海市社会科学界学术年会，2006 年。

② 世界环境发展委员会：《我们共同的未来》，吉林人民出版社 1987 年版，第 1 页。

人们的需要具有一定的有限性和层次性，比如，在一个商品繁荣的社会，人们很难将自身的需要从中抽离出来，同时，按照马克思主义的历史唯物论和实践本质，不同历史发展阶段的人的需要也具有不同的体系性和层次性点。马克思将其理解为：第一是人的生存或生理需要。第二是人的谋生或占有需要。第三是人的自我实现和全面发展的需要。

（三）马克思主义需要观的时代启示

通过对马克思恩格斯需要观的深入理解，我们可以初步得到以下几个具体结论：（1）需要内容是客观的人对物质生活条件和精神生活条件等方面的依赖关系："物质……制约着整个社会……政治……精神……。"① 列宁也指出，"……如果没有资本的帮助，要保持无产阶级政权是不可能的……"② 结合"……一辆汽车、一架飞机、一辆坦克、一辆拖拉机都不能制造"③ 的国情，毛泽东提出了"工业化、现代化"的分步走战略，改革开放后，中国特色社会主义始终坚持"以经济建设为中心"。邓小平把经济建设提升到维护社会主义制度的高度，认为"……不发展生产力，不提高人民的生活水平，不能说是符合社会主义要求的"④ 因此，在接下来的改革开放中，我们始终把实现经济增长作为社会主义建设的内涵逻辑，促进经济的高速增长，提升综合国力，提高人民生活水平。信息文明语境下，生产力得到极大释放。比如，物联网（Internet of Things，IoT）的出现，强调"物物相连的互联网"，一方面信息网络的优势得以发挥，另一方面物品与物品之间实现了"最优分配"。（2）需要是人对物质生活条件和精神生活条件等方面的有意识的能动的自觉反映。（3）需要是历史的社会的需要。需要的主体是一定社会历史发展阶段上的社会群体和个体，不仅是自然和社会的统一体，还是身心的统一体，其需要是具体的、历史的。过去在看待人的需要时，人们往往会陷入一种精神层面的思辨语境当中，在科学的需要思想层面，马克思主义者在分析需要时，是将其与具体的社会实践水平、社会历史发展阶段以及主体的价值等多层面结合起

---

① 《马克思恩格斯全集》第 13 卷，人民出版社 1972 年版，第 8 页。
② 《列宁全集》第 41 卷，人民出版社 1986 年版，第 61 页。
③ 《毛泽东著作选读》下册，人民出版社 1986 年版，第 710 页。
④ 《邓小平文选》第 3 卷，人民出版社 1993 年版，第 116 页。

来探究，是将需要作为一种人的本质力量来分析。也就是说，不同的社会实践语境下，人们对于需要的认识是不同的，需要所起到的人的本质解蔽、证明结论也是不同的。那么在信息文明语境下，人的本质力量是怎样的呢？人的需要又是怎样的呢？

第二节 信息需要的出现和概念界定

一 需要的信息化特征呈现

（一）需要：从简单的抽象到具体的复杂

需要并不是纯粹抽象的，其在不同语境中、在不同的学者看来，在不同的历史阶段、不同侧重点都有着不同的理解方式。（1）从概念上来看，主要存在多种含义，第一种含义是应该有、必须有、必要、有理由要等意思。第二种含义，就是对事物的心理主观认同层面的欲望或要求。比如，"革命功利主义任何时候都需要"[①]。魏巍在《东方》第五部第十一章中写道："在艰苦残酷的环境下，不仅下级指挥员需要上级的支持，上级指挥员也同样需要下级的支持"，上述的"需要"，主要是强调需要的第一种含义；而洪深在《劫后桃花：二四》中所谈论的"为了外国人的军事需要，小民便不能保全他们的田园家宅了"[②] 就属于需要的第二种含义了。第三种含义，主要是强调一种社会语境下的缺失或期待。第四种含义，主要是系统思想，即人或主体的一种客观现实的状态、主客体能量交换的紧张状态、不平衡状态。（2）不同学者基于自身研究立场对需要的概念定位也是不同的。起初的德谟克利特认为："没有宴饮，就像一条长路没有旅店一样。"[③] 柏拉图则是把正义放在了需要的较高位置："正义平时在满足什么需要，获得什么好处上是有用的。"[④] 伊壁鸠鲁的需要则是侧重于趋乐避苦，在他看来，欲望是人的本性，而"身体的无痛苦和灵

---

① 秦牧：《长河浪花集》，人民文学出版社 1978 年版，第 1 页。

② 《洪深文集》，中国戏剧出版社 1957 年版，第 10 页。

③ 北京大学哲学系外国哲学史教研室：《古希腊罗马哲学》，生活·读书·新知三联书店1957 年版，第 118 页。

④ ［古希腊］柏拉图：《理想国》，郭斌和、张竹明译，商务印书馆 2002 年版，第 9 页。

魂的无烦恼"的"快乐"则是人生的最终目标。① 霍布斯认为，在自然状态下"人在身心两方面的能力都十分相等"。② 爱尔维修把"个人需要"看作是实现快乐的一种基础，而"社会需要"是评价需要合理性的标准。③ 波德里亚认为，人的需要的增长与生产力的发展的不平衡性引起了消费社会的产生，并且，此时的"消费"，不再是商品的使用价值，而是"交换价值"。④ 中国古代的"需要"往往以"欲望"面貌呈现，正如孔子所言："饮食男女，人之大欲存焉。"⑤ "仁远乎哉？我欲仁，斯仁至矣。"⑥ 在这里我们可以看出古人已经看出了人是"物质需要和精神需要"的结合体。康有为认为："人生而有欲，天之性哉"⑦ 这一思想将人的需要与人的本性、本质关联起来。孙中山指出，"民生就是人民的生活，社会的生存"⑧。孙中山能够将人们的需要作为一个整体提出，改变了封建中国以王独尊的思想观念，开始重视人民的需要，这也是一种社会历史需要观组成部分。（3）人们对需要的认识，并没有局限于一种论断以及内容，而是不断形成一种系统的需要观，而且这个系统也是处于不断变化、发展状态中。从当今需要特征层面来看，主要是存在着社会需要的多元和个体需要的显白，更加注重一种社会生产和个体消费的整体过程；从需要的产生层面来看，人们不再将需要看作是一种自然而然的现象，而是把需要看作是一种"人的本性"。⑨ 与此同时，心理学家侧重于将需要理解为一种基于对客体认识的逐步明晰和自我认知日渐提升而产生的人的需要，是人之为人所特有的精神活动的产物和表现，还有学者开始解构人的内在愿望、欲求、能力和主体；社会学家则将其侧重于需要的"社会尺度"，⑩

---

　　① ［古希腊］伊壁鸠鲁、［古罗马］卢科来修：《自然与快乐——伊壁鸠鲁的哲学》，中国社会科学出版社 2004 年版，第 33 页。

　　② ［英］霍布斯：《利维坦》，黎思复、黎廷弼译，商务印书馆 1985 年版，第 92 页。

　　③ 北京大学哲学系：《十八世纪法国哲学》，商务印书馆 1979 年版，第 499 页。

　　④ ［法］波德里亚：《消费社会》，刘成富、全志钢译，南京大学出版社 2001 年版，第 47 页。

　　⑤ 王云五：《礼记今注今译》，王梦鸥注译，新世界出版社 2011 年版，第 200 页。

　　⑥ 杨伯峻：《论语译注》，中华书局 2005 年版，第 74 页。

　　⑦ 《康有为大同书手稿》，江苏古籍出版社 1985 年版，第 41 页。

　　⑧ 《孙中山选集》，人民出版社 1981 年版，第 765 页。

　　⑨ 《马克思恩格斯选集》第 1 卷，人民出版社 1995 年版，第 78 页。

　　⑩ 李连科：《哲学价值论》，中国人民大学出版社 1991 年版，第 55 页。

凸显出社会历史条件对于需要产生的客观层面的制约性；还有很多重视学术系统性的学者认为，需要的产生是源于一种"社会实践过程中的交互"，是自然界生命物质和社会历史长期进化的产物。① （4）需要是一个复杂体，需要可以理解为人体组织系统中的一种缺乏、不平衡的状态。在影响因素方面，人需要的产生，主要是受到"生理、情境以及认知水平"的影响而存在。首先，生理方面的不平衡、缺乏会促使需要的产生，这里的需要产生往往是包含整个神经系统、激素系统以及有关器官的整体状态。其次，就是情境会诱发或增强人的需要产生，其中的情境并不仅仅是自然情境，也可能是社会情境。一般而言，积极情境对一个人而言，会产生积极的需要，消极的情境往往会促使人产生消极的需要。最后，人的需要的产生也受到认知因素的影响，这里主要是强调一种个体主客观的条件分析和判断。在种类方面，需要的分类多种多样，主要是集中在以下两大领域，其一是自然性需要和社会性需要。马克思曾指出，可以把人们的需要区分为社会创造的需要和自然的需要。这里自然性需要，主要是强调生物机体内部某些生理不平衡状态所引起的，对有机体维持生命、延续后代有重要意义的需要。这里的社会需要是区别人与动物的一个主要方面，是个体受到个体所处的文化背景、社会风俗以及经验的影响，在成长过程中通过后天习得的、与人的社会生活相联系的各种经验积累所获得的一种特有的需要。其二是物质需要和精神需要。物质需要，具体涉及衣、食、住、行等生存基础需要；精神需要，主要是涉及对文化、艺术、科学知识、道德观念、政治信仰、宗教信仰、社会交往等活动的需求。我们不能孤立地看待物质需要和精神需要，它们之间存在着密切的联系。

（二）信息需要的出现

信息文明语境下，信息需要已贯穿人们的学习、生活、工作、闲暇等所有时空。美国退役华裔军人狙击手顺子坦陈，在阿富汗战争期间，在那段岁月里，唯一安慰自己的就是可以在完成任务之余随时可以与家人进行视频聊天。当然，我们可以将这种思念家人理解为一种传统的亲情需要、理解需要，那么这种传统的亲情需要和孟姜女哭长城有何区别呢？最大的

---

① 王成兵、孙秉文：《人多层次需要的凝结体——评现代西方学者关于人的需要的学说》，《西北师范大学学报》（社会科学版）2001年第2期，第9页。

差异就在于这里面出现了一种现代社会语境下的信息需要，就可以理解为"人们在从事各项实践活动的过程中，为解决所遇到的各种问题而产生的对信息的不足感和求足感"①。随着信息技术的普及和知识经济的崛起，人类社会进入到了一个蓬勃发展的崭新时代。赛博空间延伸了人类存在的时空界域，拓展了人类交互的内容和形式，具体到政治、经济、生活、文化、教育等方方面面，都发生了剧烈的变化，人们的消费生活、闲暇生活、交往生活及家庭生活等方面需要被贴上了量化的信息标志。信息的存在，加速了人们消费生活方式的变革，同时大量地占有了闲暇生活和时间，总体上提高了人与人的信息交往能力，甚至还催生出了新的公共生活空间，人们的生活，包括精神生活、思维世界、价值观念和审美趣味都逐步被信息所改变。与此同时，信息技术的普及，引起人的世界观和方法论的深刻变化，同时，更加凸显出"创新思维"的重要意义，还逐渐促使社会接受了"人—机互动的认知方式"，但也导致了生活世界的异化危机，比如虚拟交往引发现实家庭的纷争。由此，我们可以初步得出一个结论，那就是信息需要已经出现。

二　信息需要的概念和特征

（一）信息需要的概念

从概念上来分析，信息需要是一种新的人的需要类型，体现出了人的需要多变性、多层次、多类性，属于信息技术对于人的需要的全面渗透，是对需要的认识、实践发展到一定历史阶段的必然产物。同时，我们所关注的信息需要不会孤立地发生，而是混合在生理需要、精神需要层面当中的需要综合体，这体现出了我们在人的需要问题上对信息技术的重视，另一方面，也折射出人们对于信息技术新特征进入人的本质层面的关注。我们可以讲，信息需要是强化了人的需要的传输、保存等功能，深层次方面，信息技术直接促使了人的需要改变，人的本质的改变。究竟这里的信息需要与其他层面需要是相互排斥，还是超越？进一步思考，我们应该秉承一种什么样的信息需要观呢？未来社会下的"基因＋信息＋纳米＋宇宙"需要，现代人还能想象得到吗？如何才能更客观地看待信息需要呢？

①　岳剑波：《信息管理基础》，清华大学出版社1999年版，第1页。

信息需要内涵极其丰富，既可以理解是传统需要的信息化，又可以理解为人类基于信息技术而产生的不同于传统需要的社会需要，还可以进一步分解，将其理解为获取技术需要、通信技术需要、传播技术需要、储存技术需要、处理技术需要等方面以及相互之间的交叉需要，也可以将其理解为是信息技术主导的共享需要、虚拟需要、去中心需要、兼容需要、系统需要、便捷需要等方面。（1）这里的共享需要，实际上是一种一定生产力发展水平下的基于信息能力、信息技术、信息环境等信息基础的有差别的共享需要，具体的共享主体，可能是个人与个人之间、群体与群体之间、企业与企业之间、国家与国家之间的共享；具体的共享内容，一般涉及生产力共享、资源共享、产业趋同化以及制度共享等层面；当然从宏观层面来看，资源共享与资本主义私有制之间还是存在着不可调和的阶级矛盾，这也是共享的相对性所在。（2）这里的虚拟需要，也是一定生产力发展水平阶段下的基于信息能力、信息技术、信息环境等信息基础的有差别的虚拟需要。具体的虚拟主体，可以是个人与个人之间、群体与群体之间、企业与企业之间、国家与国家之间的虚拟需要，也可能是人与信息世界，信息世界内部的需要沟通。具体的虚拟需要，一般涉及因非物质、非精神等信息不足而引起的目的和动力，当然这里的需要也不是无限扩张，而是具有一定的虚拟世界的原则约束，归根到底，还是被现实世界所遥控、指向。（3）去中心需要，主要是借助于信息技术的信息获取、信息传播、信息存储、信息处理优势，侧重于政治层面的，去政府化、民主化和群体参与化以及科学透明化。（4）兼容需要，主要是依托信息技术的传播速度、规模效应，而在不同世界、不同地区、不同群体之间出现的沟通需要。（5）系统需要主要体现出了信息文明语境下需要的复杂性和全局性，比如政治经济化、文化政治化、文化技术化、艺术商务化、工作闲暇化等模式的出现。（6）便捷需要是体现出了信息获取、信息处理、信息存储、信息传输等方面的具体速度和时效优势。

（二）信息需要的特征

信息需要具有需要的一般特征，也具有自身的特殊性。就一般特征而言，首先，需要具有对象性。抑或讲，人的需要是有目的、有对象的，这个对象，可以是物质层面的衣、食、住、行，也可以是精神层面的信仰、文化、艺术，还可以是社会层面的协作、交往、沟通、避开等。信息需要也是具有对象性的，人的信息需要也关联着人的物质需要和人的精神需要。其次，需要具有阶段性。抑或讲，人的需要是会随着主体的年龄、特点、时期不同而发展变化的，也会随着空间的转移而转移，信息需要也有一定的阶段性，不同群体的信息需要也是不同的。再次，需要具有社会制约性。人的需要并不是能够随随便便生成、实现的，而是受到先天生理、社会实践、文化教育、时代历史、阶级性等层面的影响，信息需要与文化差异也有很大的关系。最后，人的需要具有独特性。这主要是因人的生理、遗传环境以及条件因素的不同而不同，信息需要亦是如此。

信息需要的突出个性主要体现在以下几个方面：（1）生活实践客体不再是纯粹形式的外部物质世界，客体也被赋予了更多的能动性，可以与之交流、互动。（2）在信息文明语境下，主客体实现了高度统一的可能世界。（3）从主题到范围，从理念到行为，信息力量、信息需要正在主导、引导传统物质生活与精神生活需要。（4）值得注意的是，信息需要并不一定与精神需要、物质需要相一致。甚至信息需要的实现，比如新闻、娱乐、电影、电视、报刊、网络等现代传媒各式各样的画面，实际上逐步吞噬了大众的判断与思考的乐趣、能力，变为集体无意识。（5）信息需要的出现，促使需要的单一化趋势明显。

三 信息需要的人的本质意义思考

信息需要，究竟在人的本质层面有何意义呢？相对于传统哲学家的卑劣的东西，相对于马克思那里的人性东西，信息需要是否会给予人的本质一定的思考价值呢？人的信息需要是否会促使人逐步摆脱自然的、动物的需要？是否意味着人与其他物种区别更大？如果是，那么是否意味着人的类本质会进一步凸显出来？信息需要牵引的社会关系是否会促使人的社会本质进入到一个新的阶段？信息需要会有助于一个自由人的联合体出现吗？在此意义上，我们是否可以断定，信息需要实现了"人的本质力量的新的证明和人的本质的新的充实"呢？[①] 在这里，笔者认为信息需要的人的本质意义主要体现在两个层面：一个是作为传统社会主体的信息需

[①] 《马克思恩格斯全集》第 42 卷，人民出版社 1979 年版，第 132 页。

要，另一个是作为信息主体的社会需要。两者有着程度上的较大差异，传统社会主体的信息需要，主要侧重于将信息作为生活中的一个可有可无的需要来理解，信息主体的社会需要，就意味着信息已经成为人不可或缺的组成了。

（一）作为一种传统社会主体的信息需要

信息文明是为人类解决传统实践困境提供一个选择。这种选择主要是在于信息、网络的出现，人们通过网络技术、微机技术与通信技术，强化了生产能力和交往能力，拉近了不同人群、不同地区、不同民族、不同国家之间的距离。这些信息文明的成绩也是作为传统人的一种信息需要产生的，人们可以选择一种信息网络中介参与到社会活动中去，当然，人们也可以不选择，毕竟信息网络也会给人们带来一种生活中不需要的困扰，比如都去索取信息，谁去提供信息？信息量大，伪信息多，质量和可靠性较差，如何选择？现实中人际交往不需要了吗？信息会不会成为障碍？此外一些伴随信息需要的粗鲁和不诚信，依赖电脑，人格不独立等都是传统社会人抵御信息需要的有效理由。在这里，我们可以看出，假如将信息需要只是作为一种选择性工具的话，那么，信息对于人本质的影响就是可以具体量化的了。

（二）作为一种信息主体的社会需要

假如站在信息主体的角度，那么这里的信息需要就会具有不可估量的人的本质意义了。这种假设是建立在信息主体成立的基础上。（1）传统社会主体能力方面的不足，给予了信息主体一定的成立空间。众所周知，人的主体能力基本上涉及"自然能力、精神能力、信息能力"的系统性；实际上就自然能力而言，人在自然界并没有十足的统治优势，之所以人能够在自然界中不断发展，就在于人的精神能力和信息能力的不断提升，这种自觉能动性促使着人逐步区别于社会其他自然物。这是一种直接现实性的社会主体体现。伴随着社会的发展，特别是信息社会的到来，一个没有信息素养、信息技术的人会在当下社会实践中取得良好的社会效果吗？（2）客体的主体化和主体的客体化以及中介的主体化等，不断促进信息主体的特征出现。信息实践的到来，为信息主体和信息客体注入了新鲜的血液。我们必须在此时此刻清醒地去反思，我们面前已经不再是单纯的物质世界，也不再是单纯的精神氛围，从今天起，我们必须去面对一个复杂的信息存在。当今，人与人的生活越来越一体化，这样就类似于建立了一个庞大的、复杂的人类社会系统。在信息实践过程中，人与人、主体与客体之间的联系往往变成了"以信息网络为中介的间接联系"，既然信息网络可以使主体的局部功能得以实现，那么就说明信息网络中介具有了一定的"神经功能""主体性"，中介具有了一定的主体性。正是因为人对自身、社会、自然、网络的正确的认识，促使信息实践的不断向前发展，开辟的社会空间也是越来越广阔。这也说明，信息实践的主体能力也是大大提升了。特别是自动化、智能化的生产活动，促使人在繁重的实践中解放出来，这样也就具有了更多的时间空间去投入有创造性的活动当中。

在信息主体成立的语境下，相对于传统社会主体的可选择性需要，信息需要就成了这一主体不可或缺的组成部分了。这种信息需要的不可或缺从一个人出生之前就开始了，这一观点可以参照优生学的一些思想。在信息文明语境下，人们在怀孕之前之后往往会做大量的准备工作，这些准备工作其中一个很重要的环节就是信息准备的环节，在怀孕途中还需要进行系统的信息不定时检测，正是在信息的保驾护航之下，一个人才能说"诞生"，人的出生不再是一种单纯的护士接生，更像是一种系统性接生，信息接生也成了必需品了。当一个人上学之后，信息就更加重要了，已经上升到"可以分享妈妈的担心"层面了，至少是传媒人自己这样说的。

第三节　信息需要：一种人的本质
力量的具体证明

结合马克思主义人的需要观、人本质观来看，需要不是纯粹思想的抽象产物，而是与一定社会生产力发展水平相适应的具体需要指南，是客观的、社会的、历史的需要，人类社会的不同阶段需要都是由指向实现人的全面发展、实现人的本质力量的需要组成，信息需要对于马克思主义理论中人的需要观而言，一方面是起到了科学印证的作用，另一方面主要是提出了一些需要领域的新特征，可以促进马克思主义人本质观的丰富发展。

一　信息需要可以成为人的一种基本必需品

信息需要正在成为一种生活的常见现象。现在在一些农村出现了村头小超市免费提供 Wi-Fi，村民夜里打着手电穿越半个村子来蹭网的现象，这就反映出随着社会的不断发展，普通百姓有了一种信息需要。信息需要甚至已经逐步成为一种基本必需品。基本必需品，是身心正常、相互协作的社会成员所需要的完整人生。罗尔斯将基本权利与自由、机会、收入与财富、自尊的社会基础作为四大基本必需品，但他并没有封闭自己的观点，而是在 1993 年提出，这个观点是可以修改的。在这个背景下，尤瑞恩·范登·霍文（Jeroen van den Hoven）2000 年认为信息（信息的载体，informative-objects）归属于人们生活必需品。他的理由是，"信息提供了知识，基本自由以及生活所涉及的权利、参与、教育和经济等方面"[①]。人在生活中，总是会面临制订、评估或修订生活计划，而这就需要了解世界的最新发展信息，人需要知道自己所面临的情况，知道哪些选择是可行的，哪些选择有可能是可行的。实际上，生活理性、生活计划、生活决定和生活选择都与信息有着密切的关系。（1）这里的生活理性（理性生活），在信息文明语境下，即一种有限信息条件下的主观理性决定，在时间和认知能力有限的情况下，个体会尽最大努力使自己的决定接近客观理性。因此，个体掌握的信息越多，他所制订的理性生活计划就会更加接近客观的理性计划。（2）在生活选择方面，信息可以增加人们的可行性选择，也可以排除一些不可行的选择。从这个意义上说，信息的价值是十分大的。正如 1992 年阿玛蒂亚·森指出，"信息具有一种潜在的功能，可以帮助行为者改变自己的一些偏好"。比如，人们可以在长寿与吸烟之间通过两者解蔽所隐藏的矛盾，并且按照合理的要求进行排序与取舍。当然，这里需要注意的是，信息可以帮助不同的群体的人制订计划或采取行动时做到相互协调，那么，不相协调的行动自然而然就是由不相协调的知识所导致的。（3）信息与人们的关系各种各样，它可以帮助我们确定与生活计划相关的需求，也可以帮助我们修订计划。在原本毫无关系的偏好之间建立联系，或者改变原本毫无关联的一些偏好，这时人们无法预料哪种信息会在哪种特定的情况下发生作用，这就是我们本来不用访问所有信息（科技生活、学术生活、商业生活与好的杂志社），但是仍要去访问这些

---

① ［荷］尤瑞恩·范登·霍文：《信息技术与道德哲学》，赵迎欢、宋吉鑫等译，科学出版社 2014 年版，第 1 页。

信息的原因，因为我们坚信信息与生活计划之间存在着关系，虽然我们不知道哪一个信息在何种情况下发挥作用，因此我们只有储存足够多的信息。信息成了必需品等。

二　信息需要的衍生问题

信息技术的巨大潜力，在提高生活质量的同时，人们也越来越发现，一种基于信息技术的生活问题越来越凸显出来，出现了信息拥有者与信息缺失者的分离、世界信息隔离，甚至在城乡之间、男女之间以及年龄群体之间都存在着数字鸿沟。这种存在于各个主体之间的信息差异实际上就是孕育生活不平等问题的源头。正如托马斯·博格曾经谈过这样的一个问题，结合社会弱势群体的生活状况，享有高度的社会公平，又不能保证他们每一个都享有较好的物质生活水平，在信息文明语境下，一些弱势群体虽然享有受法律保护的信息权，但是倘若他们缺少必要的经济支持，他们也不可能充分、有效地行使自身信息权利。同时，他指出，在后工业社会，人们为了规划理性的生活需要大量的信息，而这些信息需要的满足，需要一些具体的网络以及信息媒介来支持，但是来自地区、男女、城乡、年龄之间的信息基础设施差异，实际上影响到了信息生活的需要满足。

人们的生活状况应该由自己对生活所做的选择来决定，具体比如工作、教育、品位、投资等多方面，按照这个逻辑，也就是说，应该重视人们在信息选择方面的问题，一刀切的方法并不适合于信息的分配。信息工人可能认为有用，但是非信息工人可能认为没有用，希望获得信息机会的人认为有用，不希望获得信息机会的人可能认为没有用。正是在这样的情况下，一些自然禀赋差的人不善于使用信息技术，获益就会很少；自然禀赋好的人善于使用信息技术，获益就会很多。这种信息技术方面的选择不平等是需要引起重视的。

从某种意义上来看，生活必需品的分配取决于个人的能力素质，比如个人收入高，其营养就好，那些收入低的人，就容易出现营养不良的现象。在信息文明语境中，人与人存在着极大的信息搜寻、信息获取、信息使用、信息转化和信息输出方面的差异，这些差异显著地与人的智力水平以及先天其他条件有关；同时，我们不应该仅仅去关注信息能为我们的生活做什么，也要去思考我们需要信息为我们做什么。从这个意义上讲，我们不仅要去关心那些因为社会偶然问题而导致条件差的人（自然、阶级、收入等），也要去关心那些因为个人偶然问题而导致条件差的人。

一个个体对生活消费品的占有，实际上会对别人产生一种很大的影响。也就是说，在现实生活中，我们不仅会关心自己的信息消费状况，也会关心别人的信息消费状况。这里需要注意的一点是，倘若信息成为一种地位性社会产品（a positional good），仅仅少数人占有，就会对别人的生活产生较大的影响。这里关键的问题是，信息看起来是多数人共享，但是不要忘记那些基础设施差的地方做不到共享信息，不要忘记那些被人垄断信息的现象一直是普遍存在的。

没有哪种生活品可以横跨物质与精神两大领域，也没有哪种生活品具有很强的抽象性，以至于无法找到合适的分配方式，就像医疗品按照需要分配，政治职务按照贡献分配，资金按照自由交换分配等，信息分配应该结合自己所属的领域，有自己的逻辑原则。

三　信息需要充实了人的本质

无论是作为一种直接的需要出现，还是一种间接的方式出现，信息需要与物质生活、精神生活一起，成了人类生活整体中一个极其重要的方面。体现在具体价值上，主要可以归纳为以下几个方面：首先，信息需要是促进物质需要和精神需要实现的一种桥梁，从一定意义上来看，信息需要主要是一种中介需要、方法需要、间接需要；信息需要不仅促进物质需要进入了一个新阶段，而且也完善了马克思主义需要理论。信息过程中个性化、及时化需要实现，更加凸显出了人的本质逻辑，提升了社会发展的质量。在未来社会形态下，人们的信息需要得以实现，伴随着生产力发展，"……占有自己的全面的本质"[1]，只有占有了人的本质，人才能脱离对物的依赖，成为"全面发展的个人……而是历史的产物"。[2] 与此同时，信息需要不断催生需要之间的交叉渗透，物质需要精神化、精神需要信息化、信息需要物质化等。正是在此意义上，需要实现了由重物、重信到重

---

①《马克思恩格斯全集》第 42 卷，人民出版社 1979 年版，第 123 页。

②《马克思恩格斯全集》第 46 卷上，人民出版社 1979 年版，第 108 页。

人的转变，① 马克思主义未来的发展必须重新审视物质需要、信息需要与人的本质的关系，纠正了传统社会发展中重物不重人的命题，提升了人在社会发展中的地位，使发展内涵见物见信息又见人，最终，实现科学发展。其次，信息需要引发了传统需要本身的深刻变革。农业文明以及工业文明时期的需要，实际上都是程式化的单一的大批量的需要，这种需要是被压抑的未被释放的需要。信息文明的到来，可以说是"升级了的需要"，人们通过不间断地文化沟通、互动体验，一种倾向于更优秀品质、更独特品位和更高的期望的小众化、个性化需要成为趋势，不断促进马克思主义人本质观进入到新境界。未来社会重视全面的、协调的、可持续的发展逻辑，在这一点上，是对人的需要层面的一种积极回应。信息文明语境下，社会凸显出了作为一种多系统的复合体，秩序之间不断进行物质、信息和能量之间的良性发展，除去过去物质、精神以及信息层面的推动之外，物质、精神和信息之间的系统配合，整体推动着社会发展，促使着人的本质的显露。再次，信息需要实现了需要的语义扩张，促进了人类需要观的转向。在信息文明语境下，需要的信息性、虚拟性和需要的传统性、实在性之间的界限逐步模糊，这突出体现在信息需要也为我们带来了实实在在的满足感以及需要来不及满足时产生的百无聊赖感，甚至在信息需要的追逐过程中我们具有了某种可以超越传统需要层次种种限制的可能，促使需要以某种新的面貌出现，这种新的信息需要面貌比传统的需要面貌还真实。在虚拟世界中，人们具有了另外的一重身份、一段人生，与此相关的是，这一虚拟人物也存在着虚拟交往需要、虚拟资产需要、虚拟装备需要等，这里的虚拟需要，看似虚拟，实际上存在着虚拟需要与实在需要的补充与交互。最后，信息需要也极其有可能颠覆了现实需要本身。比如，在信息虚拟世界当中，只要你有知识权力，就可以决定自己的性别、年龄，此外，你还可能成为一种社会上的公共人物，即便这些虚拟的信息与现实是截然相反的，通过芯片、传感器也仍然会激发一种发自内心的真实需要。万维网（www）以及嵌入日常用具中的计算机芯片，正在改变着多数人的生活，满足着我们的需要，而且它还让我们知道如何做到这

---

① 胡长生：《科学发展观的历史演进逻辑及其重要启示》，《求实》2012 年第 2 期，第 10 页。

一点。

第四节　本章小结

　　本章主要是围绕信息需要展开对人的本质充实层面的论述，主要涉及信息需要的概念、特征以及信息需要的人的本质意义等层面，在其中，一些相关的需要理论得到了论述。总起来看，信息需要是信息文明语境下人的本质的一种充实和证明，也正是在探究信息需要过程中，马克思主义人本质观的基本原则得到进一步的科学证明。

　　从概念理解上来看，信息需要逐步改造着人的需要结构，物质需要信息化，精神需要信息化。同时，在信息文明语境中，物质需要精神化、精神需要物质化也在不断交叉、建构。这说明人的需要越来越复杂，需要之间的界限也越来越模糊。信息需要属于人的需要的新组成，具体展开来看，就是虚拟经济需要、政治去中心需要、文化兼容需要、系统思维需要等方面。同时，信息需要还改变了"需要"的概念，过去的"需要"主要是针对"资源的短缺、不足"而需要，现在的需要主要是针对"海量的资源选择、茫然"而需要。本章论述的信息需要是在马克思主义人本质观具体语境下的理解，也是对现实社会人的需要的科学化解读。总体上，通过对于信息需要的理解，有助于我们把握信息文明的复杂性需要状况，有利于我们把握自己当下的具体信息行为，有利于具体信息需要问题的解决。

第八章

在人的本质实现上：信息自由是
"自由人联合体"的一种条件

要安定志向。

——冯友兰

马克思主义人的自由观不是一种思辨的意识自由，而是扎根于人类社会实践之中的人的本质解读，在马克思主义人本质观当中，人的本质力量的最终实现无疑是一种"自由人的联合体"，正如马克思恩格斯在《共产党宣言》中明确提出："代替那存在着阶级和阶级对立的资产阶级旧社会的，将是这样一个联合体，在那里，每个人的自由发展是一切人的自由发展的条件。"① 将马克思主义人的自由观纳入到马克思主义人本质观层面具有极其重要的意义，具体体现在以下几个方面：（1）马克思主义人的自由观可以为马克思主义人本质观、马克思主义理论提供一种理论和实践的指向性。（2）马克思主义人的自由观，实际上是一种社会具体实践语境下的自由，正如康兰波教授所说："在马克思主义看来，从人的实践本性上看，人是自由的。但这样的自由对于每一个现实人来说，却只是他获取现实自由所具有的巨大可能性。他在实际生活中究竟能够获得多大的自由，最终还取决于他在现实生活中的实践状态。"② （3）马克思主义人的自由观科学之处就在于指明了一种实现的路径，那就是实现共产主义。总

① 《马克思恩格斯选集》第 1 卷，人民出版社 1995 年版，第 294 页。
② 康兰波：《人的实践本性与信息时代人的自由》，中国社会科学出版社 2013 年版，第 1 页。

体而言,结合马克思主义人的自由观,我们可以给予马克思主义人的本质一种更为宏观的把握,尤其是在人的本质实现上,马克思主义人的自由观提供了一种理论和实践的科学参照。结合这个理论,我们不禁产生一种反思,那就是,信息文明语境下的人的自由在人的本质最终实现中有何作用、地位?我们是否可以讲"信息自由"也是面向"自由人联合体"的呢?这里的信息自由又是什么呢?是一种自由的信息条件吗?

第一节 "自由人联合体"的科学解读

自由概念虽然不是马克思恩格斯第一次使用,但却是马克思恩格斯第一次将其提升到科学实践层面。

一 马克思恩格斯把自由观提升到一种科学的境界

关于"人的自由",不同于其他西方学者们的抽象的脱离实际的理论,也不同于不触及社会制度的空想社会主义试验,马克思恩格斯主张通过彻底的现实革命、真正实践来展开。在人类自由的实现路途上,马克思恩格斯比较注重两个层面,其中一个层面是科学技术生产力层面,这是人类实现自由的绝对必需的实际前提。在《形态》中马克思指出,要消除人的异化,使每个人都获得最大程度的自由和解放的具体条件,都是以生产力的巨大增长和高度发展为前提的。与此同时,马克思恩格斯还将实现自由的话语权转向了合理的社会制度,在他们看来,现代一些国家都是虚假的自由共同体,都是少数人的自由共同体,只有消灭阶级、消亡国家的共产主义,才能实现自由人的联合体,[①] 才能最终实现人的本质。总体来分析,马克思恩格斯的自由观是科学的自由观,不是一种主观层面的思辨产物,而是紧紧建立在生产力以及社会制度层面的自由观,既具有极强的理论意义,又具有深刻的实践内涵。

二 马克思主义继承者注重在实践中探索人的自由观

区别于马克思恩格斯,普列汉诺夫和列宁对于自由的论述主要是结合

---

① 《马克思恩格斯选集》第 1 卷,人民出版社 1995 年版,第 294 页。

俄国的时代特点以及思想争论，特别是列宁，为了批判第二国际修正主义，揭示其自由的虚伪性，谈到了"世界不会满足人，人决心以自己的行动来改变世界"。① 在实际的社会实践中，列宁的自由思想建立依靠全体群众建设社会主义的基础上表态："只要能改善工农的生活状况，我们不惜让外国资本家拿走 2000% 的利润……"② 毛泽东有过很多关于自由的论述，多数都是结合中国半殖民地半封建社会的语境，"中国人民的贫困和不自由，是世界所少见的"③。"中国的地主阶级、资产阶级有财产所有权，他们使大批的人破产，使农民和小资产阶级破产，财产集中在他们手里，他们自己就有独立性、个性和自由，而广大人民就丧失了财产所有权，也就没有个性、独立性和自由，或者是削弱了。因此要恢复他们的个性，就要进行革命斗争。"④ 在中共七大上毛泽东指出："不能设想每个人不能发展，而社会有发展，同样不能设想我们党有党性，而每个党员没有个性，都是木头，一百二十万党员就是一百二十万块木头。"他在 1947年《新年祝词》中写道："在不久的将来，自由的阳光一定要照遍祖国的大地。"⑤ 毛泽东认为，"自由是必然的认识和世界的改造"⑥。

邓小平、江泽民、胡锦涛和习近平等则是在不断学习、创造性运用马克思主义的基础上，不断关注人的自由解放观。邓小平根据社会主义现代化建设和改革开放的实践需要，提出了关于人的自由和解放的系列思想。"……社会发展的最终目的是人的全面而自由的发展。社会主义市场经济促进了人的能力的发展，使人的本质力量能够得到充分显现。"⑦ 江泽民的"人的自由和解放思想"与我国的社会主义初级阶段、与我国社会主义市场经济的建立和完善、与我国社会主义现代化建设的实践紧密联系，主要涉及物质生活、文化生活、生态环境等层面的需要；"我们要在发展

---

① 《列宁全集》第 55 卷，人民出版社 1990 年版，第 183 页。
② 《列宁全集》第 43 卷，人民出版社 1995 年版，第 76 页。
③ 《毛泽东选集》第 2 卷，人民出版社 1991 年版，第 631 页。
④ 《毛泽东文集》第 3 卷，人民出版社 1996 年版，第 415 页。
⑤ 《毛泽东文集》第 4 卷，人民出版社 1996 年版，第 416 页。
⑥ 《毛泽东著作选读》下册，人民出版社 1986 年版，第 485 页。
⑦ 彭立学：《邓小平对人的自由而全面发展的论述》，《学术交流》2002 年第 3 期，第 12 页。

社会主义社会物质文明和精神文明的基础上，不断推进人的全面发展"①。与此同时，要求广大群众提高民主政治素质、思想道德素质、科学文化素质等素质；以人为本为核心的科学发展观，从本质上讲，就是建立在实践唯物主义基础之上，对人与人、人与自然、人与社会关系的自由逻辑解读。胡锦涛则是注重从"以人为本""科学发展观"平台上去谈及"自由"："科学发展为人的自由个性的发挥，为人的自由而全面的发展提供了更为宽广的舞台"。② 十八大以来，习近平总书记系列重要讲话中围绕全面建成小康社会，推动经济社会持续健康发展，提出"坚持人民主体地位，坚持科学发展，坚持深化改革，坚持依法治国，坚持统筹国内国际两个大局，坚持党的领导"。实际上，就是对"每个人的全面而自由的发展"的坚守和延续。

三　马克思主义自由观的现代启示

通过对马克思主义自由观的把握，笔者发现了几点重要启示：（1）马克思主义人的自由观并不是抽象的，而是一种与资本主义自由观对立的自由观，"代替那存在着阶级和阶级对立的资产阶级旧社会的，将是这样一个联合体，在那里，每个人的自由发展是一切人的自由发展的条件"③，马克思恩格斯侧重于批判"一种没有良心的贸易自由代替了无数特许的和自力挣得的自由"④，"无产阶级要成为自由的有个性的人，就必须推翻资本的统治"。在马克思看来，"当人们还不能使自己的吃喝住穿在质和量方面得到充分供应时候，人们就根本不能获得解放"⑤。（2）马克思主义人的自由观是实践的，区别于动物的本能，实践是人类有意识、有目的、有计划、能动地把握世界的特有活动。马克思鲜明地提出了"主体是人，客体是自然"⑥ 的科学论断。这里给我们的自由启示是，自由是人的自由，与动物的自由是不同的，具备人的类本质特征。主体与客

---

① 《江泽民文选》第 3 卷，人民出版社 2006 年版，第 294 页。
② 辛世俊：《马克思主义人学中国化新探》，人民出版社 2013 年版，第 62 页。
③ 《马克思恩格斯选集》第 1 卷，人民出版社 1995 年版，第 294 页。
④ 《马克思恩格斯选集》第 1 卷，人民出版社 2009 年版，第 275 页。
⑤ 《马克思恩格斯全集》第 42 卷，人民出版社 1979 年版，第 368 页。
⑥ 《马克思恩格斯选集》第 2 卷，人民出版社 1995 年版，第 3 页。

体紧密统一于实践之中，相生相长，实践过程是"主体的客体化过程和客体的主体化过程的统一"。^① 实践一方面关系人与自然，另一方面还关系人与人的社会关系。将这一思想放置到自由语境中去理解，自由不是思想层面的纯思辨，而是一种社会的历史的，自此，自由有了人的社会本质内涵。实践是人类思维认识的基础："凡是把理论导致神秘主义的神秘东西，都能在人的实践中以及对这个实践的理解中得到合理的解决。"^② 列宁指出："实践高于（理论的）认识，因为实践不仅有普遍性的优点，并且有直接的现实性的优点。"^③ 毛泽东认为实践是主观见之于客观的东西。由此可见，自由既具有精神层面的超越性，又具有物质层面的现实性。（3）马克思主义自由观是多样的，分层次的。在不同语境下人对自由也有不同的理解，这是信息文明语境下探究人的自由的一个延伸。

第二节　信息自由的提出和概念界定

一　信息自由的提出

"自由"，从一开始就不是纯粹的、无限的自由，而是一个受到各种限制的"自由"。卢梭提出："人是生而自由的，但却无往不在枷锁中。"^④（1）从传统概念上看，自由主要有三种解释，第一种含义，自由（free）就是"自己作主，不受限制和约束"。比如，《玉台新咏·古诗为焦仲卿妻作》中有句："吾意久怀忿，汝岂得自由"^⑤，晋袁宏《后汉纪·灵帝纪中》："今方权宦群居，同恶如市，上不自由，政出左右。"清蒲松龄《聊斋志异·巩仙》："野人之性，视宫殿如籓笼，不如秀才家得自由也。"梁启超在《饮冰室合集·文集》中谈及"少年自由则国自由"。第二种含义，自由（freedom、liberty），就是"在法律规定的范围内，公民的意志

---

① 马永东：《论马克思关于主客体范畴科学理论的确立及其意义》，《前沿》2008 年第 10 期，第 44 页。

② 《马克思恩格斯选集》第 1 卷，人民出版社 1995 年版，第 60 页。

③ ［俄］列宁：《哲学笔记》，人民出版社 1974 年版，第 310 页。

④ ［法］卢梭：《社会契约论》，商务印书馆 1996 年版，第 9 页。

⑤ 章培恒：《关于〈古诗为焦仲卿妻作〉的形成过程与写作年代》，《复旦学报》（社会科学版）2005 年第 1 期，第 44 页。

活动有不受限制的权利"，具体体现在"言论、信仰、出版"等层面的自由。第三种含义，自由，主要强调"哲学上对必然的认识和对客观世界的改造"，比如，"自由王国"。由此可见，自由并不是我们熟悉的纯粹的自由，而是一个有条件的自由。（2）不同学者研究的自由是不同的。比如，伯里克利把自由看作是"保卫城邦不受侵犯，全体公民尽最大可能在实现自身的抱负"；斯多葛派则把自由看作是"内心的安详"。密尔认为，自由就是"社会所能合法施用于个人的权力的性质和限度"。[①] 叔本华的自由包含着"自然物质的自无障碍，比如空气、田野""理智的健康、非强制""道德的自由"。霍布斯把自由比作一种"不受阻碍的状态"。[②] 黑格尔把自由看作是"他物中发现自己的存在，自己依赖自己，自己决定自己的意思"。马克思的自由观，也经历过"自我意识的自由""权利的自由"和"存在方式的自由"等演变阶段。（3）从不同历史时期的侧重点来看，自由也是不同的。古希腊时期的自由是追求保卫城邦的自由、内心的自由；文艺复兴后的自由是追求意志的自由、宗教信仰的自由、思想与研究的自由；西方资本主义发展时期的自由主要是守法的自由，良心、思想感情、意见层面的自由，竞争贸易工业生产的自由。当下人类正在进入一种信息社会，究竟人类进入信息文明的社会之后，是否会出现一种新的自由呢？究竟这种自由是什么样的呢？是一种"信息自由"吗？"信息自由"的含义是什么？信息自由是否意味着人的自由发展的进一步实现呢？人的本质会因为信息自由的到来而变得清晰，还是越来越复杂化？

"自由的根本意义是挣脱了各种枷锁，囚禁与他人的奴役，而不受限制，不受约束，其余的意义都是这个意义的扩展或是某种隐喻。"[③] 信息自由，可以理解为政治自由、政治解放领域的信息化问题，也可以理解为信息技术领域的伦理思考，也可以看作是哲学问题的思考。从现实意义上讲，人们通过信息技术、信息手段解决了生活中问题矛盾，就是一种对人的自由和人的解放的靠近。十几年来，信息技术发展迅猛，世界各地的人

---

① ［英］密尔：《论自由》，许宝骙译，商务印书馆1959年版，第65页。
② ［英］霍布斯：《利维坦》，黎思复译，商务印书馆1985年版，第164页。
③ ［法］孟德斯鸠：《论法的精神》，张雁深译，商务印书馆1961年版，第154页。

们借助于网络查询信息、浏览新闻、收发邮件、即时聊天、发表言论、购物、观看电影、网上祭祀、旅游等，带来了很大的生活便利。但是，这里的信息自由是一种狭义的一维的单向度的理解方式，因为伴随着信息的大量使用，我们逐步发现，在享受信息便利的同时，信息依赖、信息束缚、信息困扰等现象也一起出现，再加上飞速发展的日新月异的信息技术，面对这一切时，我们不禁变得困惑。美国学者理查德·A. 斯皮内洛指出："技术常常比伦理学理论发展得快，而这方面的滞后效应往往会给我们带来相当大的危害。"

二　信息自由的概念界定

那么，究竟什么是信息自由呢？纵观整个学术界研究成果，关于信息自由、信息解放的研究，虽然成果不多，但是成果间差异很大。对于信息自由的界定，已有的文献主要集中在以下三种解释：（1）媒体视野下的信息自由。主要是强调新闻媒体自由，具体涉及新闻媒体言论权、新闻知情权、舆论监督权、个人隐私权以及新媒体时代的公共利益和公民权利的总称。（2）信息公开层面的信息自由。主要涉及了信息公开、信息知情、信息民主、信息秩序、信息平等、信息隐私、信息秘密等层面。（3）图书馆层面的信息自由。这个领域的研究成果相对较多一点，主要是围绕图书馆层面的核心价值观，图书馆文化建设，图书馆的服务意识，图书馆的职责使命研究等层面展开。对于信息解放的研究，成果近乎为零。综上所述，能够站在人的全面发展角度，能够站在人的本质角度去理解信息自由的文章比较缺乏。

信息自由，可以看作是一种新的自由形态，体现出了自由的多层次性，可以理解为信息技术对于自由的全面渗透，是人对自由认识、自由实践发展到一定阶段的必然产物。孤立的一种自由形态很难存在，现实中存在的往往是一种混合着农业自由、工业自由和信息自由的自由体，信息自由，一方面体现出了人们在人的自由问题上对信息技术的重视，另一方面也折射出人们对于信息技术新特征的具体生活、人的本质追问，当然，也是基于信息技术和人文领域结盟的一种考虑，这是一种更高级的超越现实的价值追求。作为一种有区别的基础性概念，信息不是自由，同时，自由也不是信息，但是将两者结合在一起，作为一个关系型概念出现，依然能够得到人们的赞同和支持，原因就在于自由的变迁是与信息分不开的，信息技术的发展是不可能远离自由问题的。正如学者钱德勒指出："通信技术有使人获得解放的潜能这一信念的坚信不疑，长期以来一直是美国文化中最独特、最持久的特点。"① 抽象来理解，信息自由就是信息文明语境下的自由，自由受信息技术影响，当下谈论的自由，无不有着信息、计算机、数字化等层面的烙印。

从字面上看，信息自由是强化了自由的传输、保存等方面的功能，深层次方面，信息技术直接促使了人的自由观念和自由生活的改变，最终导致人的存在方式的改变。究竟这里的信息自由与其他自由是什么关系呢？是一种相互排斥吗？还是一种优越？与此相关的就是，我们应该秉承一种什么样的信息自由价值观和信息情感呢？信息自由，究竟会延伸我们的自由视野，还是束缚我们的自由视野呢？其中，最为肯定的一点，那就是我们发现了一种新的研究自由、切入自由的研究方法范式。假如，再追问一下，后信息技术时代的自由会是什么样子呢？"基因＋信息＋纳米＋宇宙"文明时代的自由，现代人还可以想象吗？过去的"农业＋工业"时代的自由，是否已经可以全面看清？似乎站在社会历史发展的维度，我们可以得出一个结论，那就是不能过度地抬高信息自由的高度，需要站在一定的辩证思维语境下去看待信息自由，正如学者所言："信息时代的前景虽然诱人，但对隐私的侵犯使我们失去了自由。"② 还有很多学者认为，信息文明还是沿着工业、农业规律在运行，并没有发生什么本质性的变化。甚至还有人走向了"反信息文明"的境界当中去了，比如奈斯比特在《高科技·高思维》一书中谈到了美国弗吉尼亚州蓝岭山区80户居民为了"交谈、钓鱼"，而集体抵制安装电缆的举动，③ 由此，促使我们需要冷静地、复杂地去看待信息自由。

于是乎，当我们大谈信息文明的优越性时，一定是有一个客观的前提条件，那就是信息文明在具体什么领域方面的一种超工业、超农业，然后

---

① ［美］钱德勒：《信息改变了美国》，邱艳娟译，上海远东出版社2008年版，第103页。

② ［美］罗斯扎克：《信息崇拜》，苗华健等译，中国对外翻译出版公司1994年版，第79页。

③ ［美］约翰·奈斯比特：《高科技·高思维》，尹萍译，新华出版社2000年版，第11页。

我们才能在这个具体的方面投入热情和信心，否则也有可能会走进完全相反的信息不自由和信息困境当中去，无法自拔。比如，对于当下沉浸在网络游戏中的青年人而言，他们自由了吗？表面上，他们可以在一个虚拟的世界中不断地去追求自己的目标物和期待值，但是实际上，从一个家庭层面而言，从社会层面而言，可能就会面临一种潜在的危险性因素。

从概念的逻辑上来看，信息自由至少囊括着以下几种含义：（1）信息对于传统社会语境下的自由、解放，注入了活力，也就是自由的信息化，比如，人类的自由理念和行动在信息领域中的表现，自由经验、政治解放在网络社会中的再次适用。（2）信息自由对于自由的一种革命性影响，就好像是在传统社会是自由的，在信息文明语境下，就成了不自由的、不完全解放的；在传统社会感觉是不自由的，现在看来却是最自由、最解放的。（3）细细划分开来，信息自由就可能涉及信息获取自由、信息通信自由、信息传输自由、信息储存自由以及信息处理自由；信息的公开、信息的共享、信息的透明、信息的伦理、信息的道德等方面；除此之外，还可以划分为政治信息自由、经济信息自由、文化信息自由以及科学信息自由等。（4）信息自由的状况即信息自由的实现程度与主体的信息能力有密切相关，如诺贝尔经济学奖获得者阿马蒂亚·森的"实质自由"概念。（5）信息自由是关于人的民事权利、政治权利等方面。这里的信息自由，可以这样去理解，那就是基于信息技术、信息交往而引发的关于人的本质层面的自由和解放考虑。

三 信息自由的具体效应

信息自由，一种信息文明语境下的自由形态，是客观的、具体的，在现实社会中具有一定的社会效应。

（一）信息自由丰富着人的劳动实践

首先，信息自由促使着体力劳动向脑力劳动的转化。伴随着信息经济、信息产业的发展，劳动生产率得到了大幅的提高，与此同时，信息工人、知识工人的数量也得到了大幅的提高，这种劳动力的结构调整，一方面不断促使社会劳动转向脑力劳动；另一方面逐步将又脏又累又重的体力劳动淘汰出了历史的舞台。其次，信息自由促使着劳动者与劳动对象不断分离。在现代信息化企业当中，信息正在成为主要资源，获取信息资源的任务正在交给信息感测系统，传递信息的任务正在交给信息通信系统，信息处理的任务正在交给信息处理系统，这样一整套的信息生产系统，一方面大大提高了生产的效率、提高了生产力，另一方面也为人们更好地认识世界、改造世界提供了平台。对于人的本质层面来讲，信息生产系统的完备化、人工智能的发展，实际上也是一个将劳动者与劳动资料不断分离的过程，正如这样的一个流程图："人—智能机—机器—自然界"，"劳动表现为不再象以前那样被包括在生产过程中，相反地，表现为人以生产过程的监督者和调节者的身分同生产过程本身发生关系……工人不再是生产过程的主要当事者，而是站在生产过程的旁边"① 将成为现实，甚至正如霍福广教授所言："而是坐在远离劳动过程的地方，通过遥控设备完成生产任务。"② 再次，信息自由不断促使着劳动成果的信息化。传统社会，我们认识和实践的成果往往是物质型成果；工业社会，我们认识和实践的成果往往是与能源、动力相关的工业型成果，归根到底，还是物质型成果；直到电子计算机和微电子技术时代的到来，我们才逐步发现，我们的智能成果已经不再是单纯的物质型成果，而成为一种信息主导的产品。

（二）信息自由对人的全面发展也有影响

首先，最直接的影响效果，就是劳动者需要提高自己的科学知识、劳动技能，这已经不单单是社会对专业技术人员的需要，更是自身生存、全面发展的一种需要。传统的生产活动主要是依靠消耗稀缺资源，现在的生产主要是将核心资源集中在信息资源，与此相关的是，整个产业机构、管理理念已经发生了深刻的变化，正是在这样的背景下，生产力、劳动效率才得到了大力的提高，对于国家来讲，这就要求大力地加强教育，提高全民族的文化科学技术水平。当然，现在越来越多的领域已经注意到了来自技术之外的文化素质方面的重要性。同时，在企业工厂里面，劳动者的工作职责也在发生着巨大的变化，特别是在一些自动化比较发达的地方，员工的工作任务已经由直接参与转变成了"监督、调节"，在这种要求专业程度比较高的现实社会中，要么是一个紧缺人才，要么是一个失业者。其

---

① 《马克思恩格斯全集》第 46 卷下册，人民出版社 1979 年版，第 218 页。

② 霍福广：《论智能化生产力体系对现代社会关系的影响》，《哲学研究》2006 年第 6 期，第 120 页。

次，伴随着信息技术的普遍深入应用，人们除去在工厂里面不断获得一种体力的解放之外，在现实生活当中，人们的生活方式也发生了显著的变化。最为显著的就是家庭内部安装有多媒体终端设备之后，就意味着实现了一种在图像、声音、文字方面与工厂、车间、办公室方面的互动，这种互动凸显出了生活的工厂化，以及工厂的生活化趋势。在家里上班，还是在工厂里休闲，似乎成了一个没有绝对界限的问题。再次，信息自由，对于人的最显著影响，可能就是一种时间的解放了。由于劳动性质、劳动场所的改变，劳动者自己可以支配的时间越来越多，这为劳动者开发自己的兴趣、智力提供了一种途径，当下媒体上流行的各种选秀节目，实际上就是迎合了这样的一种趋势，那就是通过信息技术平台，展示个人的优势。虽然信息自由并没有实现一种彻底的人的解放，人的全面发展，还存在着诸多信息问题，但是，我们也要清晰地看到，相对于过去社会只能为个人提供物质层面的保障，信息自由为劳动者实现自己的发展提供了一种包括物质、时间、信息等更为广阔的文明舞台。在此层面上，抑或讲，劳动渐渐成了第一需要。

第三节　信息自由：“自由人联合体”的新向度

一　信息自由：印证了马克思主义人的自由本质观的科学原则性

在马克思看来，人的自由解放，劳动的解放，需要具备两个条件：一个条件是把“自然界的破坏力”变换为“现代工业无穷无尽的生产力”；第二个条件是“无产阶级从资产阶级的压迫下解放出来”。[①] 在过往社会，我们一般会比较强调第二个条件，在社会主义初级阶段，生产力发展水平还不是很高，劳动仍是人们谋生的手段，实际上，还谈不上解放。信息自由，在这样的一种语境下来看，更可以理解为一种马克思主义自由观的具体展开：

（一）信息自由旨在实现人的本质力量

信息自由的提出，并不是一种思辨的理论话题讨论，它更加注重的是一种实践层面对于人的影响，在这一点上，信息自由实现了与马克思主义

———————

① 《马克思恩格斯选集》第 2 卷，人民出版社 1995 年版，第 77 页。

人本质观的目的一致性，也是科学性的具体体现。人，是无数错综关系的复合体，这些关系为人提供了生存发展的空间。信息自由，表征的是一种信息关系的范畴。信息自由揭示的主要是人与信息世界的关系，此外，还有在信息世界中人身体与肉体的关系。其中，人与动物的区别就在于自由程度高低、自由来源的区别，其中，人的自由是创造出来的人工自由；动物的自由主要是天赋的自然的自由。从哲学角度来看，自由是一个无限的过程，彻底的信息自由也是永远无法实现的，我们所谈论的信息自由，更像是信息文明背景下人的能动性基础上的指向，在这个意义上，信息自由和现实人的本质是同步的。一般意义上，我们对于信息自由的理解主要是停留在政治信息自由、权利信息自由、信息出版自由等感性生活层面，这些信息自由，旨在促使人的生存和发展更加适合人的本质、人的本性要求，但是这样的自由是狭义的自由，没有揭示出信息自由的本质。

恩格斯认为："自由是在于根据对自然界的必然性的认识来支配我们自己和外部自然界；因此它必然是历史发展的产物。"[①] 在这里，我们可以将信息自由理解为是根据信息世界的必然性的认识来支配我们自己和外部世界，因此它必然是历史发展的产物。关于信息自由，笔者认为这里的必然性也反映出一种依赖性，换句话说，在信息文明语境下的人，是对信息有依赖性的，这里的依赖性有多大，就反映出有多少力量限制约束着人的生命。当然，这些力量是不以人的意志为转移的，信息力量太过于强大，以至于我们个人在它的面前显得如此渺小，有时会产生一种人类的自卑感和恐惧感，但是作为整体，我们却不会轻易产生这样的情怀，我们人类可以通过共同的力量去产生一种对信息力量的强力反弹。换句话说，依赖有多强，束缚就有多强，这种解脱束缚、实现自由的力量就会更强。正是在这样的背景下，不同于自然界的自然而然，人的本质力量逐步得到实现，这个过程实际上是人超越自然、超越信息的一个过程。但是，人毕竟脱胎于动物，所以，这里谈论的信息自由，在一定程度上，还是或多或少地存在依赖自然性等特征。人目前仍然受制于重重的自然困扰、盲目的信息束缚，当下的生产力发展还不够强大，一些私有观念、阶级、国家、战争等社会性制约因素不会在短期内消除，这种人与自然、人与社会、人与

信息的抗争还会继续下去，并且持续很久。即便信息资源已经不像物质资源那样短缺，但是人类信息的需要与供给之间仍然存在着尖锐的矛盾，正如马克思所指出的："未开化人为了满足自己的需要，为了维持并再生产自己的生命，必须与自然进行斗争一样，文明人也必须要这样做。"① 总之，我们在信息自由的路途上走得越远，也就越来越远离自然万物。

（二）信息自由丰富了人的社会关系

信息自由是信息文明语境下追逐自由的过程，对于个人的感受而言，可能会产生一种信息束缚、信息控制，但是对于人类整体而言，这种追逐信息自由的过程或许会更加强烈。因为在这样的一种信息自由的追求过程中，整个社会的关系越来越丰富，这就意味着人的社会本质越来越丰富，自然而然，人的本质力量也就越来越丰富，其最终结果是人离动物界的本质距离会越来越远，人类社会也就越来越能支配自己，成为自己的主人，正如孟德斯鸠说："哲学上的自由，是要能够行使自己的意志，或者至少（如果应从所有的体系来说的话），自己相信是在行使自己的意志。"② 现实的人不是随心所欲的人，是一切社会关系总和的产物。实际上我们对于信息自由的追求过程，会受限于自然因素、社会因素、信息因素以及自身因素，比如人类自身的矛盾，身体与心灵的矛盾等方面也会影响信息自由的实现。一方面人的血肉之躯决定了人的自由范围；另一方面，人的自由实现一定也离不开血肉之躯。从一定意义上来看，这就代表了人的信息自由观，本身就是一个自由与不自由的集合体。从信息实践层面来看，也是如此。人的精神世界中的信息自由一定是无限度的，然而，人的物质世界、社会世界和信息世界却是受着多种条件的约束。从人的本性上来看，人永远不会满足已经获得的信息自由，所以人会持续不断地按照任何物种的尺度来进行生产。另外，人类的信息自由也不是一块钢板，群体与群体之间、个人与个人之间关于信息自由，也是存在着不同的理解方式，甚至会是截然不同的冲突式理解。比如，人们对于信息美的理解，有的人倾向于自然的信息之美，有的人倾向于社会意义的信息之美等。信息文明，是证明人区别于其他动物的类本质，也是证明人之所以是人的根据。

---

① ［德］马克思：《资本论》第 3 卷，人民出版社 1966 年版，第 962—963 页。
② 张品兴、乔继堂：《人生哲学宝库》，中国广播电视出版社 1996 年版，第 225 页。

二 "信息人":一种新物种的起源

(一)"信息人"的出现

从历史上来看,人对人的本质定位,主要是经历了一个"从自然万物角度定义人、动物层面定义人、精神领域理解人再到社会中寻找人"的不断演进过程。比如,在人的本质领域的传统定义上,学者们往往都是从"万物"层面寻找答案。正如泰勒斯的水、阿那克西曼德的无限定者、阿那克西美尼的空气,普罗泰戈拉讲过,"人是万物的尺度"①。后来,人们对人的定义逐步转向了"动物""精神"和"社会"。亚里士多德认为,"人是政治动物"②,西塞罗的"人是社会动物"③,还有康德的"人是借助想象力创造文化的生物"④,亚当·斯密提出的"经济人"⑤"道德人"⑥ 等,都是抓住社会一面去论述人。现在学者们定义人,已经不得不考虑信息。进入现代以来,法国哲学家拉·梅特里将人定义为"人是机器"⑦"信息人"⑧ 等。我们人类是否会迎来一个信息人的时代呢?什么是信息人呢?不管我们在论述信息文明语境下能得到多少答案,这种将人的本质定位在"信息人"本身,就凸显出了信息文明语境下的人的系列本质状况。

这里的"信息人",在不同的人看来,概念的差异也是很大的,可以理解为信息系统人、信息符号人等。无论是哪一种定义和理解,都反映出信息在定义人方面,已经比万物、动物有了绝对的实力。这一趋势反映出"信息人"的诸多特征:多重身份、生活始终处于一种"非中心多元化无边界"状态,再加上网络中的匿名、交互等,实际上就将人的本质推向

---

① 《柏拉图全集·普罗泰戈拉篇》,王晓朝译,人民出版社 2002 年版,第 318 页。

② [古希腊] 亚里士多德:《形而上学》,吴寿彭译,北京出版社 2008 年版,第 298 页。

③ [古罗马] 西塞罗:《论演说家》,中国政法大学出版社 2003 年版,第 1 页。

④ 《康德三大批判合集》上、下,邓晓芒译,人民出版社 2004 年版,第 11 页。

⑤ [英] 斯密:《国民财富的性质和原因的研究》上卷,胡长明译,人民日报社 2009 年版,第 128 页。

⑥ [英] 斯密:《道德情操论》,蒋自强译,商务印书馆 2008 年版,第 163 页。

⑦ [法] 拉·梅特里:《人是机器》,顾寿观译,商务出版社 1959 年版,第 1 页。

⑧ [美] 兰开斯特:《情报检索词汇控制》,侯汉清译,同济大学出版社 1992 年版,第 20 页。

了一个与传统截然不同的境遇。拿匿名状态而言，实际上就等同于一种单纯的欲望与需要交往，因为在交往中没有社会道德的约束，也没有政府约束，再加上缺乏主体人格，最后形成的就是一种单向人。进一步讲，这里的"信息人"，一方面体现出了人的发展性、高级性；另一方面，也折射出了人的本质的高风险性。因为人在信息社会极其容易被信息物所淹没，一旦处于这样的情况，就不是人控制信息了，而是一种信息控制人的境遇。这时，人作为人的存在，就只剩下信息欲望了。同时，在这样的过程中，人会成为一种信息的碎片，失去一种整体性意义，人们认识问题以及解决问题的能力就会受到约束，再加上角色迷失、信息依赖等现象发生，信息人就成了一个高风险的人。

（二）"信息人"的概念

我们可以从两个方面去理解"信息人"。（1）那就是要站在信息人"立"的方面去看待，也就是在肯定信息人特点的基础上去谈论信息人，这里的信息人相对于传统人有何优点呢？有何突出的特征呢？概括一下主要存在以下几个方面特点：第一个特点就是这里的信息人，实际上是"信息共享人"，主要是强调在当今社会生产力发展水平下，特别是在基于信息通信、信息传播等技术基础下，现代人跟过去人最大的不同就在于一种信息共享。第二个特点就是"虚拟人"，生产力水平发展到现阶段，特别是在人类社会具备了一定的虚拟能力、虚拟技术、虚拟环境之后，就在个人与个人之间、群体与群体之间、企业与企业之间、国家与国家之间出现了大量的虚拟关系，其中的人就是一个个的"信息虚拟人"。第三个就是"信息系统人"，这里的兼容人，主要是强调其在政治方面的去中心特色、文化方面的兼容特色、经济方面的虚拟资本、消费化，再遇到一个政治经济化、文化政治化、文化技术化、艺术商务化、工作闲暇化的社会环境。（2）那就是要站在信息人"破"的方面去看待，也就是在否定信息人特点的基础上去谈论信息人，那么站在信息人对立面的人究竟是什么人呢？有何突出的特征呢？这是一种相对全面的人与人之间的对比，只有对比，似乎我们才能更加看清，我们在选择信息人的同时，要放弃自己的哪些特点。树立一个信息人，实际上我们否定了一个"物质人""精神人"；树立一个信息人，实际上我们弱化了一个"部落人""工业人"；树立一个信息人，我们实际上弱化了一个"文字人""口语人"；树立一个信息人，实际上我们弱化了一个"靠手吃饭的人""靠脑吃饭的人"；树立一个信息人，实际上我们弱化了一个"时间人""空间人""独享人""自私的人""手工人""天然人"等。笔者不禁追问，在未来，人会怎样？

（三）"信息人"的人本质问题

这里的"信息人"究竟是理解为一种"信息增强人"呢，还是理解为一种"信息弥补人"？说其是"信息增强人"，是因为信息文明语境下的人实现了传统文明语境中的人所不具备的主体能力；说其是"信息弥补人"，是因为信息文明语境下的人去除了传统语境中人的主体痛苦感、残缺感。前者是容易受到伦理限制的，而后者更容易得到人们的认同。究竟是要改进信息技术呢，还是要改进伦理？假如用信息去消除人的生理或者精神痛苦，是否意味着人的痛苦隐私或残缺隐私会被公开呢？难道要将这些信息植入的过程交给机器人去全程操作吗？实际上，这里还涉及一系列问题，我们信息增强人的目标与方向是什么呢？是否会在这一过程中又遇到一种虚拟伤害呢？在这一过程中如何保持人的主体性呢？人们如何认同自己的身份呢？人人都能获得信息增强和信息弥补吗？还是只有信息富人才有这样的资格去变成信息超人呢？更深层次方面，经过信息载体处理后的人，是否还是原来那个纯物质载体的人？如果是，那么"去肉体效应"后的人，是否会引发一种新的思考，那就是"去精神效应"的人也是人吗？这似乎回到了一个古老的问题上，那就是身心可以分离吗？肉体可以信息载体化吗？自我意识会被信息载体化吗？以前的人类进化比较侧重于人的物质进化，现在的人类进化主要是侧重于人的社会进化，那么，将来的人类进化是否会看重人的信息进化？对比来看，这种进化与之前进化最大的不同或许就在于一种人为的建构，而不是一种随波逐流式的等候，当在人的需求中设计的力量大于自然的产生，就延伸出了另外的一个问题，那就是人们是先解决吃喝拉撒睡的自然需求，还是先处理教育发展知识素养提高的社会需求？哪一个占主导地位？

（四）从乡土中国的自由到信息中国的自由

费孝通曾经描述过乡土中国，从社会学角度描述了我国过去的乡村生活。时过境迁，在信息文明语境中，笔者在这里所要谈论的是信息中国语境下的信息人。农村人、城市人与信息人，都是一定生产力发展水平下客观的、社会的、历史的人。农村孩子习惯奔跑于田野里、捉鸟、抓鱼、上树，但是，倘若让农村孩子进入城市，则可能会笨手笨脚，过不到马路对面去。所以我们可以给这个农村小孩子一种评价，他是农村人。因为他只有在农村那种环境下，他的主体性才能得到完全的释放，他才能更加游刃有余地生活，尽管他会很快地适应城市的生活，但是过不了多久，他会特别怀念过去的农村生活，这也正是当今中国"80后"集体怀旧的原因；城市孩子，习惯于进超市购物、去图书馆看书，他们懂得各式各样的社会秩序，在公共场所不会大声说话，城区几点哪里堵车，最近有什么好看的电影，下课回家有事情向父母交流等。但是，假如有一天城市父母带孩子去农村体验一下生活，你就会发现城里的孩子这不敢碰，那不想摸，甚至赶一只鸡进窝都会累出一身的汗，就更不要讲爬树了。他的知识储备在农村里是不够用的，他没有见过母鸡下蛋，更没有去过不达标的水里摸鱼，他晚上睡觉会怕老鼠等，生活上特别不自在，这些充分说明，他是一个城市人。因为只有在城市的环境中，他才会如鱼得水。在农村生活，他的一切都要重新学习。在传统社会中，这两种人是保持着一定的原则距离的。

但是，进入信息社会之后，社会发生了很大的改变。农村孩子、城市孩子都遇到了不同于传统的生活环境，其中，就农村孩子而言，伴随着信息基础设施、手机网络的普及，他们开始将更多的时间专注于信息网络当中，这无疑为自身发展提供了一种新的社会语境。但是，与此同时，多数农村孩子出现了"劳作经验"的旁落。城市孩子，面对的是逐步成了一个处处有Wi-Fi的信息加强型环境。城里孩子可以通过网络进入农村的虚拟环境中进行一种经历体验，可以亲眼见证作物的生长过程，可以尝试爬树的乐趣。从这个意义上讲，信息文明促使了农村孩子与城市孩子的差异模糊化。从长远来看，人的转变，就成了从乡土中国向信息中国的转变。

第四节　本章小结

本章主要是围绕信息自由开展了对于"自由人联合体"的具体论述，自由人联合体在马克思主义看来，是人的本质的最终实现。研究认为，在信息文明语境下，信息自由是自由人联合体的一个信息条件，并在相关的研究论述中，论述了马克思主义人的自由思想演变、"信息人"作为一种新物种的可能性。

信息自由，不仅仅是媒体视野下的自由，不仅仅是信息公开的自由，也不仅仅是图书馆的服务自由，这里的信息自由是一种对人的自由形态的丰富和当下具体化，是社会实践发展到这一阶段的历史性认识。这里的信息自由既是一个"大自由"，又是一个"小自由"。所谓"大自由"，就是强调信息自由内容丰富：（1）信息对于传统社会语境下的自由、解放，注入了活力；也就是自由的信息化；（2）信息自由对于自由的一种革命性影响；（3）细细划分开来，信息自由就可能涉及信息获取自由、信息通信自由、信息传输自由、信息储存自由以及信息处理自由；信息的公开、信息的共享、信息的透明、信息的伦理、信息的道德等方面；除此之外，还可以划分为政治信息自由、经济信息自由、文化信息自由以及科学信息自由等。所谓"小自由"，主要是信息自由不是一种随意的自由，是社会具体实践条件下的自由。

从意义上看，信息自由促使着体力劳动向脑力劳动的转化，促使着人的类本质进入到一种新的境界。与此同时，信息自由促使着劳动者与劳动对象不断分离，促使着劳动成果的信息化，促使着人的社会本质进入到一种新的境界，在信息自由的实现过程中，人的需要不断得到充实和满足。一方面体现出了人们在信息技术视域下对自由问题的关切，另一方面也体现出了人们在自由问题上的信息关注。在一定意义上，信息自由是信息文明语境下我们对于马克思主义人的自由观、人的本质实现的一种关注。

第 九 章

信息异化：人本质观的信息遮蔽

事若不成，则必有人道之患，事若成，则必有阴阳之患。

——庄子

赛博时空下，社会飞速发展，信息正逐渐改变（is changing）人的世界，不知不觉已给人们营造出了一种新的便捷的生活空间。但是，我们并不能讲信息已经完全改善了（has improved）人的生活，甚至我们都不能保证信息对于人类而言是基本安全的。众所周知，当信息逐渐展示出其价值与正能量时，看起来微不足道的"伪信息"也正逐步地在现实世界中造成独立影响，甚至已经缔造出一个属于自己的"伪信息化（Pseudo-Information-Process）时代"。

第一节　异化：一种人本质的内外不统一

一　马克思恩格斯的异化思想

异化问题，是理解马克思主义人本质观的一种重要切入点。异化问题反映出马克思恩格斯以及马克思主义继承者对于人的本质、人的需要、人的自由等方面的关注。

马克思恩格斯的异化问题思想产生于关于类本质（species nature）问题的一种思考。这种类本质源于一种"有意识的生命活动"，而区别于费尔巴哈的"爱"，我们也可以这样理解，"有意识的生命活动""自由自觉的劳动"在马克思看来，一方面是人的一种内在本质，另一方面也是人的本质的一种外化，这是人证明认识自身的一种方式。人正是在"自由自觉的活动""改造对象世界、无机界"的过程中，实现了人自身的类本质。这里的劳动体现出人的类本质，既是一种逻辑层面的内在本质规定，主要侧重于一种潜能的挖掘；也是一种类本质的具体外化，更加强调一种本质实现。在马克思看来，只有真正的对象化的活动，发生一种对象性的能动关系，才能确认内在本质，这种对象化的活动本身就是人的本质对象化。只有在这样的一个劳动过程中，人的感觉才能得到丰富和发展，才能肯定自己，才能成为一个真正自由的存在者，一个美的存在者。在马克思看来，人一方面是一个自然存在物，是一个能动存在物、激情存在物、创造性存在物，同时也是一个社会存在物。也就是说，一旦失去了自然属性、能动属性、激情属性、创造性属性，人就会失去作为一种类存在物的可能性。

马克思在《手稿》当中解析这样的一种异化思想，即一种劳动的自我否定，其中涉及异化劳动的物的异化、劳动的自我异化、人的类本质与人相异化以及人与人相异化四重规定性，劳动异化本身意味着人在本质层面的自我异化和背离，意味着人的内在与人的外在的不统一，其中的人也就是作为不是合乎人性的人而存在了。在这里，劳动仅仅是一种维持个体生存的手段，是工人、动物生存的一种方式。作为远离劳动的资本家却过着更像人的生活。马克思并没有停留在一种现象的描述上，而是指出了扬弃劳动异化的方法："工人的解放还包含着普遍的人的解放"，而作为彻底扬弃异化的劳动，那就是共产主义，共产主义是一种人自身的人性的复归。

二　马克思主义继承者的异化思想

西方马克思主义者在异化批判领域有许多值得我们借鉴的宝贵思想，代表性的人物主要有卢卡奇、马尔库塞、哈贝马斯等。异化思想的主要领域在于技术异化、交往异化和消费异化等方面。（1）技术异化方面，西方学者认为，当下资本主义生产体系有一个不断专业化、合理化的过程。一方面效率生产继续得到提高，另一方面就是工人阶级成了资本主义生产体系中的一个零件，丧失了主人地位。之所以出现这样的情况，在学者们看来，这是一种社会控制技术的成功。也就是说，技术的进步本来是要服务于人的，现在却使人消失于自己的本质之外，这就是一种技术异化。

（2）交往异化方面，西方学者认为，人在世界上活着必然会与别人在共同生活中打交道，通过与他人的身份认同和接触发现自己的生活本质。但是，现在却出现了这样一个场景，我们只去关注别人，拿他人的身份去考虑自己，实际上就是一种放弃自己独立性的生活方式，没有出现人之为人的自由思考，这样的交往、社会关系还有什么意义呢？（3）消费异化方面，这是一种发达国家的控制时代。从本质上讲，消费应该是人自由发展的一种手段，现在消费却成了一种堂而皇之的消费目的，人被消费所牵制，人们活着就是为了消费，不断在消费中追求自己的人生目的，没有了消费就没有了人生的意义，当消费就是一切的时候，我们已经失去了对什么是真消费、什么是假消费的本质区分，消费起来吧！但是，人的本质也在挥霍中倒下了。

三　马克思主义异化思想的现代启示

通过深入解读马克思主义异化思想，结合马克思主义人本质观研究领域，我们能够发现以下几点启示：（1）实践特色鲜明，马克思主义的异化思想起源于劳动，不同社会实践过程中的异化思想各有侧重点，比如马克思时代的劳动异化，现在西方出现的技术异化、交往异化、消费异化等，这些问题最终还要回归到具体实践中去解决，马克思主义的异化思想不是一种空想，而是科学的实践异化理论。（2）异化问题、异化思想不是静止不动的，而是不断处于一种变动发展的过程中。不同异化思想在新时期还存在着不断微观化、不断延伸化等趋势；但是，解读这些异化思想的科学的马克思主义立场原则是不变的。（3）异化与生产力发展直接相关，正是生产力发展的水平不高，才会出现一种人与人、人与社会、人与自然之间的紧张关系，因此，只有高度发展的生产力，才是解决异化思想的锦囊妙计。

结合上述马克思主义异化思想的现代启示，笔者不禁反思这样一个问题，信息文明语境下是否存在着人的本质异化问题？假如存在人的本质异化问题，那么这些问题有没有一种信息化的倾向可能性呢？这种信息文明语境下的异化，是一种独立的异化形式，还是一种传统异化的附属品呢？这种信息异化是如何促使人的类本质、人的社会本质、人的本质充实和实现偏离其内在性质的？

第二节　"伪信息"的出现和溯源

一　伪信息的出现和定义

伪信息，不单单手机里面会经常收到 170、171 号段的垃圾短信、骚扰电话，甚至我们可以通过逻辑这样大胆地预测，信息文明范围有多大，它的对立面也就有多大。诸如网络欺凌（cyberbully）、网络自夸、网络炸弹、坏消息综合征、负面消息集中营、谣言四起、惹是生非、信息霸权主义、数字的毒害污染、媒体巨头的兴风作浪、极端组织的信息恐怖主义、信息不均衡殖民主义等问题信息，都可以称为全面地破坏了（has destroyed）我们人类生活的伪信息。

关于"伪信息"（Pseudo-Information）的定义，从字面上看，其界定主要存在两种含义：第一种，即是信息的伪。在一个大信息系统当中，一定是存在着信息的真与信息的伪，信息的伪是其中的组成部分、一个分支。第二种，即是伪的信息。在大信息系统之外，存在着许多假信息、劣信息、非法信息、自私信息、膨胀信息、过时信息、不符合规律的信息等信息的变种。无论是第一种，还是第二种，我们都可以给予伪信息一个大体的理解，一种常见发生信息领域中的问题存在，不是真正意义上的信息，是一种不真实或不实在的信息，是一种本身不是信息却又寄生于信息、自称是信息的存在。伪信息虽是一种不真实的信息，但我们却不能否认"它是一种真实的存在"。"伪信息"的本质主要体现在对其他信息、其他人的影响上——假如没有影响，我们会去关注伪信息吗？显然不会，只有伪信息产生了十分明显的影响，我们才会被动地去关注伪信息，甚至产生消灭伪信息的念头。究竟这里的伪信息是"伪"在道德方面呢，还是"伪"在技术方面呢？拿最常见的垃圾短信来理解，这些通信运营商为什么会将一些没有任何价值的信息发送到一个个信息接收者那里去呢？可能最直接的收益就是会获取一种资本利益、广告效果，这些社会组织以及个人在通盘衡量这样的市场效益之后，道德失范地做出了发送垃圾信息的决定。这里似乎存在着一个问题，那就是作为商家来讲，这条伪信息实际上承载着发送者的价值期待、经济可能，实际上起到了一种上门推销的作用。这种模式用概率学角度来理解，多是违背自己意愿的必败结局。但是为什么170、171号段还会持续地去专注于这样一种伪信息的行为呢？估计就是极小的成功概率在其中作祟。

在当今时代下，伪信息到底如何存在？首先，伪信息并不是一种纯粹的恶，就好比是无名无姓（nameless）的罪犯深藏不露（faceless）利用了人们难以想象的方式去入侵普通居民的传统生活，他们距离我们的生活仅仅有一键之遥（keystroke away）——破解密码、软件窃取、遥控作案、源代码破坏等现象，越来越成了人们生活中熟悉的字眼。通过具体理解伪信息，我们能够看到一种高技术性存在、生活方式的自由开放、人们活跃的交往方式等，都是伪信息的一种存在原因。其次，伪信息是信息彼岸的形式存在。虽然伪信息在内容上不具备科学性和功能实在性，但我们并不能因此就下伪信息毫无是处的定论，因为其在形式上与信息具有某些共同的要素。伪信息的提出至少还给我们一些深度思考：信息与伪信息的区分标准是什么？两者能否实现转化？等等，当然，伪信息研究领域越投入，信息轮廓也就越清晰。再次，"伪信息"在日常存在中，往往更表现为一些个人、组织的特定利益，这些具体的现实利益往往会激发很多人通过技术协调去对元信息进行篡改和修订，最终实现自身的一种伪信息政治表达。比如，西方国家一直采用信息手段对我国进行意识形态层面的渗透。

二　伪信息的反思

古人的技术悲观思想也给我们提出了探究伪信息的"可鉴之处"。庄子有语："为机械者，必有机事；有机事者，必有机心。"① 这里的"机心"就是一种类似于"非纯真朴实的品性"。② 卢梭站在"文明人和野蛮人"的对比下，认为"'文明人'在体能和技巧上远远比不过没有技术的'野蛮人'"。③ 肖峰教授曾经解析过卢梭的观点，说明"文明人因技术而丧失人的最有价值的东西，因为技术为我们提供的，正是被技术所剥夺的人类固有的力量和灵敏，还有道德和勇气"④。更有英国玛丽－雪莱在其

---

① 方勇：《庄子》，中华书局2010年版，第10页。

② 肖峰：《人文语境中的技术》，中国社会科学出版社2011年版，第7页。

③ ［法］卢梭：《论人类不平等的起源和基础》，李常山译，商务印书馆1962年版，第76页。

④ 肖峰：《人文语境中的技术》，中国社会科学出版社2011年版，第8页。

《弗兰肯斯坦》小说中的恐惧："在未来，人将被人造物毁灭"。美国思想家芒福德认为，"新型人在追逐权力和金钱时，开始蔑视家庭、田园"。早期的马克思也表达过相关方面的思想："技术的胜利，似乎是以道德的败坏为代价换来的。随着人类愈益控制自然，个人却似乎愈益成为别人的奴隶或自身卑劣行为的奴隶。"① "劳动生产了智慧，却给劳动者生产了愚钝、痴呆。"② 海德格尔也谈到，科学技术所支配的已经不再是大城市、工业园，而是内在生命，人本身成了一种"持存物"，这显然是一种异化。卡西尔认为"科学技术不仅导致日趋严重的人的自我疏远，而且最终导致人的自我丧失"③。德国哲学家雅斯贝尔斯认为，技术进步一方面使得生活庸俗，退化到"无思想""自动化""把人与自然分开"。尼采认为"本质上机械的世界是一个本质上无意义的世界"④。伽达默尔认为，在科学技术的应用背景下，"自由不仅受到各种统治者的威胁，而且更多地受着一切我们认为我们所控制的东西的支配和对其依赖性的威胁"⑤。弗洛姆认为，"人执行的是计算机的决定，人是机器的附属物。我们不再是技术的主人，而成了技术的奴隶"⑥。

　　但判定一种信息存在或真或伪的标准不仅仅要把信息看作一种完全中性的工具，还要看它所承载的社会因素。要想全面理解哲学领域中的伪信息化技术，一定要看清它的历史演变过程，最起码要理解其原始状态。要说伪信息化技术哲学的起源，完全可以追溯到文艺复兴之前对于人类制造（滥造）、制造成果或制造活动的整体性认知、反思。我们可以从一些经典著作中找到些许答案。亚里士多德在《伦理学》中有这样一段论述：

---

①　《马克思恩格斯选集》第 2 卷，人民出版社 1972 年版，第 78—79 页。

②　［德］马克思：《1844 年经济学哲学手稿》，刘丕坤译，人民出版社 1979 年版，第 46 页。

③　［德］恩斯特·卡西尔：《人文科学的逻辑》，沉辉等译，中国人民大学出版社 1991 年版，第 65 页。

④　［德］F. 尼采：《悲剧的诞生》，周国平译，生活·读书·新知三联书店 1986 年版，第 256 页。

⑤　［德］H. G. 伽达默尔：《科学时代的理性》，薛华译，国际文化出版公司 1988 年版，第 63、132 页。

⑥　［美］E. 弗洛姆：《为自己的人》，孙依依译，生活·读书·新知三联书店 1988 年版，第 25 页。

"最适合于人的活动是从事哲学，是自由而超然地对自然进行沉思。"① 单从他这句包含人、哲学、自然等绝对性的表达中，我们至少可以看出，以亚里士多德为代表的那个时代并没有把制造（making）看作是人类的必修课，哪怕是艺术形式的制造，也往往都是有害于人的德行的，何况还是滥造滥用呢；由此可见，制造（含滥造）在人类思想中的位置并不久远、突出，所以也不会出现"被系统反思"的主题。即便在现代看来，技术制造（含伪技术制造）、信息制造（含伪信息化技术）等关注的目标多是物质世界，顶多也就是关注一下信息、政治、军事领域等的需要，并不在于追求至高无上的善，所以制造（滥造）并不能有助于人类理解生活的根本目的。在注重内在的中世纪，制造逐步演变为技艺、技巧，成了信息技术的前身。在那个时代，一切事物往往都会笼罩在宗教、哲学、人、上帝、尘世等字眼下，技艺也只不过与祈祷一样被看作是人类集体赎罪、洗刷耻辱的行为，是一种多余的、危险的和有害的理智运用。圣奥古斯丁讲过："理智揭示了我们被神赋予的人性是多么的丰富。"② 以至于到了后来，伴随着人的解放、人的自由逐步得到认可。与人有关的技艺、技巧也被贴上文明的标签，成为主流。马基雅维利说："鼓励人们肯定自己正当的自由、灵魂的高贵、身体的强健以及所有能够使人变得强大的品质。"③培根认为："印刷术、火药和罗盘的发明要比一切政治征服或哲学争论更有益于人类；科学进行重建，做出一系列发明，在一定程度上征服和战胜人类的贫困和苦难。"④ 笛卡尔认为："人成为自然的主宰者和拥有者。"⑤隐藏着技术的背后，所有与人有关的存在都在毫无忌讳地不断地提升着自己的地位，即人自身的不断增魅。

随着工业革命的到来，与人有关的技艺、技巧、制造、技术等观念被推上了历史舞台，开始掌管社会的运行，但是随着人力、社会力影响越来越大，其负面性也开始暴露无遗。于是，基于对人性批判性思维的肯定，一批学者开始反思自身的技术行为，估计也就是从这个时期开始，信息技

① http：//hps.pku.edu.cn/2010/06/2981.

② ［古罗马］奥古斯丁：《上帝之城》，王晓朝译，人民出版社 2006 年版，第 24 页。

③ ［意］马基雅维利：《君主论》，陕西师范大学出版社 2009 年版，第 6 页。

④ ［英］培根：《新工具》，陈伟功译，北京出版社 2008 年版，第 129 页。

⑤ ［法］笛卡尔：《方法谈》，王太庆译，商务出版社 2000 年版，第 1 页。

术等人为的存在都开始逐步得到应有的反思，也就是伪××们等开始得到意识。人的意识集体得到祛魅。比如，卢梭在《论科学与艺术》一文中认为，文明是虚伪的，是对真正自由的剥夺，批判了一种科技进步可以将财富与美德统合起来，从而自发地推动社会进步；诗人布莱克（William Blake）等浪漫主义者质疑科学技术知识，强烈抨击工业革命的恶果；19世纪，它也成为马克思主义批判资本主义的基础；包括后来的西方马克思主义者都在谈论技术异化问题等。我们现代人看待过去的一些技术成果，总是能很大方、开放地接受，但是在过去，这个接受的过程却是非常复杂，一般而言，在一个新产品投入使用的过程中，往往会遭受到传统文化的强烈对抗。

　　在这些信息化技术到达中国之前，传统的中国人对待信息技术还是存在着一种非常大的抵触情绪。比如，最初我们中国古人将电报看作是小虫子爬出，将电话看作是祖宗不用的奇技淫巧。现代人听起来可笑，其实，这其中就说明在一种信息技术的产生过程中，不可避免地会与其所处的社会发生非常大的摩擦，给人一种强烈的冲击感。当然，往往也是信息的便捷性击败了另一面：信息技术背后的权威、视觉的恶心，还有其他不适感，当然，这一切结合起来，也就成了这些信息产品最终被淘汰的原因。比如电报只用了不到200年，BP机更短，小灵通才12年，现在移动电话的更新速度几乎可以用天来形容，宣传一个比一个先进。那我们能不能逆推理回去，是不是说明信息产品总是充满着问题，能不能称它们为伪信息技术成果呢？现在的产品是不是也可以这样界定呢？比如，此时此刻人们可以拿着智能手机随意去打，人们感觉的是手机的信息功能，但是关于手机辐射的问题却很少有人关心，似乎有一点可以确定，那就是拿着手机撒谎的人是越来越多了。同时，手机中的垃圾短信以及信息泄露问题也实在让人头疼。现在的电视，看起来屏幕越来越大，越来越美观，但是这种视觉的欺骗性以及合成，对视力的影响，还有电视广告节目内容的欺诈性，到底是信息化技术，还是伪信息化技术？

第三节　信息异化：人的本质异化的具体表现

　　面对妙不可言的信息实践，唯一能够给予人足够多镇定的力量，就在于信息实践属于实践，终究是人的根本存在方式，属于人获得自由的一般途径。信息实践无非是人的实践的现实化、具体化和历史化体现，是人追求自由和解放的一种阶段、方式、程度，是催促人从物质和社会压抑中逐步走出来的一种催化剂。只不过信息实践更加注重交互、开放、多元、共享、非权威等特征。信息在信息实践的过程中，解放了知识，解放了人际关系，解放了思维，解放了人的生活方式等，从某种意义上，何尝不是马克思和列宁憧憬的国家集权消解、个人与人类的充分解放。至少，我们在信息实践中，已经深刻地感受到了人越来越远离动物，越来越告别神坛，越来越走向人的意义。在信息实践的过程中，人们不再单纯地消费实践产品，还开始消费信息，这说明人类的需要发生了一种新的改变，人们可以创造信息，并在这个过程中获得快乐、满足，人的创造本质进一步得到体现，人的自由和解放进一步得到拓展，人们不仅仅要在物质世界展示自我，还要去信息世界成本低廉、操作简单、传播迅速无限制地展示自我，甚至在某种意义上，还要改变自我、创造自我。

但是，众所周知，信息并非万能的，而是受制于物理的、资金的因素。比如，至今仍是一个谜的马航 MH370 失联客机事件，就反映出卫星信息在范围与精度之间还需要做出选择。正如世界安全基金会技术顾问魏登指出，假如你带着望远镜以时速 110 公里开车行经一条街，想要看清每一个信箱，那就需要你旋转望远镜的速度，这就好比，看起来客观的信息存在背后，实际上存在着人的目的与动机限制性。基于此，我们可以判断，信息实践是有限的信息文明，需要再次进行升级、加工。有限的信息文明并非自身的有限，更多层面还在于信息对于人本质实现的一种有限性，信息异化就是如此。

一　信息异化的概念

人的信息异化，主要是强调信息主体创造了信息客体，但是信息对象不受信息主体的控制、支配、影响，反而开始支配、敌视、破坏、统治、控制主体力量。在传统社会中，我们曾经先后多次被异化，比如，宗教异化、资本异化。正如马克思曾经指出：随着人类愈益控制自然，个人却似乎愈益成为别人的奴隶或自身的卑劣行为的奴隶。马克思这句话具有极强的穿透力，它直接解蔽了宗教的神秘，揭穿了资本的丑恶一面，也正是因为马克思这样深刻的理论洞察，才使得我们能踏实地将看似繁荣的信息文明问题引申出复杂的信息异化问题。我们的一切发现和进步，似乎结果是使物质力量具有理智生命，而人的生命则化为愚钝的物质力量。我们不得不思考这样的问题，为什么日新月异的信息速度并没有给予我们同等的生活满足感，甚至我们依赖于我们创造的信息产物不能自拔，现代青年就像一只温水里的青蛙，慢慢失去了自己对信息的判断和主见，更多的是一种被导向、被教育、被启发、被惊吓、被主宰等，接下来发生的就是：信息网民的道德没得到提升、人与人之间的情感越来越冷漠；除此之外，信仰已经成为一种危机、人格逐步丧失独立的特征，正是在这样的盲从中，信息主体逐步迷失了自我。这里的信息盲从，源自信息依赖，这里的信息依赖，则是一种对虚拟物的依赖，这种依赖已经变得十分强大，但是在信息强大的改造社会结构、改变社会生活方式等功能面前，人们丝毫没有认为信息依赖有多么不好。

信息异化的概念比较抽象，主要涉及以下几个方面：第一，传统异化的信息化。第二，伴随着信息文明语境的到来，而产生的新异化。第三，通信异化、传播异化、沟通异化、处理异化、储备异化等。总体来看，信息异化，就是指出"人与信息关系的颠倒"。也就是主客体关系的异化，信息主体不再去创造客体，而是一种被信息客体主宰。导致原本利用信息的主体，自身变得工具化，最终主体能力消失。同时，信息异化实际上是人在信息中的同化，很多人在信息文明语境中满足于符号、虚拟，另一方面肯定就放弃了人文、德性和智慧。人的信息异化实际上是人的价值目标的丧失与错位。人的价值在于利用信息，但是，在信息文明语境中，目的和手段已经发生了改变。

二　信息异化的具体表现

第一，获取所有的信息，都是"快餐文化"，现在人在学习生活中几乎已经没有自己思考问题的意识，稍微遇到一个问题，都没有了自己去主动想象的意识，而是借助于信息检索。这就反映出一个现象，那就是人们的电脑思维越来越强大，也说明自身获取信息能力的水平越来越高超，但是自身思考的能力却越来越退化。第二，现在人对信息产生了盲目的崇拜感，因为信息的便利状态，很多人便将生活用信息塞得满满的；倘若有几天不上网，就会感觉到身体心理全方位不舒服，还有的人因为海量信息中没有自己想要的信息，就会感觉空虚不已，很多年轻人因为网络把控不力，直接进入戒网所。第三，对信息的莫名恐慌，进而产生了"信息恐慌症""信息疲劳症"。与爆炸信息一起来到这个世界的是"囫囵吞枣"，很多人在面对海量信息时，拼命下载综述，但是不求甚解。第四，信息取舍的困惑。信息文明的到来，引发诸多世界观没有完全形成的年轻人伫立在十字路口。

三 信息异化之于人本质

（一）信息异化之于人的类本质

在信息文明语境下，信息劳动者与信息劳动产品之间是否存在着异化？信息工作者产生的信息劳动产品，我们可以将其理解为一种在信息文明语境下的本质力量对象化，这是用来满足自身需要的一种方式，但是在信息异化语境下，工人劳动越多是否就意味着自己更好地满足了自身需要呢？还是越来越贫穷呢？还是信息工人亲手缔造了一个庞大的与自己对抗的信息力量呢？在信息化劳动过程中，信息工作者在脱离时空限制之后自由了吗？还是在自由之后，又将自己放置到一个新的囚笼里面呢？与此同时，在劳动过程中，是感觉到一种快乐的信息劳动，还是感觉信息劳动本身的一种非自愿呢？这种劳动是释放了自身的创造性，还是人们在信息劳动中变得更加麻木了呢？一句话，人是否在信息劳动过程中自由自在呢？如果不是，那就是一种信息异化的表现。

（二）信息异化之于人的社会本质

假如信息工人生产的信息产品不再属于自己，那么，信息主体也就不能在自己的劳动中确认自己，自己的信息产品不被自己所支配，这就会出现一个现象，我生产的信息产品被谁拿走了呢？这样的一种人与人的信息对立就会出现。信息关系作为一种信息技术影响下的社会关系延伸，其宗旨是促进人与人的沟通发展。倘若人与人的关系在信息语境下不断对立，那么就是一种人的社会本质领域的信息异化了。

（三）信息异化之于人的需要本质

需要，在马克思主义那里，已经被提升到人的本质层面，但是在信息异化视野中，却也是一个值得反思的问题。需要本身是要充实人的本质，证明人的本质，可在信息异化语境中，人们面对着需要的两极化、需要的工具化、需要的贫困化等现实，人的精神不能不说是遭到了摧残。纵观现实生活，却是存在着这样的一种情况，需要不再是一种需要本身，已经成为一种信息暴力、一种信息手段。人与人之间的信息需要差异越来越大，人与人之间信息财富差异也是越来越大，同样，一个时代下的信息需要出现了极端的贫困化，在这样的信息异化语境中，人的本质还能充实吗？

（四）信息异化之于人的自由本质

在一个每个人都力图控制别人的信息环境中，人还会自由吗？在一个每个人都追逐自身利益的环境中，人与人之间会和谐相处吗？在一个信息资本有话语权的信息环境中，人的本质还有意思吗？倘若上述成立，人就没有自由了，甚至人连动物的自由也不再有了。动物还有捕猎的自由，而人只能被动地享受贫乏信息的自由，没有丰富性，也就不会最终实现人的本质，有的只是渐行渐远。

第四节　本章小结

这一章主要是围绕"信息异化""伪信息"等层面展开了对于人的本质层面的分析，研究认为，"信息异化"是信息文明语境下的一种人的本质遮蔽。并就"伪信息"的概念、特征以及态度溯源和技术背景等相关的一些基础性问题展开了论述。

"伪信息"是"信息文明"的另一方面，是信息自由的另一方面，是信息需要的另一方面，是虚拟劳动的另一方面，是信息关系的另一方面，是人的本质实现的另一方面。但是，"伪信息"也是有其"合理性"存在的。并且，基于伪信息，人的信息异化从隐到显，由小到大。这种现象给我们当下人实现自身力量以严重阻碍。通过探析其存在根源，并尝试思考了一些具体的举措，旨在真正了解信息文明语境下的人的状况。

信息文明语境下，信息正逐渐改变人的生活、人的本质，但是并没有完全改善人的生活，也没有完全实现人的本质。这是信息文明有限性的最大体现，与此同时，也是伪信息的存在空间所在。从概念上来看，伪信息也是一个复杂的技术性系统，是一种真实的存在，甚至还是一种政治需要、学理问题。伪信息的产生具有极其厚重的人文根源和技术根源，人文方面主要是源于人们对于技术的不敬畏、滥用、工具化认识、信息唯技术论以及人们对于技术的悲观认知；技术层面主要是源于技术的滥造、卑微的前身，技艺也只不过与祈祷一样被看作是人类集体赎罪、洗刷耻辱的行为，是一种多余的、危险的和有害的理智运用。最终有限的信息实践促生了有限的信息文明，毕竟信息实践是人的实践的现实化、具体化和历史化体现，这里看似客观的信息背后，实际上存在着人的目的与动机限制性。基于此，信息实践是有限的信息文明，还需要再次进行升级、加工。与此同时，信息的纯技术性、信息的纯逻辑性也存在着疏远道德世界、传统伦理、人情世故与区域文化等威胁，因此，也给人们生活带来了诸多困扰、灾难，最终出现了人的信息异化。信息主体创造了信息客体，但是信息对象不受信息主体的控制、支配、影响，反而开始支配、敌视、破坏、统治、控制主体力量。这是宗教异化、资本异化的继续。

结 束 语

本书的核心内容，是在信息文明语境下，结合马克思主义人本质观，尝试性地提出若干新的人的本质特征：（1）在人的类本质上，本书提出了"劳动创造了人本身"这论断存在着一个虚拟镜像，"劳动创造了人本身"在虚拟劳动层面也具有一定的意义和特征。（2）在人的社会本质上，本书提出了"一切社会关系总和"这一论断存在着一个不能忽视的"信息关系的加数"；在信息文明的现实性上，"一切社会关系的总和"的人本质观也出现了一定的信息化特征、信息化元素。（3）在人的本质具体充实上，信息需要提供了新的具体证明，提出信息需要已经成为当下人的一种基本生活的必需品。（4）在人的本质实现上，本书提出了"自由人联合体"这一论断存在着一个值得深入思考的"信息条件"。在阐述信息自由的概念与特征基础上，指出信息自由是实现人的全面发展的一种具体实现。（5）围绕信息异化的概念、渊源，侧重于揭示伪信息对人的本质的信息遮蔽。

经过信息文明语境丰富后的马克思主义人的本质学说，是一种囊括更多内容的系统学说：（1）人之所以为人而区别于动物的最根本的特征是实践、劳动，信息实践推动了这一趋势进入了一个崭新的社会境界，人与动物等自然物的区别日趋明显。（2）群体之所以成为群体，而能够相互区别开来的最根本的特征，是实践中形成的不同社会关系的总和；信息关系促使着当代人越来越区别于之前的传统文明语境中的人而成为新的群落。（3）需要是人和社会发展的一大动力，是人本质的具体充实和证明，也是社会关系的丰富和完善，需要并不是一直处于一种"卑下的位置"，在马克思主义需要观看来，需要是一定生产力发展水平的标志，在信息文明语境下，人的本质力量得到了新的充实和证明。（4）自由人的联合体是人的本质最终实现，而信息文明语境下的信息自由恰恰是一个信息条件。

总体来看，信息文明与马克思主义人本质观是辩证互促的，初步丰富了马克思主义人本质观理论，尝试解析了复杂的信息社会现实问题。但是，限于水平，限于学识，限于研究效率，最终还留下了几个问题，作为未来进一步不断拓展的理论主题、方向。

（1）虚拟劳动、信息关系、信息需要、信息自由和信息主体等方面，需要进一步得到论述、深度剖析，并在此基础上实现对人的本质的概念把握。

（2）信息异化视域下的人的本质研究，信息异化，作为新时期束缚人的本质力量实现的具体方面，需要得到进一步的系统化探究。

（3）马克思主义人本质观作为一种根本性层面上的理论，需要不断地与马克思主义等其他主题理论进行交互研究，以期促进马克思主义视域下信息化整体研究的升级。

关于信息文明与马克思主义人本质观的新发展，研究目的可以分为很多种。其中有几组目的是：文字层面显示出来的目的和文字背后的实际目的，比较高远的、抽象的目的和切身实际的、具体的目的。本书的研究，往高处看，就是去憧憬一种心灵的自由，进而涵养一种与时俱进的人格精神；从文字的主题层面来看，是期望通过不断论述，解答人的本质领域需要回答且尚未得到解答的问题、困惑，保守一点讲，也不是突发奇想，而是努力地展现马克思主义人本质观领域存在的全景问题，至少也是在朝着寻找问题的方向努力着。正如莫里茨·石里克所言："人们认为不可解答的某些哲学问题归因于这些问题没有被表达得足够清楚。"[①] 如果讲，信息文明的相关研究旨在获取实在知识，那么信息文明和马克思主义人本质观的新发展就在于：如何更加合理地解释人类在信息技术领域的新成就，如何更加准确地把握信息技术其中的人生深刻意义。正如，维特根斯坦指出：哲学应当把思想弄清楚，并给思想划定明确的界限。要不然，思想就可以说是晦暗而模糊的了；从自身真切的感受出发，目的并不是在于发展一种信息文明领域的新哲学体系，因为"一切体系化的思想都必须从一

[①] ［德］莫里茨石里克：《自然哲学》，陈维杭译，商务印书馆1984年版，第3页。

些预先做出的假定出发"①，在非线性信息社会当中，"哲学不能排除任何东西，因而它决不应从建立体系开始。它的开始阶段可以称之为'收集'"②。正是基于此，本书旨在需要获取一种探讨哲理的逻辑方法，进行一次理论生存的根本尝试。

从马克思的博士论文那里，我们可以得知，虽然波西多尼乌斯、尼古拉、索蒂昂、西塞罗、普卢塔克等人对伊壁鸠鲁的批评过于偏斜，但是，对待批评的话语本身，我们搬出来作为研究的自律也无妨：做研究时，不能"重复、冒充、抄袭别人的话"，不能"随心所欲地主观臆造"，不能"无关紧要地纠缠于细枝末节"，不能"破坏和败坏研究风气"，不能"吸收的满是错误的东西"和不能"毫不理解正确的思想"。③ 在当下学术语境下，就可以理解为：做研究，就一定要讲自己的话，使用别人的话一定要注明出处；讲话撰文一定要符合客观情况，要直接有力，避免拐弯抹角；做研究要弘扬正能量，去除一些错误的思想。阐述上述思想，旨在奠定研究的指导原则。在研究过程当中，笔者查阅了一些著作。此文中所折射出的内容，从直观上也可以理解为，站在众多思想巨人肩膀上努力完成的一次人生跳跃。当然，相信过不了多久，笔者就会因为文中所包含的某些简陋观点的不合时宜而感觉到惭愧，但至少在笔者心里会油然而生一种复杂的情感，肯定包含着对于"起初方向选择时的欣慰"和"努力耕耘过程的敬畏"。

---

① ［英］怀特海：《思维方式》，刘放桐译，商务印书馆 2013 年版，第 1 页。
② 同上书，第 2 页。
③ 《马克思恩格斯全集》第 1 卷，人民出版社 1965 年版，第 18 页。

参考文献

著作类

[1]《马克思恩格斯全集》第 2、3、13、21、23、42 卷，人民出版社第 1、2 年版。

[2]《马克思恩格斯文集》第 1 卷，人民出版社 2009 年版。

[3]《马克思恩格斯选集》第 1、2、3、4 卷，人民出版社 1995 年版。

[4]〔德〕马克思：《1844 年经济学哲学手稿》，刘丕坤译，人民出版社 2002 年版。

[5]《列宁全集》第 26、31、36、55 卷，人民出版社 1995 年版。

[6]《毛泽东文集》第 7 卷，人民出版社 1999 年版。

[7]《毛泽东选集》第 3 卷，人民出版社 1991 年版。

[8]《毛泽东著作选读》下册，人民出版社 1986 年版。

[9]《建国以来毛泽东文稿》第 6 册，中央文献出版社 1992 年版。

[10]《邓小平文选》第 1 卷，人民出版社 1994 年版。

[11]《邓小平思想年谱》(1975—1997)，中央文献出版社 1998 年版。

[12]《江泽民文选》第 3 卷，人民出版社 2006 年版。

[13]《十三大以来重要文献选编》上、中，人民出版社 1991 年版。

[14]《十六大以来重要文献选编》上，中央文献出版社 2005 年版。

[15]《中国共产党第十七次全国代表大会文件汇编》，人民出版社 2007 年版。

[16]《习近平总书记系列重要讲话读本》，学习出版社、人民出版社 2016 年版。

[17]《弗洛伊德文集·一个幻觉的未来》(中译本)第 5 卷，车文博译，长春出版社 1998 年版。

［18］［德］F. 拉普：《技术哲学导论》，刘武译，辽宁科技出版社 1986 年版。

［19］［德］F. 尼采：《悲剧的诞生》，周国平译，生活·读书·新知三联书店 1986 年版。

［20］［德］H. G. 伽达默尔：《科学时代的理性》，薛华译，国际文化出版公司 1988 年版。

［21］［德］恩斯特·卡西尔：《人论》，甘阳译，上海译文出版社 2004 年版。

［22］《费尔巴哈哲学著作选集》下，荣震华、王太庆、刘磊译，商务印书馆 1984 年版。

［23］［德］莫里茨·石里克：《自然哲学》，陈维杭译，商务印书馆 1984 年版。

［24］［德］黑格尔：《哲学史讲演录》第 2 卷，贺麟、王太庆译，商务印书馆 1997 年版。

［25］［法］卢梭：《论人类不平等的起源和基础》，李常山译，商务印书馆 1962 年版。

［26］［法］让·卢日金内、皮埃尔·库尔－萨利、密歇尔·瓦卢卡利斯：《新阶级斗争》，陆象淦译，社会科学文献出版社 2009 年版。

［27］［法］让·保尔·萨特：《存在与虚无》，陈宣良等译、生活·读书·新知三联书店 1987 年版。

［28］［法］笛卡尔：《方法谈》，王太庆译，商务出版社 2000 年版。

［29］《傅立叶选集》第 1 卷，赵俊欣、吴模信、徐知勉、汪文漪译，商务印书馆 1979 年版。

［30］［古罗马］奥古斯丁：《上帝之城》，王晓朝译，人民出版社 2006 年版。

［31］《柏拉图全集·普罗泰戈拉篇》，王晓朝译，人民出版社 2002 年版。

［32］［古希腊］赫拉克利特：《残篇》，［加］罗宾森、楚荷中译，广西师范大学出版社 2007 年版。

［33］［古希腊］亚里士多德：《形而上学》，北京出版社 2008 年版。

［34］［古希腊］亚里士多德：《政治学》，吴寿彭译，商务印书馆 1965 年版。

[35]［加］麦克卢汉：《理解媒介》，何道宽译，商务印书馆 2000 年版。

[36]［美］E. 弗洛姆：《为自己的人》，孙依依译，生活·读书·新知三联书店 1988 年版。

[37]［美］J. T. 哈代：《科学、技术和环境》，唐建文译，科学普及出版社 1984 年版。

[38]［美］S. 阿瑞提：《创造的秘密》，钱岗南译，辽宁人民出版社 1987 年版。

[39]［美］丹·希勒：《信息拜物教批判与解构》，邢立军等译，社会科学文献出版社 2008 年版。

[40]［美］曼纽尔·卡斯特：《千年终结》，夏铸九、黄慧琦等译，社会科学文献出版社 2003 年版。

[41]［美］埃瑟·戴森：《2.0 版：数字时代的生活设计》，胡泳等译，海南出版社 1998 年版。

[42]［美］罗纳德·格罗斯：《苏格拉底之道》，徐弢、李思凡译，北京大学出版社 2005 年版。

[43]［美］罗纳德·德沃金：《身披法袍的正义》，翟志勇译，北京大学出版社 2014 年版。

[44]［美］威廉·F. 奥格本：《社会变迁：关于文化和先天的本质（中译本）》，王晓毅译，浙江人民出版社 1989 年版。

[45]［美］维纳：《人有人的用处》，陈步译，商务印书馆 1978 年版。

[46]［美］约翰·奈斯比特：《高科技·高思维》，尹萍译，新华出版社 2000 年版。

[47]［英］培根：《新工具》，陈伟功译，北京出版社 2008 年版。

[48]［英］怀特海：《思维方式》，刘放桐译，商务印书馆 2013 年版。

[49]［英］克里斯托夫·霍洛克斯：《麦克卢汉与虚拟实在》，刘千立译，北京大学出版社 2005 年版。

[50]［英］罗素：《西方哲学史》上卷，何兆武、李约瑟译，商务印书馆 2004 年版。

[51]［英］尼克·史蒂文森：《传媒的变革全球化、道德和伦理》，顾宜凡译，北京大学出版社 2005 年版。

[52]（西汉）戴圣：《礼记》，刘小沙译，北京联合出版公司 2005 年版。

［53］［意］马基雅维利：《君主论》，王伟译，陕西师范大学出版社 2009
年版。

［54］曹雪芹：《红楼梦》，人民文学出版社 1996 年版。

［55］陈独秀：《独秀文存》，安徽人民出版社 1988 年版。

［56］丁俊萍、熊启珍：《中国化的马克思主义概论》，武汉大学出版社
2003 年版。

［57］董炎：《信息文化论》，北京图书馆出版社 2003 年版。

［58］方幸福：《幻想彼岸的救赎——弗洛姆人学思想与文学》，中央编译
出版社 2014 年版。

［59］高放：《马克思主义和社会主义新论》，黑龙江人民出版社 2007
年版。

［60］高文新：《马克思理论基本范畴研究》，吉林大学出版社 2007 年版。

［61］郭晓君：《我国人学研究的回顾与前瞻》，载《人学与现代化——全
国首届人学研讨会论文集》，广西人民出版社 1998 年版。

［62］康兰波：《人的实践本性与信息时代人的自由》，中国社会科学出版
社 2013 年版。

［63］《列子·黄帝》，叶蓓卿译，中华书局 2015 年版。

［64］刘熙：《释名》，国家图书馆出版社 2014 年版。

［65］刘向晖：《网络营销导论》，清华大学出版社 2005 年版。

［66］世界环境发展委员会：《我们共同的未来》，王之佳、柯金良译，吉
林人民出版社 1987 年版。

［67］［英］埃比尼泽·霍华德：《明日的田园城市》，金敬元译，商务印
书馆 2012 年版。

［68］邬焜：《自然辩证法新编》，西安交通大学出版社 2003 年版。

［69］肖峰：《信息主义：从社会观到世界观》，中国社会科学出版社
2010 年版。

［70］肖峰：《人文语境中的技术》，中国社会科学出版社 2011 年版。

［71］郑永廷：《中国化马克思主义发展概论》，中国人民大学出版社
2007 年版。

［72］鄢显俊：《信息垄断揭秘信息技术革命视阈里的当代资本主义新变
化》，中国社会科学出版社 2011 年版。

[73] 杨剑编：《数字边疆的权力与财富》，上海人民出版社 2012 年版。

[74] 杨宇振：《城市与阅读》第 2 辑，同济大学出版社 2013 年版。

[75] 袁贵仁：《马克思的人学思想》，北京师范大学出版社 1996 年版。

[76] 岳剑波：《信息管理基础》，清华大学出版社 1999 年版。

[77] 翟阵明、孔红艳：《有无之间：虚拟实在的哲学探险》，北京大学出版社 2007 年版。

[78] 张雷声：《马克思主义基本原理的中国化与中国化的马克思主义基本原理》，中国人民大学出版社 2012 年版。

论文类

[79] ［英］L. 维尔德：《马克思的人类本质概念及其激进的批评者》，《世界哲学》2002 年第 1 期。

[80] 郝贵生：《论人的本质的单一性和完整性——对马克思的人本质观的再认识》，《河北大学学报》（哲学社会科学版）1990 年第 2 期。

[81] 程伟礼：《马克思的发展理论与科学发展观》，载《当代视野下的马克思主义——上海市社会科学界第四届学术年会文集》（马克思主义研究学科卷），2006 年。

[82] 崔存明：《试论从"以物为本"到"以人为本"发展模式的转变》，《北京印刷学院学报》2004 年第 2 期。

[83] 龚培兴、刘雪明：《牢固树立科学的发展观》，《求实》2004 年第 1 期。

[84] 郭杰忠：《科学发展观的生产力意蕴》，《马克思主义研究》2007 年第 11 期。

[85] 胡长生：《科学发展观的历史演进逻辑及其重要启示》，《求实》2012 年第 2 期。

[86] 李德昌：《信息人与不确定性》，《西安交通大学学报》（社会科学版）2005 年第 25 卷第 4 期。

[87] 李海鹰：《信息文明论纲》，《天府新论》2006 年第 5 期。

[88] 李建会：《论数字生命的实在性地位》，《哲学研究》2002 年第 12 期。

[89] 梁志文：《政治学理论中的隐喻在知识产权制度调适中的运用》，

《政治与法律》2010 年第 7 期。

[90] 李文成：《"人的本质"是人对自身存在的反思》，《河南大学学报》（社会科学版）2004 年第 4 期。

[91] 陆地：《网络视频与信息"共产主义"》，《新闻与写作》2014 年第 1 期。

[92] 倪志安：《论从实践理解马克思主义人的本质和属性观》，《北京联合大学学报》（人文社科版）2012 年第 1 期。

[93] 彭立学：《邓小平对人的自由而全面发展的论述》，《学术交流》2002 年第 3 期。

[94] 钱学森：《关于〈实践与文化——"哲学与文化"研究提纲〉的通信》，《哲学研究》1989 年第 4 期。

[95] 邱占芬、栾早春：《论计算机、信息、信息社会和信息文明》，《未来与发展》1997 年第 6 期。

[96] 孙晓云：《关于马克思对人的本质思想的浅析》，《改革与开放》2015 年第 14 期。

[97] 沈晓阳：《怎样理解马克思的人本质观》，《教学与研究》1989 年第 6 期。

[98] 李学照：《马克思人本质观探微》，《石油大学学报》（社会科学版）1992 年第 2 期。

[99] 陈媛：《关于"原理"课中人的劳动本质观的教学逻辑新探》，《思想理论教育导刊》2008 年第 4 期。

[100] 杨娟：《论马克思"人的本质"观及其当代意义》，硕士学位论文，兰州大学，2008 年。

[101] 祝利民：《马克思"人的本质"观探析》，硕士学位论文，山东大学，2008 年。

[102] 张丽媛：《马克思的人本质理论研究》，硕士学位论文，黑龙江大学，2007 年。

[103] 张侠：《马克思人的本质理论及其意义》，硕士学位论文，苏州大学，2006 年。

[104] 王焕平：《费尔巴哈和马克思人的本质思想比较研究》，硕士学位论文，西南大学，2008 年。

[105] 廉军政:《马克思人的本质理论及其在唯物史观中的地位》,硕士学位论文,河南大学,2008 年。

[106] 任玉峰:《马克思人的本质思想研究》,硕士学位论文,吉林大学,2008 年。

[107] 高峰:《马克思人的本质理论及其当代价值》,硕士学位论文,西安理工大学,2008 年。

[108] 何晓梅:《论马克思"人的本质"思想》,硕士学位论文,华东师范大学,2007 年。

[109] 刘莹:《试论我国农民专业合作组织的历史演进——以马克思主义人本观为视角的考察》,硕士学位论文,武汉工业学院,2010 年。

[110] 任晓丹:《信息生产力的理论探讨》,硕士学位论文,哈尔滨工业大学,2008 年。

[111] 王书伟:《大数据时代政府部门间信息资源共享策略研究》,硕士学位论文,吉林大学,2013 年。

[112] 易蓉:《女权主义人本观与马克思主义人本观的比较研究》,硕士学位论文,长沙理工大学,2013 年。

[113] 赵静姝:《论信息社会主义及其实现》,硕士学位论文,中国青年政治学院,2010 年。

[114] 张坤晶:《电子商务中消费者隐私权保护研究》,硕士学位论文,武汉理工大学,2009 年。

[115] 郑莹:《马克思主义人本观视域下的网络文化建设研究》,硕士学位论文,江西师范大学硕士,2013 年。

外国文献

[116] Alex Inkeles & D. H. Smith, *Becoming Modern*: *Individual Chang in Six Developing Countries*, Cambrige, Mass: Harvard university Press, 1974.

[117] Big Data, "The next frontier for innovation, competition and productivity", *Journal of Womens Health*, 2011.

[118] Carrillo, Hernan David, Dialectical Humanism: An ethic of self-actualization, Dissertation Abstracts International, Volume: 70 - 01, Section:

A, page: 0204; Adviser: Richard T. De George.

[119] Christensen C. M. , "The Innovator's Dilemma", *Journal of Women's Health*. 1997 Dan Schiller, Digital Capitalism, 2001.

[120] David Lyon, *The Information Society. Issues and Illusions*, Cambriage, Polity Press, 1988.

[121] Deepak Alur, Dan Malks, John Crupi. Core J2EE Patterns, 2003.

[122] Franz, Schurmann, *Ideology and Organization in Communist China*, Berkeley: University of California Press, 1968.

[123] François Perroux, *A New Concept of Development*, London: Croom Helm; Paris: UNESCO, 1983.

[124] Freeman C. , "The Economics of Industrial Innovation", *Journal of Womens Health*, 1982.

[125] Jacques Ellul, trans. John Wilkinson, "The Technological Society", *Journal of Womens Health*, 1964.

[126] John Wong, "Explaining China's 2005 Growth and its Problem (Ⅱ)", *EAI Background Brief*, No. 269, January 2006.

[127] Margret A. Boden (ed.), *The Philosophy of Artificial Life*, Oxford University Press, 1996.

[128] Norris, P. , Digital Divide: Civic Engagement, Information Poverty, and the Internet Worldwide, 2001.

后　记

这是书稿章节中最先写好的部分。

请原谅我在表达感情的时候，还需要引用别人的话。那是因为自己的语言无法抓住内心的真实感受，只能通过伟大导师的肺腑之言来回应自己内心的切身认同：肖峰老师，您是一个"怀疑一切观念"，且"充满着青春活力"的人，您用"真理所固有的热情和严肃性来欢迎信息技术时代的每一个进步"，您"刚毅坚定的目光，透过一切风云变幻，看到那在世人心中燃烧着的九重天"。从某些方面去讲，我就是一个按照您的观点去探究世界哲理的人。我深切感觉到"身体的健康，我无须为您祈求。精神和自然就是您所信赖的伟大神医"。感谢您、师母还有您的家人。

末，感谢出版社的努力以及家人的默默支持。

2016 年 10 月 27 日

南　昌